인생이 즐거워지고 비즈니스가 풍요로워지는
디지털콘텐츠그룹 교육 소개

디지털콘텐츠그룹은 2010년 4월 'SNS소통연구소'로 출발하여, AI와 디지털 복지를 기반으로 한 뉴미디어 교육을 선도해왔습니다. 스마트폰 활용, SNS 마케팅, 유튜브 크리에이터, 프레젠테이션, 컴퓨터 활용 등 디지털 전환 시대에 발맞춘 다양한 교육을 꾸준히 운영하며 변화하는 미디어 환경에 능동적으로 대응하고 있습니다.

특히 AI 챗GPT 전문지도사, 디지털복지사, 노코딩 AI 데이터 분석 지도사 등 첨단 기술을 접목한 자격 과정과 전문 교육을 통해 지금까지 약 5,900여 명의 스마트폰 활용지도사를 양성하였으며, 이는 디지털 소외 없는 사회 실현을 위한 중요한 기반이 되고 있습니다.

현재는 전국 61개 지부 및 지국을 중심으로 지역사회에 밀착한 맞춤형 교육과 컨설팅을 활발히 진행하며, 지역 균형 발전과 디지털 역량 강화에 기여하고 있습니다.

● **스마트폰 활용지도사 2급 및 1급 자격증**
  스마트폰 기본 활용부터 스마트폰 UCC, 스마트폰 카메라, 스마트워크, 스마트폰 마케팅 교육 등 스마트폰 전문 강사를 양성하고 있습니다.

● **유튜브 크리에이터 전문지도사 2급 및 1급 자격증**
  유튜브 기본 활용부터 실전 유튜브 마케팅까지 실질적으로 도움이 되고 돈이 되는 교육을 실시하고 있습니다.

● **SNS마케팅 전문지도사 2급 및 1급 자격증**
  다양한 SNS채널을 활용해서 고객을 유혹하고 매출을 증대시킬 수 있는 실전 노하우와 SNS 마케팅 효과를 극대화하기 위한 광고 전략 구축 노하우 대해서 교육을 진행 하고 있습니다.

● **디지털문해교육 전문지도사 2급 및 1급 자격증**
  초등학교부터 대기업 임원을 포함한 퇴직 예정자들까지 디지털 기술 활용에 대한 교육을 진행할 수 있도록 디지털 문해교육 전문지도사가 교육하고 있습니다.

● **디지털범죄예방 전문지도사 2급 및 1급 자격증**
  4차 산업혁명시대! 디지털리터러시 시대에 청소년부터 성인들에게 이르기까지 각종 디지털범죄로 인해 입을 피해를 방지하고자 교육합니다.

● **AI 챗GPT 전문지도사 2급 및 1급 자격증**
  디지털 대전환시대에 누구나 배우고 익혀야 할 AI챗GPT 각 분야별 전문 강사를 양성하고 있습니다.

● **AI 활용 전문지도사 2급 및 1급 자격증**
  AI 교육 및 응용 지원, 데이터 분석과 AI 모델 개발을 목적으로 등급에 따라 기초부터 고급 AI 교육을 제공하며, AI 프로젝트의 설계와 관리, AI 윤리와 법률 관련 교육을 제공하고, 기업을 위한 AI 전략 기획 및 컨설팅을 수행합니다.

● **노코딩 AI 데이터분석 전문지도사 2급 및 1급 자격증**
  인공지능(AI)과 빅데이터의 핵심 개념과 기술을 토대로 데이터 리터러시 교육을 전문적으로 수행할 수 있는 지도자를 양성하고 데이터 분석 및 AI 기술의 활용 능력을 겸비한 전문가를 배출하여 다양한 교육 및 컨설팅 업무를 수행합니다.

교육 문의 Tel. 02-747-3265 / 010-9967-6654   이메일 : snsforyou@gmail.com

책을 내면서…

대한민국 국민 5,168만 명!
이동전화 가입자 수 5,693만 대!

겉보기에는 남녀노소 누구나 스마트폰을 자유롭게 활용하는 듯 보이지만, 실제로는 많은 이들이 스마트폰을 제대로 사용하지 못하고 있는 것이 현실입니다. 어르신들은 젊은 세대가 스마트폰을 모두 능숙하게 다룬다고 생각하지만, 실제로는 학생, 직장인, 자영업자 모두 스마트폰의 진짜 기능을 제대로 활용하는 경우가 드뭅니다.

예를 들어, 학생들은 스마트폰이 학습에 어떤 도움을 줄 수 있는지, 직장인들은 스마트워크 시스템을 어떻게 구축할 수 있는지, 자영업자는 업무 효율성과 매출 증대를 위해 스마트폰을 어떻게 활용해야 하는지를 잘 모르는 경우가 많습니다.

실제로 디지털콘텐츠그룹 교육장을 찾거나 지역에서 스마트폰 교육을 받는 수강생 대부분은 "나는 스마트폰을 어느 정도 잘 다룬다"고 이야기하지만, 수업을 들은 후에는 "그동안 잘 활용하지 못했구나"라고 말합니다.

이 책은 스마트폰을 올바르게, 그리고 실생활에 유용하게 활용하고자 하는 분들을 위한 친절한 길잡이입니다. 단순한 기능 설명을 넘어, 가족 간 소통, 세대 간 이해를 돕는 데에도 유익한 내용을 담고 있습니다.

이처럼 유용한 스마트폰을 많은 이들이 충분히 활용하지 못하는 이유는, 제대로 된 교육기관이나 전문 강사가 부족하기 때문입니다. 디지털콘텐츠그룹은 이러한 문제를 해결하기 위해 스마트폰 활용지도사 양성과정을 운영하며, 전국 곳곳에서 스마트폰 교육을 전문적으로 실시하고 있습니다.

스마트폰 활용 강사를 꾸준히 양성하면서 현장에서 필요한 콘텐츠를 끊임없이 수집하고, 그 데이터를 바탕으로 이 책이 집필되었습니다. 여러 강사들이 직접 집필에 참여하며 현장 중심의 내용을 담아낸 이 책은, 앞으로 분야별로 세분화된 스마트폰 교육 콘텐츠의 방향을 제시하는 출발점이 될 것입니다.

앞으로의 부국은 자원의 양이 아닌 국민 개개인의 지식 활용력에 달려 있습니다. 스마트폰은 이제 '제2의 두뇌'라 불릴 만큼, 정보를 찾고 문제를 해결하는 데 강력한 도구입니다. 암기 중심 교육이 점점 무의미해지는 지금, 창의적 사고를 키우고 실전에서 써먹을 수 있는 도구를 다루는 것이 더욱 중요해졌습니다.

특히 학부모와 교사는 아이들의 미래를 함께 고민하고 길잡이 역할을 해야 할 책임이 있습니다. 하지만 아직도 많은 어른들이 과거의 기준으로 아이들의 진로를 판단하고 있어, 다양한 가능성을 놓치는 일이 많습니다. 이 책은 그런 어른들에게도 디지털 시대에 걸맞은 시각과 기술을 전할 수 있을 것입니다.

오늘날, 번역 앱 하나만 잘 써도 외국인과 서로 다른 언어로 실시간 대화를 나눌 수 있는 시대입니다. 상상 속 이야기 같던 일들이 스마트폰 하나로 현실이 되고 있습니다. 그럼에도 불구하고 많은 공공기관과 기업은 여전히 스마트폰 활용의 중요성을 인식하지 못한 채 기존 방식을 고수하고 있어, 중소기업이나 소상공인의 디지털 전환은 더욱 더딥니다.

이제는 대한민국을 넘어 전 세계가 스마트폰을 제대로 배우고 활용해야 할 시점입니다.
이 책이 여러분의 삶에 즐거움과 실질적인 변화를 이끄는 출발점이 되기를 바랍니다.

스마트폰은 단순한 기계를 넘어, 잘만 활용하면 일상은 물론 일의 방식까지 바꾸는 강력한 '디지털 도구'입니다. 이 책이 그 여정을 함께할 든든한 길잡이로서, 여러분의 삶을 더욱 풍요롭고 유연하게 만들어주기를 기대합니다.

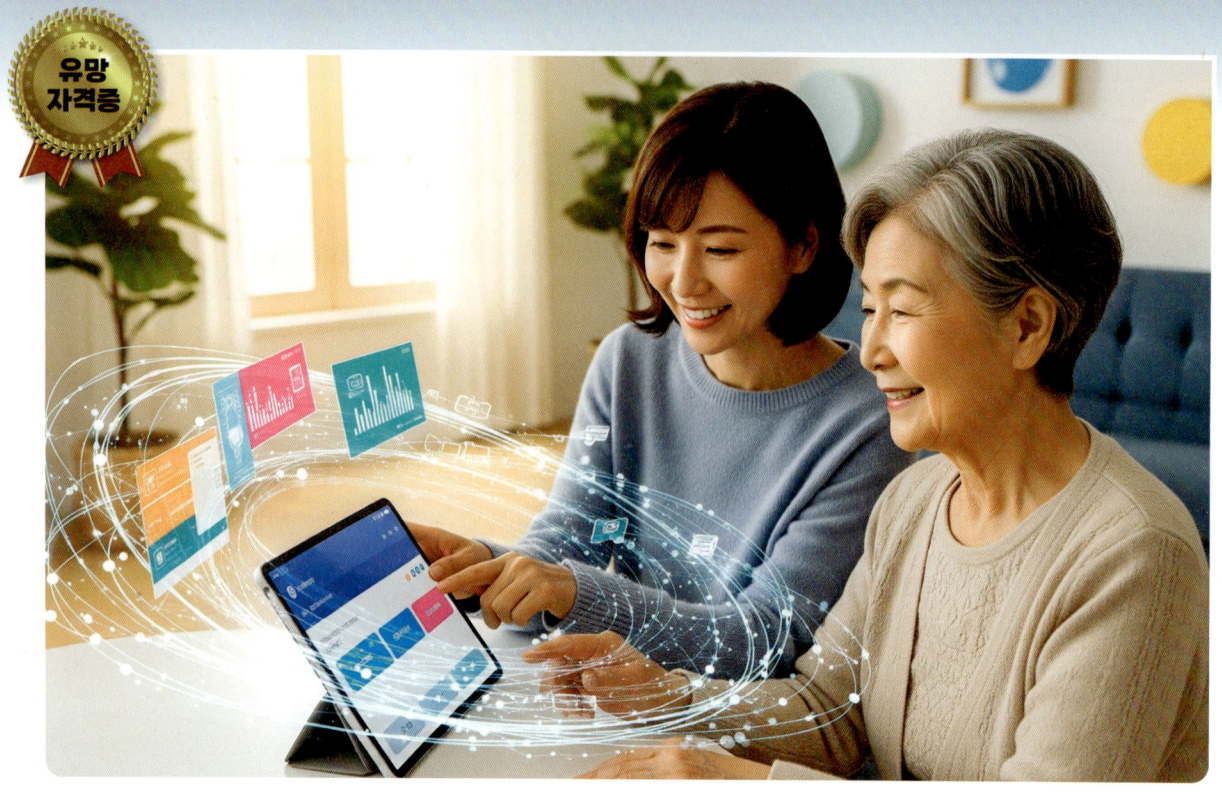

디지털복지사, 사람과 기술을 잇다

한눈에 보는 디지털복지사 3급·2급·1급 완벽 정리

디지털복지사는 디지털 격차 해소와 정보 소외계층 지원을 위해 등장한 새로운 전문 직업입니다.
이 자격증은 3급(입문형), 2급(실무형), 1급(전문가형)으로 구성되어 있으며,
단계별로 교육 내용과 역할이 달라져 디지털 복지 전문가로 성장할 수 있도록 구성되어 있습니다.

1 디지털복지사 단계별 가이드

구분	대상	교육 내용 및 역량	진출 분야
3급 (입문형)	디지털 기기 사용이 익숙하지 않은 시니어, 복지관 활동가, 디지털 초보자	스마트폰·앱 기초, 인터넷 검색, 개인정보 보호, 디지털 문해력 향상	시니어 교육 초급 강사, 복지센터 실무자, 지역 봉사단
2급 (실무형)	평생교육·복지·지자체·기업 현장 실무자 및 강사	SNS 마케팅, 스마트워크, 교육 콘텐츠 제작, 디지털 범죄 예방	평생교육센터, 복지관, 기업 디지털 강사, 컨설팅
1급 (전문가형)	공공기관 교육운영자, 교육기획자, 정책입안자, 디지털 컨설턴트	AI·챗GPT 활용, 데이터 분석, 정책 설계, 고급 컨설팅	공공기관 위탁교육, 정책기획, 고급 컨설팅, 기업연수

- 각 급수는 실무 중심의 교육과 평가를 통해 현장에 즉시 투입 가능한 실전형 전문가를 양성합니다.
- 3급은 기초 역량, 2급은 실무 및 응용, 1급은 정책 설계와 고급 컨설팅까지 단계적으로 전문성을 강화합니다.

2 디지털복지사의 주요 역할과 역량

디지털 교육
취약계층 대상 맞춤형 디지털 역량 교육

디지털 지원
서비스 접근성과 생활기술 지원

세대 연결
세대 간 소통 및 소외감 해소

정책 제안
데이터 기반 정책 개발 및 제도 개선

3 디지털복지사와 전통 사회복지사의 차이

구분	디지털복지사	전통 사회복지사
핵심 초점	기술 기반 복지, 디지털 격차 해소 전문	종합적 생활지원, 상담, 자원 연계
교육/실습	디지털 기술·AI 실습 교육 및 데이터 분석 전문	상담·지원·서비스 연계 중심
활동 영역	공공·민간·기업 전방위 활동, 글로벌 확장 가능	복지관, 시설, 공공기관 등 제도권 중심
사회적 역할	세대 연결 강화, 디지털 포용성 증진	대인관계 중심, 전통적 복지서비스 제공

디지털복지사는 단순히 기술을 가르치는 것을 넘어, 기술과 사람을 연결하고, 정보 소외계층의 자립을 돕는 '테크 기반 복지 전문가'입니다. 반면, **사회복지사**는 심리·정서적 지원과 자원 연계에 더 중점을 둡니다.

4 미래 사회에서 디지털복지사의 중요성과 전망

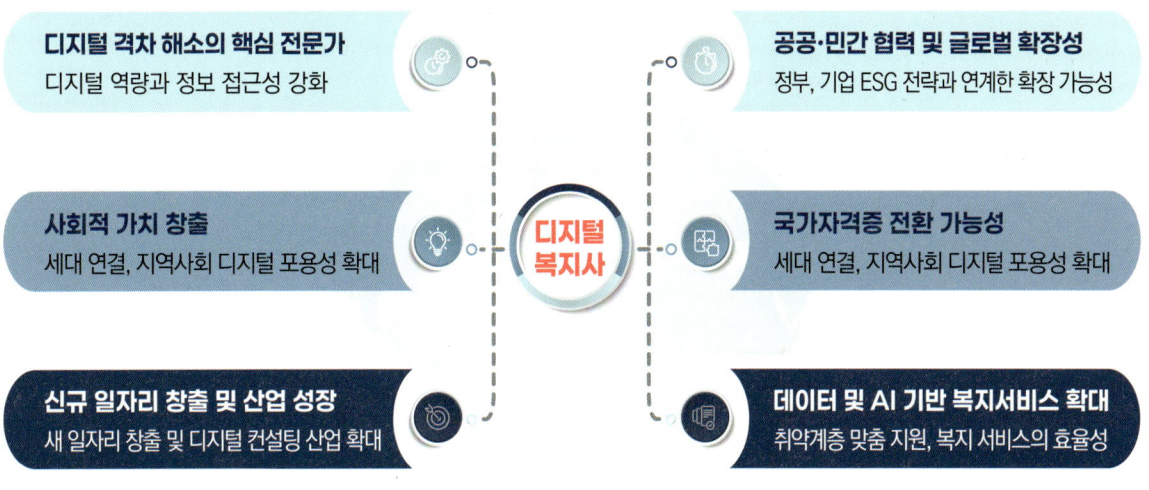

디지털 격차 해소의 핵심 전문가
디지털 역량과 정보 접근성 강화

공공·민간 협력 및 글로벌 확장성
정부, 기업 ESG 전략과 연계한 확장 가능성

사회적 가치 창출
세대 연결, 지역사회 디지털 포용성 확대

국가자격증 전환 가능성
세대 연결, 지역사회 디지털 포용성 확대

신규 일자리 창출 및 산업 성장
새 일자리 창출 및 디지털 컨설팅 산업 확대

데이터 및 AI 기반 복지서비스 확대
취약계층 맞춤 지원, 복지 서비스의 효율성

문의 | (주)디지털콘텐츠그룹 | 서울시 종로구 대학로12길 63 | Tel. **02-747-3265** | 민간자격 등록번호: 제 2025-003089호

국내 최초! 국내 최고!
스마트폰 강사 자격증

● **스마트폰 활용지도사 자격증에 대해서 아시나요?**
과학기술정보통신부가 검증하고 한국직업능력개발원이 관리하는 스마트폰 자격증 취득에 관심 있으신 분들은 살펴보세요.

상담 문의
이종구 010-9967-6654
E-mail : snsforyou@gmail.com
카톡 ID : snsforyou

스마트폰 활용지도사 1급
● **해당 등급의 직무내용**
초/중/고/대학생 및 성인 남녀노소 누구에게나 스마트폰 활용 및 SNS 기본 교육을 실시할 수 있습니다. 또한 개인이나 소기업이 브랜드 전략을 구축하는 데 필요한 모바일 마케팅 전략 수립 교육도 수행할 수 있으며, 특히 적은 비용으로 효과적인 브랜딩과 마케팅을 실현할 수 있는 실무 중심의 교육을 진행할 수 있습니다.

스마트폰 활용지도사 2급
● **해당 등급의 직무내용**
시니어 실버분들에게 스마트폰 활용교육을 실시할 수 있습니다. 개인 및 소기업이 모바일 마케팅 전략을 수립하는 데 필요한 기초 교육을 제공하며, 1인 기업이나 소기업이 스마트 워크 시스템을 구축할 수 있도록 기초적인 제반 사항을 안내하고 교육할 수 있습니다.

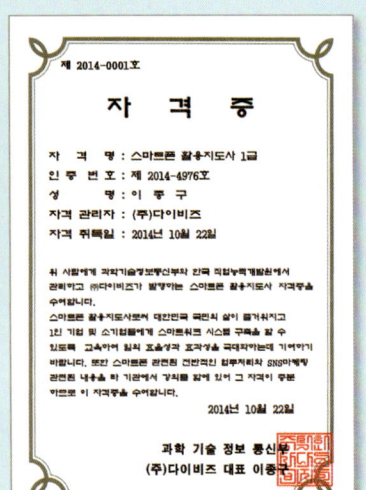

- **시험 일시** : 매월 둘째 주, 넷째 주 일요일 5시부터 6시까지 1시간
- **시험 과목** : 2급 – 스마트폰 활용 분야 / 1급 – 스마트폰 SNS마케팅
- **합격점수**
  1급 – 80점 이상(총 50문제 각 2점씩, 100점 만점에 80점 이상)
  2급 – 80점 이상(총 50문제 각 2점씩, 100점 만점에 80점 이상)

시험대비 공부방법
① 스마트폰 활용지도사 2급 교재 구입 후 공부하기
② 정규수업 참여해서 공부하기
③ 유튜브에서 [스마트폰 활용지도사] 채널 검색 후 관련 영상 시청하기

시험대비 교육일정
① 매월 정규 교육을 디지털콘텐츠그룹 전국 지부에서 실시하고 있습니다.
② 스마트폰 활용지도사 **디지털콘텐츠그룹 블로그** (blog.naver.com/urisesang71) 참고하기
③ 디지털콘텐츠그룹 사이트 참조 (digitalcontentgroup.com)
④ NAVER 검색창에 **(디지털콘텐츠그룹)**라고 검색하세요!

| 시험 응시료 : 3만원
| 자격증 발급비 : 7만원

● 종이 자격증과 우단 케이스 제공
● 스마트폰 활용지도사 강의자료 제공비 포함

스마트폰 활용지도사 자격증 취득 시 혜택
① 디지털콘텐츠평생교육원 스마트폰 활용 교육 강사 위촉
② 디지털콘텐츠그룹 스마트폰 활용 교육 강사 위촉
③ 스마트 소통 봉사단에서 교육받을 수 있는 자격부여
④ SNS 및 스마트폰 관련 자료 공유
⑤ 매월 1회 세미나 참여 (정보공유가 목적)
⑥ 향후 일정 수준이 도달하면 기업제 및 단체 출강 가능
⑦ 매년 상반기 하반기 전국 워크샵 참여 가능
⑧ 그 외 다양한 혜택 수여

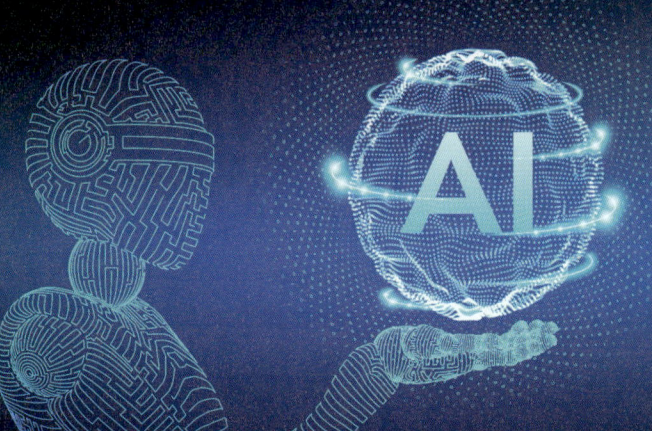

Ai 챗GPT 전문지도사
2급 / 1급

Ai챗GPT 전문지도사 시험
매월 첫째, 셋째 일요일
오후 5시~6시까지

Ai 챗GPT 전문지도사가
일의 효율성과 효과성을 극대화 시키는데
도움을 드릴 수 있습니다!

Ai 챗GPT 전문지도사 2급 및 1급

- ☑ **자격의 종류** : 등록 민간자격
- ☑ **등록번호** : 560-86-03177
- ☑ **자격 발급 기관** : (주)디지털콘텐츠그룹
- ☑ **총 비용** : 100,000원
- ☑ **환불 규정**
  - 접수 마감 전까지 100% 환불 가능(시험일자 기준 7일전)
  - 검정 당일 취소 시 30% 공제 후 환불 가능

시험 문의
(주)디지털콘텐츠그룹 (Tel. 02-747-3265)

디지털콘텐츠그룹 자격증 교육 교재 리스트

업무성과가 달라지는 스마트워크 꿀팁
스마트워크전문지도사 2급 교재

SNS마케팅 교육 전문가 양성 과정 책
스마트폰활용지도사 1급 교재

디지털 대전환 시대에 꼭 필요한 디지털 문해 교육의 정석(定石)
디지털문해교육전문지도사 1급 교재

스마트폰 하나면 나도 유튜브 크리에이터다
유튜브크리에이터전문지도사 2급 교재

스마트폰 하나면 나도 사진작가다
스마트폰 카메라 기초부터 활용까지

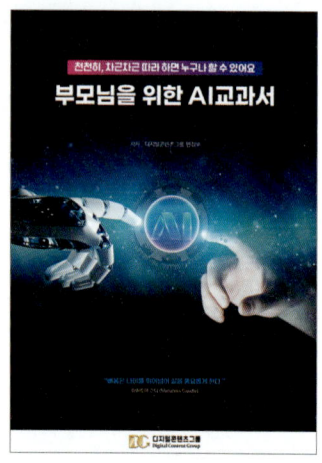

부모님을 위한 AI교과서
초보자를 위한 AI 입문서

디지털콘텐츠그룹 주요 사업 콘텐츠

디지털 콘텐츠 및 마케팅 교육 (일반 교육 및 자격증 교육 포함)

- 스마트폰활용지도사
- SNS마케팅전문지도사
- 스마트워크전문지도사
- 유튜브크리에이터전문지도사
- 프리젠테이션전문지도사
- 컴퓨터활용전문지도사

- 디지털범죄예방전문지도사
- AI챗GPT활용전문지도사
- AI활용전문지도사
- 노코딩AI데이터분석전문지도사
- 디지털과의존예방전문지도사
- 액티브시니어AI리터러시전문가

※ 이 외 다양한 디지털 콘텐츠 분야 교육 가능

디지털콘텐츠그룹 지부 및 지국 활성화

- 2010년 4월부터 교육을 시작한 디지털콘텐츠그룹은 현재 전국에 62개의 지부 및 지국을 운영 중

스마트폰 활용지도사
(국내 최초! 국내 최고!)

- 2014년 10월 스마트폰 활용지도사 민간 자격증 취득
- 2급과 1급 과정을 운영 중이며 현재 5,900여 명 이상 지도사 양성

실전에 필요한 전문 교육
(다양한 분야 실전 교육 중심)

- 일반 강사들에게도 꼭 필요한 전문 교육을 실시함
  (SNS마케팅, 스마트워크, 프리젠테이션, AI 교육 등)

디지털콘텐츠그룹 출판사

- 2011년 11월부터 'SNS소통연구소'를 시작으로 출판사 운영
- 스마트폰 활용 및 SNS마케팅 관련된 책 60권 출판
- 강사들에게 필요한 다양한 분야의 책을 출간 진행 중

교육문의
(주)디지털콘텐츠그룹 (직통전화)
02-747-3265 / 010-9967-6654

지역사회 발전을 위해 사회복지사처럼
스마트폰 활용지도사가 필요합니다!

● **사회복지사란?**

청소년, 노인, 가족, 여성, 장애인 등 사회적 약자에 대한 복지 정책 및 공공 복지 서비스가 증대함에 따라 사회적인 문제로 어려움을 겪는 이들을 돕는 직업

● **스마트폰 활용지도사란?**

개인이 즐거운 인생을 살아가는 데 도움을 드리고 소상공인들에게 풍요로운 비즈니스를 할 수 있도록 도움을 드리는 직업으로 스마트폰 활용지도사가 디지털 문맹 퇴치 운동에 앞장서고 즐거운 대한민국을 만들어가는데 초석이 되었으면 합니다.

디지털콘텐츠그룹 전국 지부 봉사단 현황	서울/경기북부 **스마트 소통 봉사단** 2018년 6월부터 매주 수요일 오후 2시부터 5시까지 스마트폰 활용지도사들이 소통대학교에 모여서 강사 트레이닝을 목적으로 운영되고 있음 (기관 및 단체 재능기부 교육도 진행)	울산지부 **스폰지** 매월 정기모임을 통해서 스마트폰 활용지도사의 역량개발과 지역주민들을 위해 스마트폰 활용 교육 봉사활동 진행
부산지부 **BS모바일** 모든 것이 바라는 대로 이루어집니다! 매월 정기모임을 통해서 스마트폰 활용지도사의 역량개발과 지역주민들을 위해 스마트폰 활용 교육 봉사활동 진행	제주지부 **제스봉** 제주도 스마트폰 봉사단 매월 정기모임을 통해서 스마트폰 활용지도사의 역량개발과 지역주민들을 위해 스마트폰 활용 교육 봉사활동 진행	경북지부 **스소사** '스마트하게 소통하는 사람들' 경북지부 스마트폰 봉사단 매월 정기모임을 통해서 스마트폰 활용지도사의 역량개발과 지역주민들을 위해 스마트폰 활용 교육 봉사활동 진행
경기북부 **펀펀 스마트 봉사단** '배우면 즐거워져요~' 경기북부 스마트폰 봉사단 매월 정기모임을 통해서 스마트폰 활용지도사의 역량개발과 지역주민들을 위해 스마트폰 활용 교육 봉사활동 진행	경기서부 **스마트 위드유** 매월 정기모임을 통해서 스마트폰 활용지도사의 역량개발과 지역주민들을 위해 스마트폰 활용 교육 봉사활동 진행	대구지부 **스마트 소통 약방** 매월 정기모임을 통해서 스마트폰 활용지도사의 역량개발과 지역주민들을 위해 스마트폰 활용 교육 봉사활동 진행

디지털콘텐츠그룹
(2025년도 7월 기준) **출판 리스트 60권**

   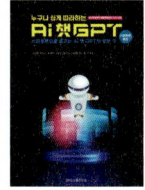  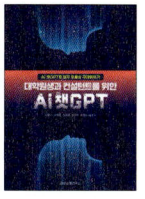 

디지털콘텐츠그룹
전국 지부 및 지국 현황

서울 (지부장-이종구)
- 강남구 (지국장-최영하)
- 강동구 (지국장-윤진숙)
- 강북구 (지국장-백세균)
- 강서구 (지국장-문정임)
- 관악구 (지국장-손희주)
- 광진구 (지국장-최혁희)
- 금천구 (지국장-김명선)
- 동대문구 (지국장-조재일)
- 동작구 (지국장-최상국)
- 영등포구 (지국장-김은정)
- 마포구 (지국장-김용금)
- 서초구 (지국장-조유진)
- 송파구 (지국장-문윤영)
- 양천구 (지국장-송지열)
- 중구 (지국장-유화순)
- 종로구 (지국장-조선아)

경기북부 (지부장-이종구)
- 의정부 (지국장-한경희)
- 양주시 (지국장-오지성)
- 동두천/포천 (지국장-김상기)
- 구리 (지국장-김용희)
- 남양주시 (지국장-정덕모)

경기동부 (지부장-이종구)
- 성남시 (지국장-김지태)

경기서부 (지부장-이종구)
- 시흥시 (지국장-윤정인)
- 부천시 (지국장-김남심)
- 안산시 (지국장-권택현)

경기남부 (지부장-이종구)
- 수원 (지국장-권미용)
- 이천/여주 (지국장-김찬곤)
- 평택시 (지국장-임계선)
- 화성시 (지국장-한금화)

강원도 (지부장-장해영)
- 강릉시 (지국장-임선강)

인천광역시 (지부장-이종구)
- 서구 (지국장-어현경)
- 부평구 (지국장-최신만)
- 중구 (지국장-조미영)
- 계양구 (지국장-전혜정)
- 연수구 (지국장-조예윤)

충청북도 (지부장-김은경)

충청남도 (지부장-이종구)
- 청양/아산 (지국장-김경태)
- 금산/논산 (지국장-부성아)
- 천안시 (지국장-김숙)
- 홍성/예산 (지국장-김월선)

대구광역시 (지부장-임진영)

대전광역시 (지부장-유정화)
- 중구/유성구 (지국장-조대연)

경상북도 (지부장-남호정)
- 고령군 (지국장-김은숙)
- 경주 (지국장-박은숙)

광주광역시 (지부장-이종구)
- 북구 (지국장-김인숙)

울산광역시 (지부장-김상덕)
- 동구 (지국장-김상수)
- 남구 (지국장-박인완)
- 중구 (지국장-장동희)
- 북구 (지국장-이성일)

부산광역시 (지부장-손미연)
- 사상구 (지국장-박소순)
- 해운대구 (지국장-배재기)
- 기장군 (지국장-배재기)
- 연제구 (지국장-조환철)
- 부산진구 (지국장-김채완)
- 북구 (지국장-황연주)

제주도 (지부장-여원식)

CONTENTS

1강   스마트폰활용지도사 교육이 필요한 이유   15p

2강   스마트폰 제대로 알고 사용하면 인생이 즐거워진다   19p

1. 내 아이 스마트폰 과의존 내가 막는다
2. 스마트폰 요금제 선택하는 법
3. 스마트폰 보험 선택하는 법
4. 알뜰폰을 사용했을 때 장단점
5. 현명한 통신 생활을 위한 스마트 초이스 어플 및 통신사 멤버십 활용

3강   스마트폰 기본 활용하기   43p

1. **스마트폰에서 스마트폰으로 자료 옮기는 스마트 스위치 활용하기**
2. **스마트폰 배터리 절약하기**
   - 홈 화면 배경색을 검정색으로 변경하기
   - 배경화면 어둡게 하기
   - 불필요한 기능 최소화하기
   - 스마트 알림 끄기
   - 위치를 사용하지 않는 어플은 "사용 중에만 허용 또는 끄기"
   - MMS(Multimedia Messaging Service)문자 차단
   - 사용하지 않는 어플은 확실히 종료하기
   - 디바이스 케어 최적화 기능 활용하기
   - 위젯으로 디바이스 케어 최적화하여 배터리 절약하고 저장공간 확보하기
   - 백그라운드 사용 제한으로 자주 사용하지 않는 앱 절전하기
3. **스마트폰 저장공간 확보하기**
   - 디바이스 케어 기능 활용하기
   - 내 파일 통화녹음 삭제하기
   - 앱 별로 저장공간 캐시 삭제하기
   - 카카오톡 캐시 데이터 파일 삭제
   - 카카오톡 채팅방 미디어 데이터 파일 삭제
4. **Google 계정 2단계 인증 사용(개인정보 보호를 위해 필수)**

4강 인공지능 서비스 제대로 활용하기   62p

1. 말로 문자 보내기
2. 네이버 스마트보드
3. 구글 제미나이 (Google Gemini)
4. 구글렌즈

5강 구글 플레이스토어 활용 노하우   89p

1. 구글 계정 만들기
2. 앱 삭제 및 구매 인증 요구
3. 구독 취소하기
4. 앱 환불
5. 내 기기 찾기
6. 보안 폴더에 앱 숨기기
※ 쉽고 간편한 업무시간을 90% 이상 줄여주는 웹사이트 소개

6강 스마트폰에서 내가 원하는 음악 및 동영상 무료로 다운받기   103p

1. 음악다운
2. 브레이브 브라우저
3. 스텔라 브라우저

7강 스마트폰 하나면 나도 사진작가다   117p

1. 사진 촬영의 기본 개념
2. 스마트폰 카메라 앱의 촬영 모드
3. 갤러리 포토에디터 활용

CONTENTS

8강 전문 디자이너 부럽지 않은 이미지 보정 어플 활용하기   138p

    1. EPIK
    2. 스냅시드

9강 이미지 합성 제대로 알면 소통이 원활해지고 인생이 즐거워진다   149p

    1. 포토랩
    2. 포토퍼니아

10강 다이내믹하고 임팩트한 카드뉴스 만들기   156p

    1. 이미지에 텍스트를 추가
    2. 감성공장
    3. 미리캔버스

11강 스마트폰 하나면 나도 UCC 전문가다   168p

    1. 슬라이드메시지
    2. 캡컷(CapCut)

12강 성공 비즈니스맨들이 꼭 알아야 할 메모 어플 활용하기   179p

    1. 구글킵
    2. 1초 메모
    3. 스피치노트

CONTENTS

13강 스마트폰 하나면 나도 동시통역사다   192p

1. 구글 번역
2. 네이버 파파고

14강 나만 모르는 카카오톡 활용 노하우   204p

1. 카카오톡 음성메시지 보내기
2. 지도 서비스
3. 책갈피
4. 더샵(#)
5. 저장공간 관리 - 카카오톡 미디어 파일 삭제
6. 설정
7. 오픈채팅방
8. 톡서랍 서비스

15강 가족 간 지인 간의 원활한 소통을 위한 사진인화 어플 활용하기   216p

1. 사진 인화하기
2. 포토북 만들기
3. 달력 만들기

16강 스마트폰 하나면 나도 스마트한 비즈니스맨   225p

1. 샌드애니웨어
   (1:1로 용량에 상관없이 상대방에게 자료 전송하고 싶은 경우)
2. 모바일팩스
3. vFlat

1강 스마트폰활용지도사 교육이 필요한 이유

스마트폰 활용지도사 교육
1. 제안 배경

스마트폰 활용지도사 교육이 필요한 이유!

대한민국 국민 5,160만명!
스마트폰 개통대수 7,600만대!
남녀노소 누구나 할 것 없이 스마트폰을 사용하고 있는 세상!

이제는 **스마트폰은 문화**로 자리잡았습니다.

문화는 쉽게 바뀌지 않습니다.
문화에 순응하고 제대로 각 분야에 적용해서 활용하는 조직이 발전에 **발전을 거듭**할 수 있습니다.

하지만, 개인이든 비즈니스를 하는 사람들이든
제대로 스마트폰 활용 및 SNS를 활용하는 사람들은 많지 않은게 현실입니다.

이제는 **스마트폰 및 SNS활용**을 할 것인가? 말 것인가?
고민하는 것이 아니라 **어떻게 하면 잘 활용할 수 있는가**를
고민해야 **개인**에게는 보다 **즐거운 인생**을 살게 해주고
비즈니스를 하는 사람들에게는 보다 **풍요로운 삶**을 가져다 줄 수 있을 것입니다.

스마트폰 활용지도사 교육
2. 기대 효과

스마트폰 활용지도사 가 즐거운 대한민국을 만들어 갑니다!

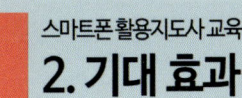

1. 지역 주민 소통 원활
스마트폰 제대로 배우고 익히면 가족간의 세대간의 소통이 원활해진다.

2. 지역 경제 발전 도모
SNS도구들을 제대로 활용한다면 직접홍보 및 판매를 통해 이익을 극대화 할 수 있다.

3. 지역 홍보
지역주민들에게 스마트폰과 SNS를 제대로 가르치면 지역에서 일어나는 일들을 자연스럽게 홍보할 수 있다.

4. 청소년 봉사 활동
청소년들과 복지관 및 실버센터와 연계하여 시니어 실버들을 위한 일대일 교육 시스템을 구축할 수 있다.

5. 디지털 문맹 퇴치
사회복지사처럼 제대로 된 스마트폰활용지도사를 양성하여 지역에서 스마트폰 활용 및 SNS마케팅 교육 실시.

6. 스마트폰 활용지도사 양성
스마트폰 교육을 보다 활성화해서 디지털 문맹이 줄어들면 지역사회가 즐거워진다.

스마트폰 활용교육이 필요한 이유
3. 스마트폰 활용을 제대로 배우고 익혀야 하는 이유?

전세계 유명한 경제학자들이 연구한바에 의하면 인구 5천 만명을 기준으로 볼 때 100만명 이상이 사용하면 Fashion이라 하고 500만명 이상이 사용하면 Trend라 하고 천 만명 이상이 사용하면 Culture라고 합니다.
패션이나 트렌드는 바뀔 수 있지만 문화는 쉽게 바뀌지 않습니다. 이제 스마트폰 활용은 선택이 아니라 필수입니다.
이제는 스마트폰 활용을 배울지 말지가 아니라 스마트폰을 제대로 배우고 익혀서 보다 가족간 세대간의 즐거운 인생과 보다 풍요로운 비즈니스 결과를 만들어 내야 할 것입니다.

대한민국 국민
5,167만명 기준

2022년 12월 현재
이동전화 가입자수 7,160만대!

100만명 이상이 사용하면
Fashion(패션)

500만명 이상이 사용하면
Trend(트렌드)

1,000만명 이상이 사용하면
Culture(문화)

스마트폰 활용교육이 필요한 이유
4. 가족 지인간의 원활한 소통을 위해

스마트폰 활용이 문화로 자리잡은 요즘 시니어 실버들의 경우 용어자체가 생소하다보니 접근성이 너무 낮아
소통하는데 어려움을 많이 겪고 있습니다.
과거에는 운전면허 연습은 가족간에 하면 싸움만 난다고 했습니다.
요즘은 스마트폰에 대해서 실버들이 물어보고 하면 자식들은 "바빠요!"하고 피하고 손주들은 "일전에 알려드렸잖아요!"하고 피한답니다.
궁금해도 자존심때문에 어디 물어볼데도 마땅치 않은게 현실이기도 합니다.
스마트폰 제대로 배우고 익히면 세대간의 소통도 원활해질 것입니다.
소통이 원활하지 않으면 불통이 되고 불통이 반복되면 먹통이 되고 맙니다.
진정 스마트폰 활용 교육은 가족간의 소통을 위해서라도 꼭 필요한 교육입니다.

스마트폰 활용 및 SNS마케팅 교육이 필요한 이유?
5. 스마트워크 시스템 구축 용이합니다!

인공지능 서비스 / 전세계 유명강사들 강연 수강 및 외국어 공부 / 고객 설문조사부터 문서편집도 전문가 수준 / 통번역 어플을 활용한 외국어 회화 가능 / 전세계 사람들과 채팅이 가능 / PC에서도 음성으로 타이핑할 수 있다 / 텍스트,음성,동영상,그림 동시메모 가능

실시간으로 각자의 생각을 공유가능 / 재우상사 김대리 스마트폰을 활용한 업무 프로세스 중 일부를 표현 / 스마트폰 하나면 나도 사진작가다!

전세계 발표자료 무료로 공유한다 / 20미터 뒤에서도 스캔이 된다 / 스마트폰으로 문서를 스캔한다 / 나만의 비서 명함정리 끝! / 스마트폰에서 바로 팩스 전송가능 / 전세계 누구라도 무료 영상통화 가능 / 구독자 0명도 실시간 생방송 / 저비용 고효율의 마케팅 도구 활용

스마트폰 활용지도사 교육이 필요한 이유
6. 지역 경제 발전 도모 (소상공인 입장)

요즘은 직접 제조를 하는 농가들 뿐만 아니라 소상공인들도 직접 판매에 나서지 않으면 힘든 세상이다.
또한 과거에는 펜션 등의 서비스업은 광고비를 많이 사용하면 매출도 자연히 올라갔는데 요즘은 그렇지 않다.
일을 시키는 입장에서도 SNS 및 모바일 마케팅의 흐름을 알고 시키는 것과 그렇지 않은 경우에 결과 차이가 많이 난다.

농가뿐만 아니라 소기업에서 적은 비용으로 큰 효과를 낼 수 있는 마케팅 도구들이 많이 있다.
사업자가 아니어도 자기만의 무료 쇼핑몰을 쉽게 만들 수 있고 결제 시스템도 저렴하게 이용할 수 있는 방법들이 많다.
물론 기본적으로 최소한의 교육을 받았을때 이야기지만 확실한 건 과거보다는 정말 쉽고 빠르게 최소의 노력으로
최대의 효과를 거둘 수 있다는 것이다.
스마트폰 및 SNS마케팅을 제대로 배우고 익히면 이 모든 것이 자연스럽게 해결 될 것입니다.

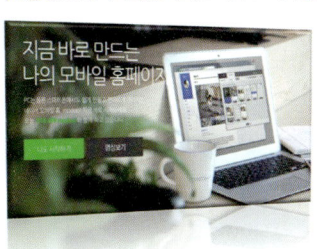 

스마트폰 활용지도사 교육이 필요한 이유
7. 지역 경제 발전 도모 (창업자 및 기업가 입장)

창업을 준비 하는 분이라면 스마트폰 활용 및 SNS도구 활용에 대해서 제대로 배우고 익혀서 업무에 활용할 필요가 있습니다.
그 이유중에 하나는 현재 기업이 과거의 방식대로 일을 해서는 기업의 생존 주기가 3-5년밖에 안된다는 것입니다.
일의 효율성과 효과성을 극대화할 수 있는 시스템을 갖추지 않으면 치열한 비즈니스 세계에서 견디기 힘들다는 것을 보여주는 예입니다.
현재 많은 1인 기업 및 소기업의 경우 모바일과 SNS도구를 활용하는 기업은 만족할 만한 업무성과를 내고 매출이 증대되는 효과를 톡톡히 보고 있습니다.
단순한 예로 직원 10명이 스마트폰 활용과 SNS도구(블로그,크롬웹스토어,협업프로그램 등등)를 2-30시간 정도만 제대로 배우고 익힌다면 일을 효율적으로 할 수 있는데 직원 1명당 하루에 최소 30분 정도는 세이브할 수 있을 것입니다.
(소기업 오너들이 가장 도입하고 싶은게 스마트워크 시스템입니다.)
직원이 10명이라면 하루면 300분, 한달 20일 근무한다고 가정하면 한달에 6,000분을 절약할 수 있고
시간으로 따지면 100시간을 다른 일에 사용할 수 있다는 계산이 나옵니다.
경제적으로 힘든 기업 입장에서는 스마트폰 및 SNS활용에 대해서 보다 체계적으로 배우고 익혀야 할 것입니다.

  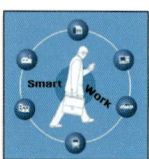

스마트폰 활용지도사 교육이 필요한 이유
8. 지역 주민 교육을 통한 자연스런 홍보

지역주민들과 기업체들이 스마트폰 활용 교육을 제대로 받게 되면 그 지역은 자연스럽게 홍보가 될것입니다.
PC에서 작업을 하지 않고 스마트폰에서도 협업시스템을 구축해서 각자 사업을 홍보할 뿐만 아니라 각 지역에서 하는 활동들도 홍보할 수 있습니다.

이런 활동들이 스마트폰 활용 교육 제대로 배우고 익히면 자연스럽게 가능할 것입니다.

1. 블로그와 카페 활성화를 통해 지역주민들에게도 많은 홍보의 기회를 제공할 수 있습니다.
2. 요즘 젊은 세대들이 많이 하는 유튜브와 인스타그램을 통해 자연스런 지역홍보가 가능합니다.
3. 페이스북 페이지 광고를 저렴하게 운영하여 행사별로 정확한 타겟 마케팅을 할 수 있습니다.
4. 핀터레스트를 통한 해외홍보도 쉽고 빠르게 할 수 있을 것입니다.
5. 지식인 및 네이버 포스트를 활용해서 보다 많은 고객들을 확보할 수 있습니다.

2강 스마트폰 제대로 알고 사용하면 인생이 즐거워진다

1. 내 아이 스마트폰 과의존 내가 막는다

● 스마트쉼센터

스마트폰을 제대로 배우고 익히면 인생이 즐거워지고 비즈니스가 풍요로워지지만 제대로 사용하지 못하면 사람들에게 악영향을 끼치게 되고 스마트폰 없이 생활이 불안한 스마트폰 중독까지 이르게 됩니다.

이에 한국지능정보사회진흥원에서 운영하는 [스마트쉼센터] 홈페이지에 방문하면 스마트폰 중독 예방(과의존 진단)에 대한 다양한 정보들을 볼 수 있습니다.

[스마트쉼센터] 2020년 스마트폰 과의존 실태조사 결과에 따르면 전체 과의존 위험군 현황은 23.3% 수준(유·아동 27.3%, 청소년 35.8%, 성인 22.2%, 고령층(16.8%)에 달해 매우 심각한 상황으로 2017년도에 비해 과의존 비율이 더 높아지고 있습니다. 이러한 과의존 문제를 해소하기 위해서는 예방교육, 상담 등을 통한 적극적 대응이 반드시 필요합니다.

전국의 스마트쉼센터를 통해 예방교육, 가정방문상담, 캠페인 등 인터넷·스마트폰 과의존 문제를 해소하기 위해 다양한 정책과 사업을 추진하고 있습니다.

인터넷·스마트폰 과의존으로 어려움을 겪는 분들은 [스마트쉼센터]의 도움을 받을 수 있습니다.

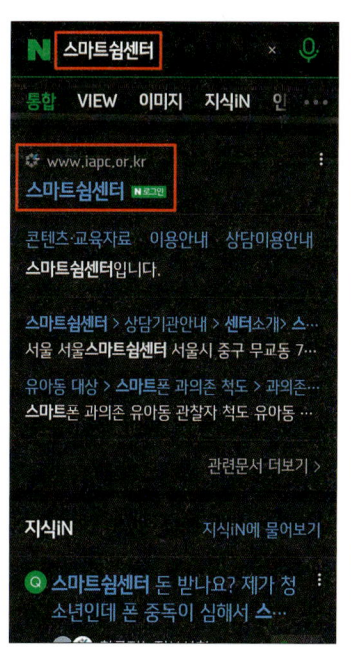

1️⃣ 검색창에 [스마트쉼센터]라고 입력한 후 홈페이지를 터치합니다. PC에서도 동일하게 검색하여 이용할 수 있습니다. 2️⃣ 오른쪽 상단의 [≡ 메뉴]를 터치합니다. 3️⃣ 메뉴의 [과의존이란?] 부분의 [스마트폰 과의존이란?]을 터치합니다.

 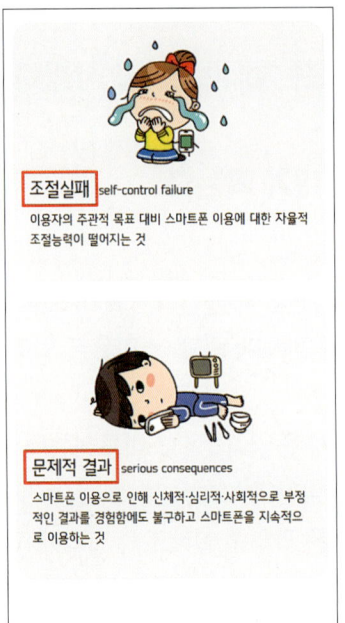 

❶ [스마트폰 과의존이란?]에 대한 설명을 볼 수 있습니다. ❷ [현저성], [조절실패], [문제적 결과]등 과의존 문제점에 대한 설명이 나와 있습니다. ❸ [과의존 진단]을 자가 체크할 수 있습니다. [대상, 성별, 나이, 거주지역]을 선택한 후 [계속진행]을 터치합니다.

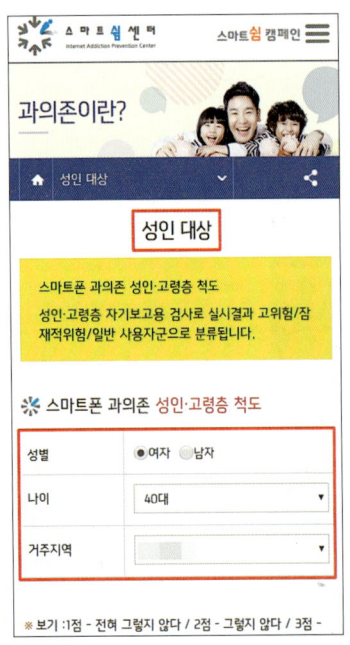 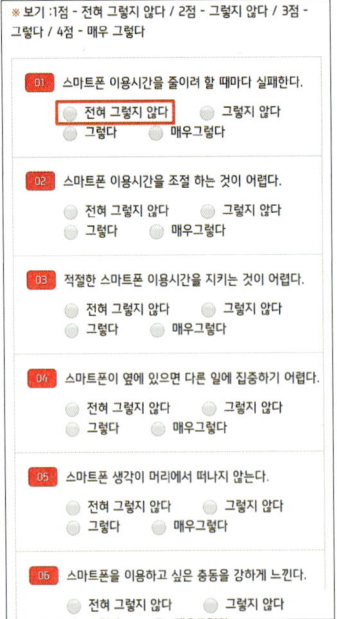 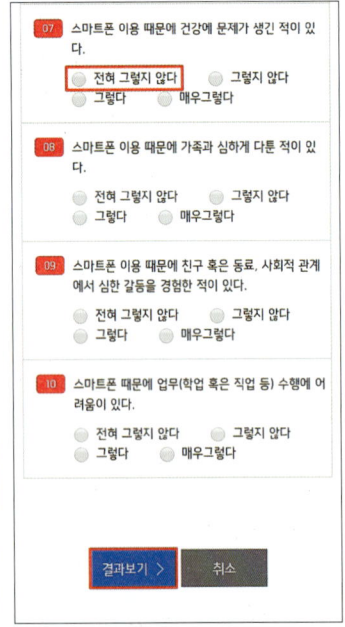

❶ 대상자를 확인하고 [성별, 나이, 거주지역]이 맞는지 확인합니다. ❷ [과의존 척도 항목]을 읽고 해당 부분에 체크합니다. ❸ 10문항을 다 체크한 후 [결과보기]를 터치합니다.

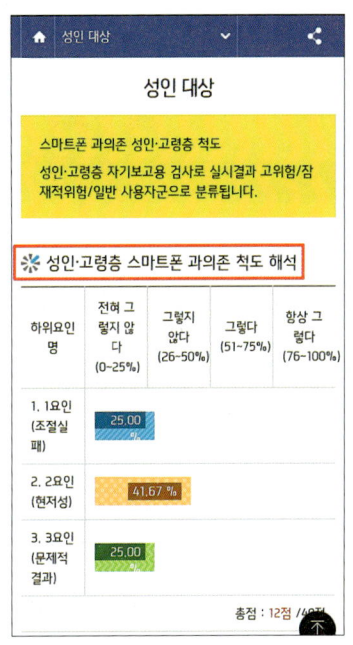  

❶ [스마트폰 과의존 척도 해석]을 확인할 수 있습니다. ❷ [결과]와 [해석]을 확인할 수 있으며 출력도 가능합니다. ❸ [스마트쉼센터] 홈 화면에서 [상담이용안내]를 터치합니다.

본인이나 가족, 지인의 스마트폰 과의존으로 인해 상담이나 조언이 필요한 분은 온라인 상담 및 센터 내방 상담, 가정방문상담을 통하여 도움을 받을 수 있습니다.

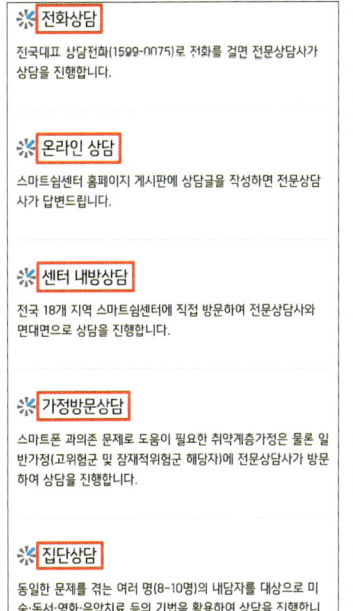  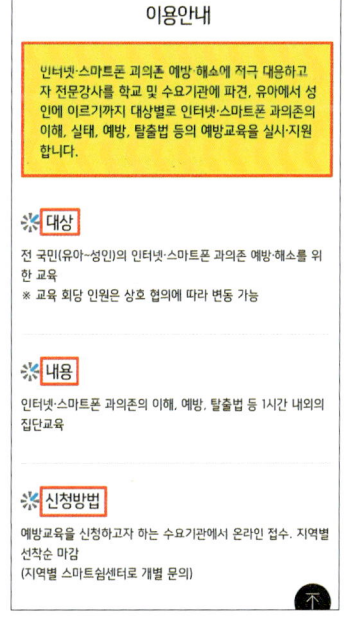

❶ 상담을 받을 수 있는 여러 가지 방법을 확인할 수 있습니다.
❷ [스마트쉼센터] 홈화면에서 [인터넷·스마트폰 레몬교실]을 터치합니다.
❸ [예방교육]을 받을 수 있는 방법이 설명되어 있습니다.

 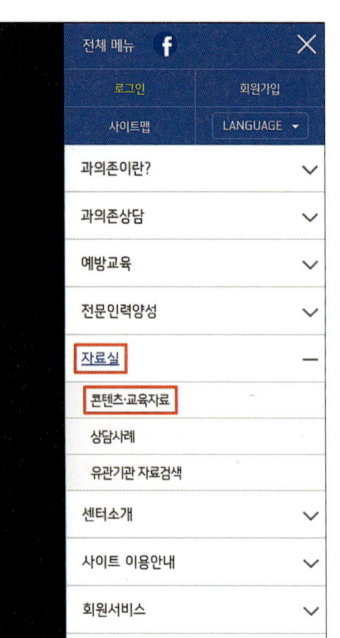 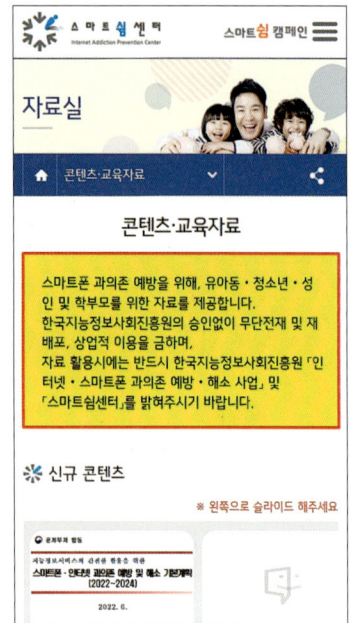

❶ [신청기간]과 [전국의 스마트쉼센터 정보]가 있어 개인뿐만 아니라 기관 및 단체에서도 문의하여 교육을 신청할 수 있습니다. ❷ [스마트쉼센터] 메뉴의 [자료실]에 [콘텐츠·교육자료]를 터치합니다. ❸ 자료를 이용할 때 유의 사항이 설명되어 있습니다.

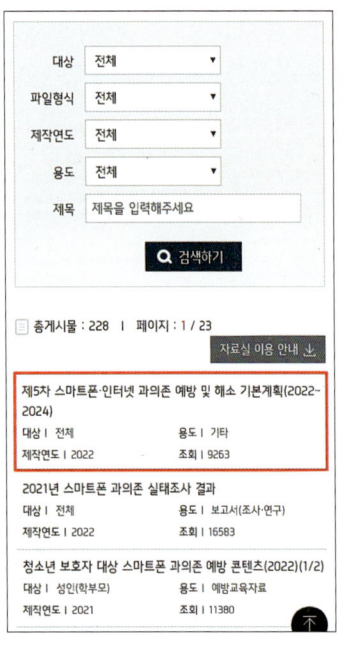 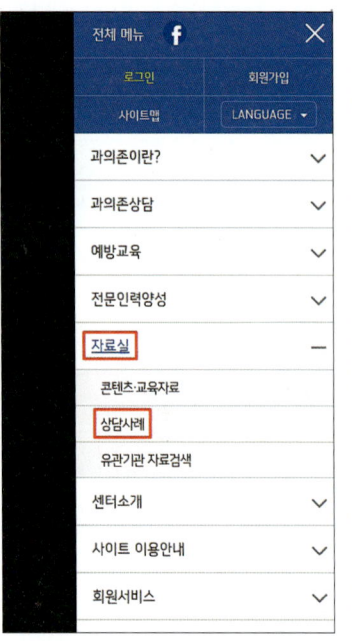 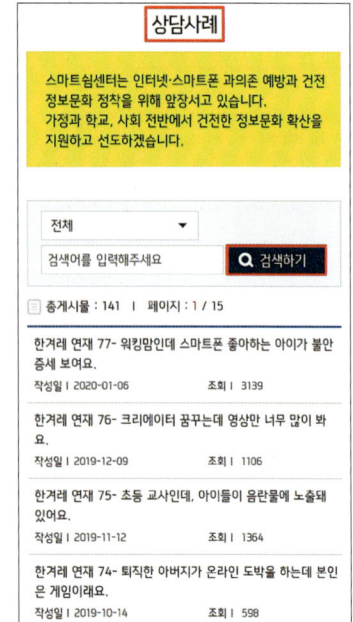

❶ [검색]하여 자료를 찾을 수 있고 자료를 선택해서 터치하면 관련된 [파일을 다운] 받을 수 있는데 다운받으려면 [로그인]을 해야 합니다. ❷ [자료실]의 [상담사례]를 터치합니다.
❸ 상담과 관련된 검색어로 [검색]할 수도 있고 사례를 터치하면 질문과 답변 내용을 볼 수 있어 과의존 상황에 많은 도움을 받을 수 있습니다.

2. 스마트폰 요금제 선택하는 법

스마트폰을 교체할 때 가장 고민이 되는 부분이 요금제 선택입니다. 여러 통신사의 다양한 서비스, 고객들의 연령과 상황에 맞게 설계된 여러 요금제 중에 나에게 맞는 요금제를 찾는 건 생각보다 쉽지 않습니다. 대부분 통신 매장에서 권유하는 요금제를 가입하는 경우가 많습니다.
각 통신사들을 다 비교해야 하는데 일일이 조건에 맞춘 요금을 찾기가 쉽지 않습니다.

최근 3사 요금제를 한눈에 비교 할 수 있는 사이트가 있어 소개하고자 합니다.
바로 [LG U+ 홈페이지 lguplus.com]입니다.
기기 선택과 **단말기 할인(공시지원금)과 요금 할인(선택약정)**을 모두 비교할 수 있어 아주 편리합니다. 통신 3사 각 홈페이지에서도 요금제 조회가 가능합니다.

LTE 요금제는 단말기 선택 기준이 많지 않기 때문에 5G 요금제로 알아보겠습니다.
우선 내가 선택할 스마트폰의 제조사와 기종을 확인하고 제공되는 네트워크 서비스(5G/4G)를 선택합니다. 평소의 내 데이터 사용량을 알아보는 방법은 고객센터 어플 또는 각 통신사 직영점, 고객센터 등을 통해서 확인할 수 있습니다.
또는 현재의 스마트폰 설정 → 연결 → 데이터 사용 → 모바일 데이터 사용량 → 날짜 선택하여 월별로 사용량을 바로 조회할 수 있습니다.

■ **통신 3사 요금비교**

• **단말 할인(공시지원금)**

① PC에서 [LG U+ 홈페이지 lguplus.com]를 검색하여 홈페이지에서 [모바일 요금제]의 [요금제]를 클릭합니다. ② 스크롤 해서 화면 밑으로 내려가면 [통신3사 요금비교]가 있습니다.

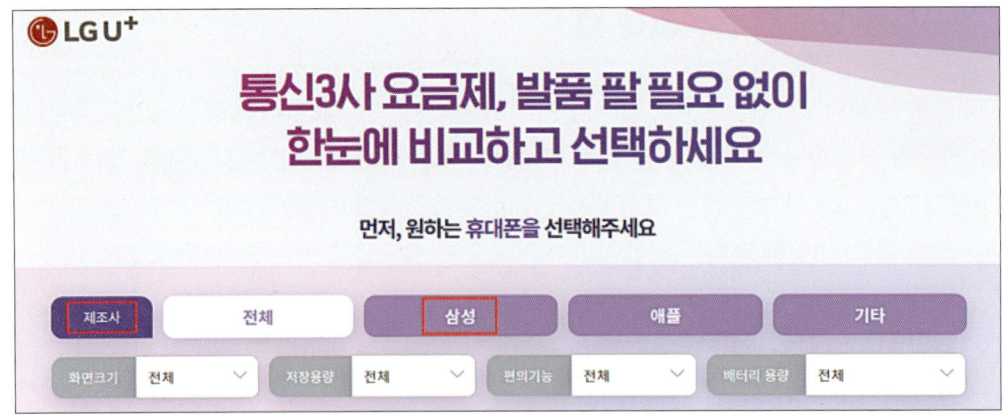

▶ [제조사]를 선택 후 [삼성]을 선택합니다.

▶ [단말기 기종]을 선택합니다.

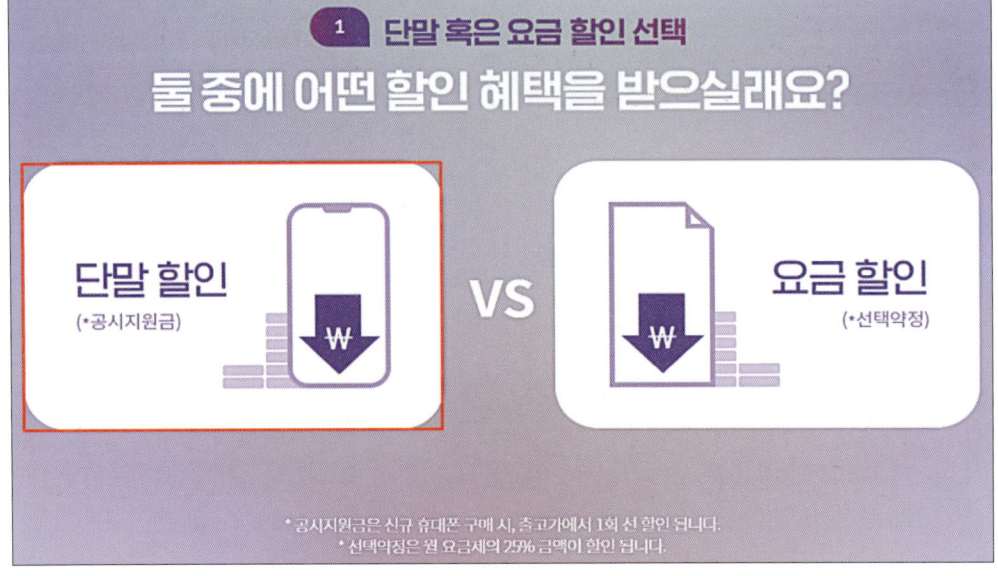

▶ 요금 할인 혜택 중 [공시지원금]이 되는 [단말 할인]을 선택합니다.

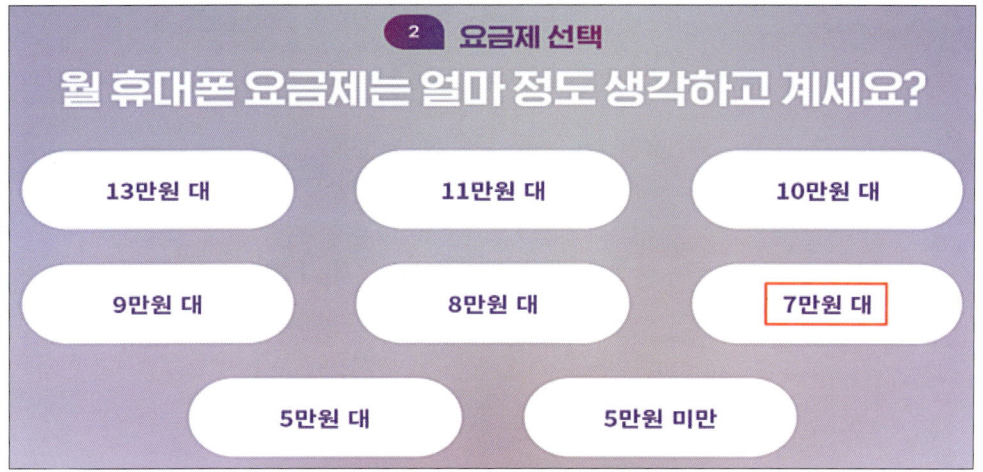

▶ 예상 [요금제 금액]을 선택합니다. 7만원으로 해보겠습니다.

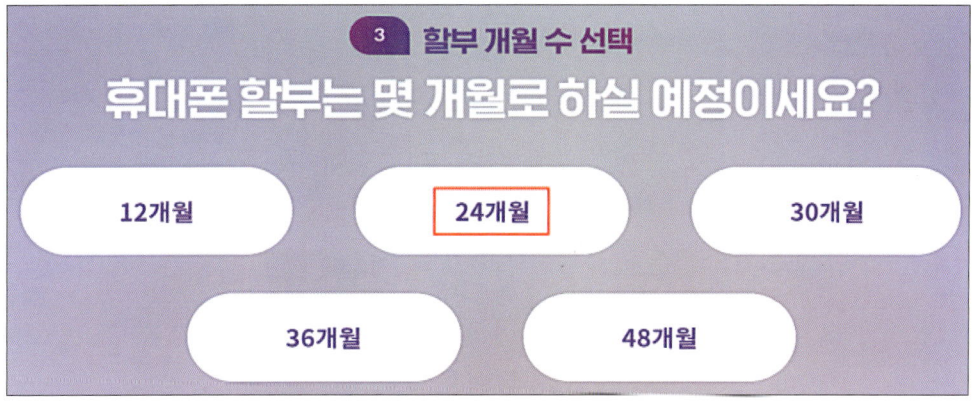

▶ 단말기 대금의 [할부 개월]을 선택합니다. 24개월로 선택해 봅니다.

▶ [월 예상 납부 금액]이 통신 3사별로 총액을 확인할 수 있습니다.
  요금제와 할인이 된 단말 요금이 합쳐진 금액입니다.

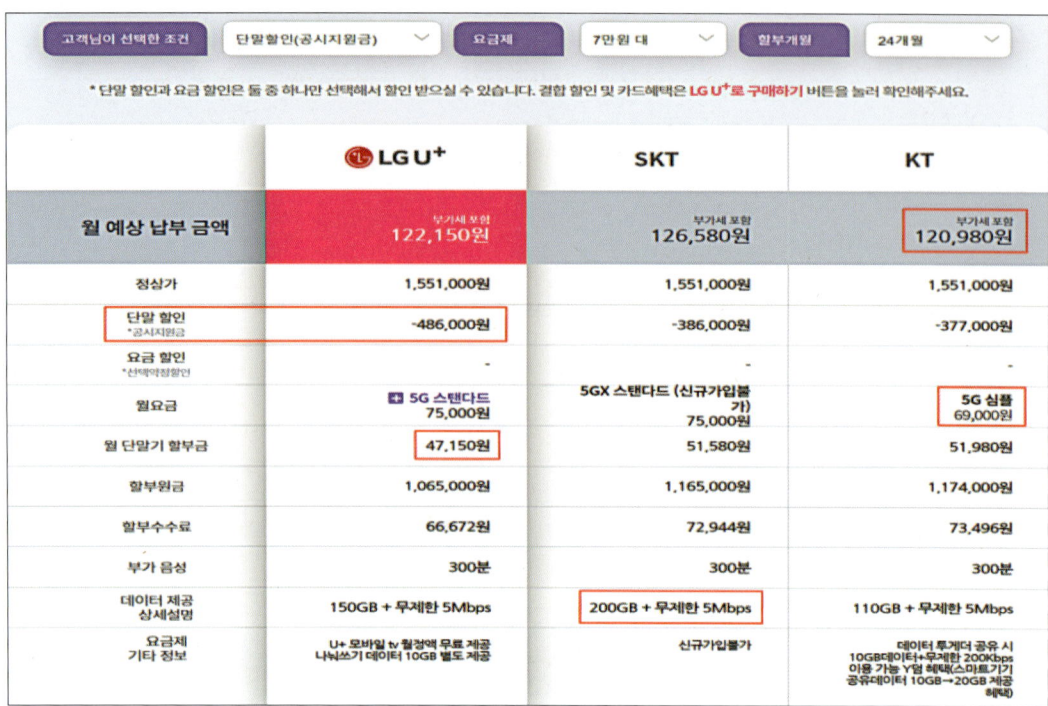

▶ 상세 내용을 비교해보면 월 예상 납부 금액, 단말 할인(공시지원금), 월 요금, 월 단말기 할부금, 데이터 제공, 기타 정보 등을 통신 3사별로 비교할 수 있습니다. 현재 각 통신사의 홈페이지에서 확인해보면 월요금제가 맞는 것을 확인할 수 있습니다.

- 요금 할인(선택 약정)

▶ [제조사] 선택 후 원하는 [단말기] 기종을 선택합니다.

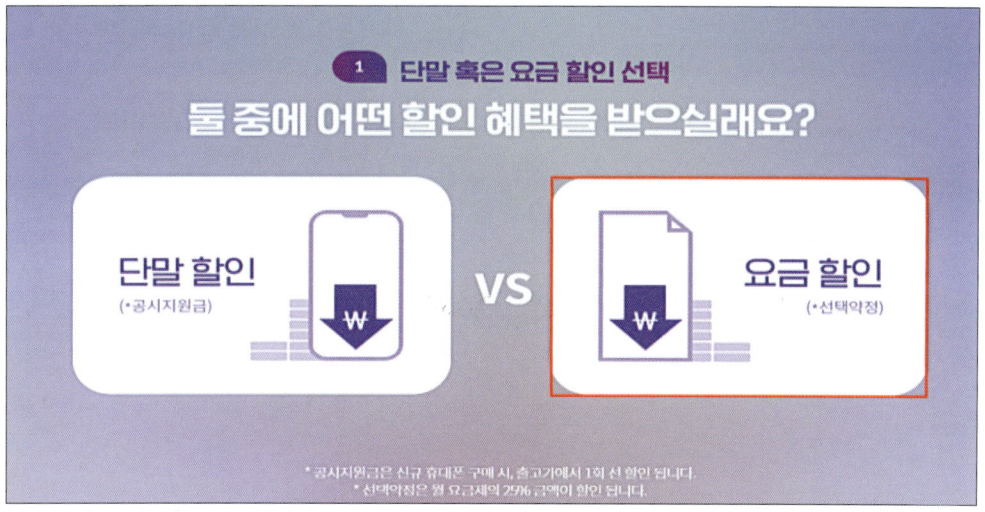

▶ 요금 할인 혜택을 [요금 할인(선택약정)]으로 선택합니다.

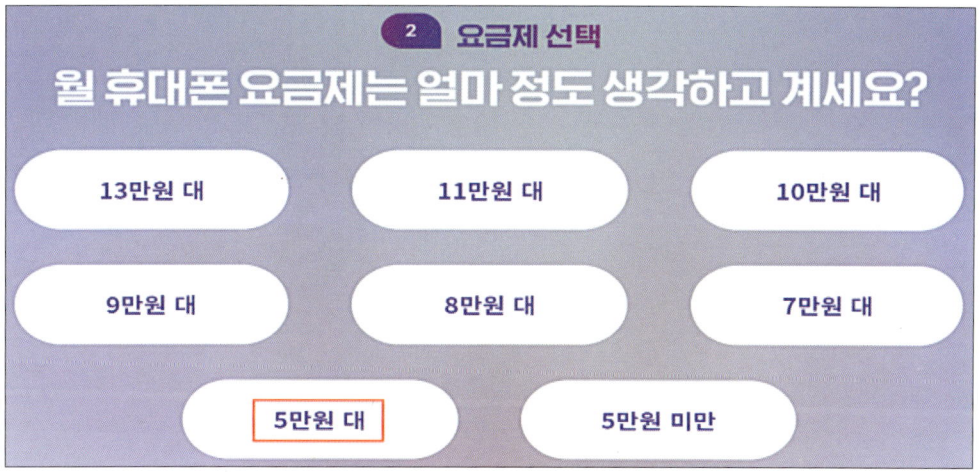

▶ 예상 [요금제 금액]을 선택합니다. 5만 원으로 선택해 봅니다.

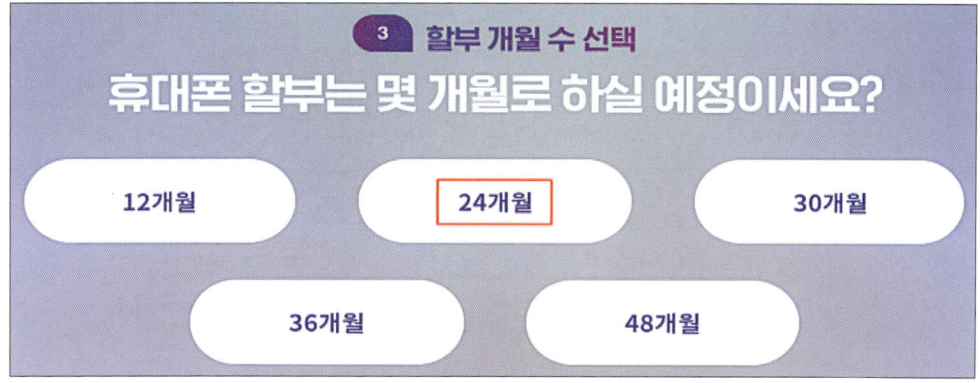

▶ 단말기 대금의 [할부 개월]을 선택합니다. 24개월로 선택해 봅니다.

▶ 통신 3사의 [월 납부 요금]을 비교해 볼 수 있습니다.

항목	LG U+	SKT	KT
월 예상 납부 금액	부가세 포함 102,620원	부가세 포함 109,920원	부가세 포함 109,920원
정상가	1,386,000원	1,551,000원	1,551,000원
단말 할인 *공시지원금	-	-	-
요금 할인 *선택약정할인	13,750원	13,750원	13,750원
월요금	5G 라이트+ 55,000원	슬림 55,000원	5G 슬림 55,000원
월 단말기 할부금	61,370원	68,670원	68,670원
할부원금	1,386,000원	1,551,000원	1,551,000원
할부수수료	86,760원	97,104원	97,104원
부가 음성	300분	300분	300분
데이터 제공 상세설명	12GB + 무제한 1Mbps	11GB + 무제한 1Mbps	10GB + 무제한 1Mbps
요금제 기타 정보	U+ 모바일 tv 월정액 무료제공	부가음성 300분 무료 기본제공량 11GB 소진 시 최대 1Mbps 속도로 무제한 이용가능	데이터 투게더 공유 시 기본제공데이터+무제한 200Kbps 이용 가능 Y영 혜택 (스마트기기 공유데이터 기본데이터 내 사용 → 10GB 제공 혜택)

▶ 선택약정이라 단말 할인은 없는 것으로 확인할 수 있습니다. 통신 3사의 주요 사항을 비교할 수 있고 다른 요금제를 다시 조회하려면 상단의 [약정할인], [요금제], [할부개월]을 클릭 하시면 조건을 변경시킬 수 있고 바로 조회가 가능합니다.

요금제 변경은 월 1회 가능하며 각 통신사 고객센터 어플에서 쉽게 할 수 있습니다. 5G 요금제 는 기본 55,000원 정도 되어야 데이터 제공이 10GB 이상이 됩니다. 유무선 결합이나 가족결합 을 통해서도 추가 요금할인이 가능합니다.

LG U+의 [통신 3사 결합할인 비교]가 있으니 조건을 입력해 쉽게 비교할 수 있습니다. 나의 사 용패턴에 맞는 요금제를 선택하는 것이 불필요한 지출을 줄일 수 있는 방법입니다.

3. 스마트폰 보험 선택하는 법

최근 고가의 스마트폰이 많이 출시되면서 스마트폰이 파손되거나 분실되면 경제적으로 많이 부담되기 때문에 소비자가 스마트폰 분실, 파손, 침수, 화재 등의 사고 시 발생하는 수리비 등을 대비하기 위해 [스마트폰 분실·파손 보험]에 가입하는 경우가 증가하고 있습니다.

하지만 제대로 된 설명이 되지 않아 충분한 보상을 받지 못하는 경우가 많으므로 대리점보다는 **통신사나 제조사가 운영하는 휴대폰 보험 보상센터**에 직접 문의해서 처리하는 것이 좋습니다.

가장 주의해야 할 점은 보상을 받으려면 가입 익일 0시 이후에 반드시 통화 이력이 있거나 모바일 인증이 필요할 수 있고 사고 시 바로 새로운 단말기를 구매하지 말고 보상센터에 문의하는 것이 좋으며 보험 가입 시 건당 자기부담금(최소 3만 원) 비율이 있으므로 반드시 확인하고 보험에 가입해야 합니다.

우선 스마트폰 보험 관련 기본 용어를 알아보고 각 통신사의 보험 종류를 알아보겠습니다. 다만 안드로이드폰 위주로 설명하고 아이폰 등 다른 기종은 통신사 홈페이지를 통해서 확인할 수 있습니다.

■ 스마트폰 보험 기본 용어

1. **피보험자** : 보험 보장 혜택을 받을 수 있는 사람
2. **보상한도액** : 파손 혹은 분실 시 보상받을 수 있는 최대 금액
3. **자기부담금** : 보상을 받게 되면 손해의 100%를 보상하지 않고, 일부 소비자가 부담해야 하는 비용
4. **보험가입금액** : 보상한도 금액
5. **전손사고(전부 손해)** : 분실, 도난, 침수, 화재 및 완전 파손처럼, 휴대폰을 완전히 사용할 수 없게 된 경우. 이 경우, 보통은 기존 단말과 같은 기종으로만 보상받을 수 있다.
6. **분손사고(일부 손해)** : 휴대폰이 부분 파손되어 일부 수리가 필요한 경우
7. **보험목적물** : 보험에 가입하여 보상을 받을 수 있는 대상(스마트폰 액세서리는 제외)
8. **담보지역** : 보상을 받을 수 있는 사고 장소. 국내만 담보될 시 해외 내 파손과 분실은 보상되지 않는다.

- **통신사 보험 종류** : LG U+ 휴대폰 분실/파손 보험, KT 슈퍼안심 서비스, SKT T ALL케어플러스
- **스마트폰 제조사 보험** : 삼성케어플러스, 애플케어플러스

■ 스마트폰 통신사 보험
- LG U+ 휴대폰 분실/파손 보험

LG U+ 스마트폰 보험은 분실/파손형과 파손형으로 나누어지고 보험 가입은 개통 후 30일 이내에 가능하며 보험 가입 기간은 36개월입니다. 담보지역은 전 세계이며 보험마다 보장금액, 자기부담금이 다르니, 꼭 확인하고 신청해야 하며 보험효력 발생 시점을 확인해야 합니다. 서비스해지는 고객센터 상담사를 통해 할 수 있습니다. (자세한 내용은 홈페이지 참고)

월정액	내용
분실/도난 보상	• 서비스에 가입된 모델과 같은 모델로 보상하며 자기부담금이 발생 • 같은 모델이 없으면 기존 휴대폰 출고가 이내 동급 혹은 유사 기종 모델로 보상(재생단말기 포함) • 보상 휴대폰은 LG U+와 보험사가 선정 • 보상 휴대폰 선정 기준: ±5만원 범위 이내의 정상가 또는 출시일 ±6개월 이내의 휴대폰 • 상위 혹은 후속 모델로는 보상 불가
파손/침수 보상	• 보상한도 내에서 수리비를 지원하며 자기부담금 발생

보상기준	분실+파손			파손	
상품명	I폰 분실/파손 보험 250	I폰 분실/파손 보험 150	I폰 분실/파손 보험 100	I폰 파손 보험 70	I폰 파손 보험 40
월이용료	7,000원	5,000원	2,700원	2,000원	1,800원
폰 정상가	150만원 초과 ~250만원 이하	100만원 초과 ~150만원 이하	100만원 이하	100만원 초과	100만원 이하
최대 보험가입금액	가입시점의 단말기 출고가			70만원	40만원
	250만원	150만원	100만원		
파손 한 건당 보상한도	75만원	55만원	45만원	70만원	40만원

• 자기 부담금은 수리비와 '파손 건당 보상한도' 중 낮은 금액을 기준으로 계산합니다.
• 고객이 받는 보상 금액은 수리비에서 자기 부담금을 뺀 나머지 금액입니다.
• 단, 수리비가 '파손 한 건당 보상한도'보다 많이 나온 경우 '파손 한 건당 보상 한도'에서 자기부담금을 뺀 나머지 금액을 보상받을 수 있습니다.

완전 파손 시
분실 사고에 준하여 보상처리 (새로운 휴대폰으로 교체 보상)
• 완전 파손 시 수리할 수 없음을 증명하는 서류(제조사 공식 A/S센터에서 발급)와 함께 파손된 휴대폰을 반드시 반납해 주셔야 합니다.
• 최대보험가입금액 (또는 잔여 보상한도)을 초과하는 금액과 자기부담금을 납부해 주셔야 합니다.

단말유형	스마트폰					갤럭시 폴드		워치/패드
보상기준	분실+파손		파손			분실+파손	파손	파손
상품명	폰 분실/파손 보험 200	폰 분실/파손 보험 100	폰 파손 보험 50	폰 파손 보험 80	폰 파손 보험 40	폴드 분실/파손보험	폴드 파손보험	워치/패드 파손보험
월이용료	5,700원	3,600원	2,100원	3,200원	1,900원	11,000원	6,000원	1,500원
폰 출고가	100만원 초과 ~200만원 이하	50만원 초과 ~100만원 이하	50만원 이하	100만원 초과	100만원 이하	갤럭시폴드	갤럭시폴드	무관
최대 보험 가입 금액	가입시점의 단말기 출고가			80만원	40만원	가입시점의 단말기 출고가	100만원	50만원
자기부담금 (건당)	손해액의 25% (최소 3만원)	손해액의 20% (최소 3만원)	손해액의 25% (최소 3만원)	손해액의 25% (최소 3만원)	손해액의 25% (최소 3만원)	손해액의 30% (최소 3만원)	손해액의 30% (최소 3만원)	손해액의 20% (최소 3만원)

- KT 슈퍼안심 서비스

KT 스마트폰 보험은 **KT슈퍼안심, KT 슈퍼안심 심플, KT 슈퍼안심 디바이스** 등 여러 가지 서비스로 제공이 되고 있습니다.

가입은 개통 후 30일 이내에 할 수 있으며 대리점 및 직영점에서 가입 가능하고 보험료는 제조사 출고가에 따라 책정됩니다. 가입 기간은 보험 서비스 종류에 따라 24~36개월입니다. 고객부담금과 서비스 효력일이 서비스 종류에 따라 당일 이후 이거나 또는 14일까지 보상이 안 되는 보험 종류가 있으니 잘 확인해야 합니다.

구 분			KT슈퍼안심							
휴대폰 종류			스마트폰(아이폰 제외)							
가입 상품 명칭			WIP	고급	일반	파손	갤럭시케어 폴드	갤럭시케어 200	갤럭시케어 150	갤럭시케어 80
					(폴더블 제외)					
월 서비스 이용료 (ⓐ+ⓑ)			7,800원	5,800원	4,400원	4,200원	13,500원	12,900원	8,900원	5,900원
보험료 ⓐ (VAT 없음)			6,040원	4,040원	2,640원	2,440원	11,740원	11,140원	7,140원	4,140원
서비스료 ⓑ (VAT 포함)			1,760원	1,760원	1,760원	1,760원	1,760원	1,760원	1,760원	1,760원
가입 가능 출고가			100만원 이상	60만원 이상	제한없음		200만원 이상	150만원 이상	80만원 이상	80만원 미만
최대가입금액			가입 시점의 가입단말기 출고가와 아래 상품별 금액 중 낮은 금액							
			150만원	100만원	60만원	70만원	230만원	200만원	150만원	80만원
리퍼 최대가입금액										
휴대폰	자기부담금	전손	손해액의 25% (최소 3만원)				55만원	35만원	25만원	10만원
		분손					16만원	14만원	7만원	35,000원
	보상한도		보상 한도 70만원							
	수리보증연장	자기부담금	손해액의 25% (최소 3만원)							
		배터리	2만원 (1회에 한정)							

구 분			KT 슈퍼안심 심플						
휴대폰 종류			스마트폰(아이폰 제외)				아이폰		
가입 상품 명칭			심플 폴드	심플 고급	심플 일반	심플 파손	i-심플 고급	i-심플 일반	i-심플 파손
빌 서비스 이용료(VAT 없음)			14,000원	8,000원	6,000원	4,500원	9,000원	7,000원	5,000원
가입 가능 출고가			갤럭시 폴드	100만원 이상	제한 없음		150만원 이상	제한 없음	
최대가입금액			가입 시점의 가입단말기 출고가와 아래 상품별 금액 중 낮은 금액						
			250만원	180만원	100만원	100만원	200만원	150만원	100만원
리퍼 최대가입금액			-				90만원		70만원
자기부담금	전손		손해액의 30% (최소 3만원)		손해액의 25% (최소 3만원)		손해액의 30% (최소 3만원)		
	분손								
	배터리		2만원 (1회에 한정)				3만원 (1회에 한정)		
보상범위			분실/도난/파손 + 배터리			파손 + 배터리	분실/도난/파손 + 배터리		파손 + 배터리

- SKT T ALL케어+

SKT는 프리미엄 상품인 **T ALL케어플러스Ⅲ**와 **일반 상품인 분실파손Ⅲ**가 있습니다.

T ALL케어플러스Ⅲ는 개통 후 61일(공휴일 포함) 안에 가입할 수 있으며 가입 기간은 36개월입니다. 24시간 상담과 보험 청구가 가능하며 개통 이후 366일째부터 배터리 교체 1회 제공되며 파손 시 픽업 후 수리 대행을 할 수 있고 가족 최대 2회선 가입 혜택이 있습니다. 분실 보상 휴대전화기 당일 배송 등 여러 가지 서비스를 제공합니다. (아이폰은 홈페이지 참고)

• 안드로이드

구분			T All케어플러스Ⅲ						
			폴드	플립	고급	일반	파손 F	파손80	파손40
가입 가능 휴대폰 기종 및 가격			갤럭시 Z 폴드	갤럭시 Z 플립	100만 원 초과 (갤럭시 Z 폴드/플립 제외)	100만 원 이하 (갤럭시 Z 폴드/플립 제외)	갤럭시 Z 폴드/플립	40만 원 초과 (갤럭시 Z 폴드/플립 제외)	40만 원 이하 (갤럭시 Z 폴드/플립 제외)
이용 요금 (월)			12,500 원	9,600 원	8,000 원	6,000 원	8,200 원	5,200 원	3,900 원
	보험료 (면세)		10,520 원	7,620 원	6,020 원	4,020 원	6,440 원	3,440 원	2,140 원
	플러스 서비스 (부가세 포함)		1,980 원	1,980 원	1,980 원	1,980 원	1,760 원	1,760 원	1,760 원
가입 기간			36개월						
효력 개시 및 보상 조건			상품 가입이 완료된 다음 날 0시부터 상품의 효력이 발생하며, 상품 가입 당일의 분실/파손 및 상품 가입 이후 통화 내역(음성통화/문자/데이터 사용)이 없을 경우 보상 받으실 수 없음						
분실	보상 횟수		가입일 기준 365일 당 분실 1회 (최대 3회) (1일~365일 1회, 366일~730일 1회, 731일~1,095일 1회)				해당 없음		
	자기부담금 (새 휴대폰)		손해액의 30% (최소 3만 원)		손해액의 28% (최소 3만 원)				
	자기부담금 (리뉴폰)		손해액의 20% (최소 3만 원)		손해액의 18% (최소 3만 원)				
파손	보상 횟수		3회 (회당 보상한도는 휴대폰의 보험가액)						
	자기부담금		손해액의 30% (최소 3만 원)		손해액의 28% (최소 3만 원)		손해액의 35% (최소 3만 원)	손해액의 28% (최소 3만 원)	
완전 파손	보상 횟수		분실 보상으로 처리				1회 (보상 후 해지)		
	보상 한도						120만 원	80만 원	40만 원
	자기부담금						35만 원	15만 원	10만 원

• 안드로이드

구분			분실파손Ⅲ				파손Ⅱ		
			폴드	플립	고급	일반	파손F	파손80	파손40
가입 가능 휴대폰 기종 및 가격			갤럭시 Z 폴드	갤럭시 Z 플립	100만 원 초과 (갤럭시 Z 폴드/플립 제외)	100만 원 이하 (갤럭시 Z 폴드/플립 제외)	갤럭시 Z 폴드/플립	40만 원 초과 (갤럭시 Z 폴드/플립 제외)	40만 원 이하 (갤럭시 Z 폴드/플립 제외)
보험료 (월, 면세)			11,900원	8,900원	6,200원	4,200원	7,700원	3,400원	1,900원
가입 기간			36개월						
효력 개시 및 보상 조건			상품 가입이 완료된 다음 날 0시부터 상품의 효력이 발생하며, 상품 가입 당일의 분실/파손 및 상품 가입 이후 통화 내역(음성통화/문자/데이터 사용)이 없을 경우 보상 받으실 수 없음						
최대가입금액			휴대폰 출고가				120만 원	80만 원	40만 원
교체(리퍼) 1회당 최대가입금액			해당 없음						
자기부담금 (고객 필수 부담)	새 휴대폰		손해액의 30% (최소 3만 원)		손해액의 28%(최소 3만 원)		손해액의 35% (최소 3만 원)	손해액의 28% (최소 3만 원)	
	리뉴폰		손해액의 20% (최소 3만 원)		손해액의 18%(최소 3만 원)		해당 없음		
총 고객 부담금 (기기변경 차액금 발생 시)			(분실 보상만 해당) 기기변경 차액금* + 자기부담금 • 기기변경 차액금: 보상 휴대폰 출고가(보상 시점의 휴대폰 출고가)에서 손해액을 뺀 금액						
보상범위			분실, 도난, 파손				파손 (완전 파손 포함)		
가입 가능 휴대폰 유형			부분 수리 가능 스마트폰				부분 수리 가능 스마트폰, 안드로이드 스마트 워치, 태블릿(갤럭시탭), 키즈폰		
서비스 혜택			분실 시 보상 휴대폰 다음 날 배송(파손 전용 상품 해당 없음), 일반 임대폰 무료 이용 기간 추가 제공(기존 14일+추가 제공 매년 28일)						

■ 스마트폰 제조사 보험
- 삼성케어플러스

갤럭시라면 알뜰폰, 자급제폰까지 제한 없이 월정액으로 가입 가능합니다.
다만 **분실 보상일 경우** 통신사 보험과 중복 가입일 경우 삼성케어플러스는 후 순위 보상이 적용되며 **파손 보상일 경우** 삼성케어플러스가 선 순위 보상 적용이 됩니다.
스마트폰을 비롯한 버즈, 워치, 태블릿, 노트북일 경우 60일 이내 가입 가능하며 36개월까지 보장을 받을 수 있습니다. 스마트폰의 경우 최초 통화일 +2일 이내에는 비대면 가입이 가능하고 최초 통화일 +3일 이후에는 Samsung Members 앱에서 거울을 통해 액정화면 확인 후 가입이 가능합니다.
파손 수리하는 경우 현장에서 바로 보험이 적용되어 별도의 청구 과정은 없으며, 삼성전자 서비스센터에서 수리 비용 결제 시 자기부담금만 내면 됩니다.

제품군		스마트폰				스마트폰 파손보장형			
대상단말군		갤럭시 Z 폴드	갤럭시 Z 플립	갤럭시 S 갤럭시 노트	갤럭시 A	갤럭시 Z 폴드	갤럭시 Z 플립	갤럭시 S 갤럭시 노트	갤럭시 A
월 이용금액		12,700원	9,700원	6,400원	3,500원	6,900원	4,700원	3,300원	1,700원
보장기간		최대 36개월까지 유지 가능				최대 36개월까지 유지 가능			
파손	횟수	3회				2회			
	자기부담금	160,000원	140,000원	80,000원	35,000원	160,000원	140,000원	80,000원	35,000원
도난/분실	횟수	1회				X			
	자기부담금	550,000원	400,000원	350,000원	150,000원				
보증연장		기본 2년 + 1년 연장 = 최대 3년까지				X			
배터리	횟수	1회				X			
	자기부담금	20,000원							
방문수리	횟수	3회							
	출장비	18,000원 (본인 과실 여부에 따라 출장비가 발생)							

제품군		노트북		태블릿		버즈	워치
대상단말군		갤럭시 북 Pro	갤럭시 북	갤럭시 탭 S	갤럭시 탭 A	갤럭시 버즈	갤럭시 워치
이용요금(月, 원)		9,600원	8,400원	4,600원	2,700원	1,300원	2,300원
보장기간		최대 24개월까지 유지 가능					
파손	횟수	1회		3회		2회	2회
	자기부담금	50,000원	35,000원	75,000원	40,000원	20,000원	35,000원
보증연장		기본 1년 + 1년 연장 = 최대 2년까지					
배터리	횟수	1회				X	X
	자기부담금	20,000원					
방문수리		삼성전자서비스 출장서비스 운영중 (출장비 별도 청구)		X			

- 애플케어플러스

아이폰은 기본적으로 1년 제한 보증과 최대 90일의 무료 기술 지원을 받을 수 있는데 보험은 따로 가입해야 합니다. 서비스는 애플케어와 애플케어플러스가 있는데 애플케어는 무상보증 기간 내에 언제든지 가입할 수 있지만, 애플케어플러스는 구매 후 60일 이내에 가입할 수 있으며 구입일로부터 최대 2년간 보장됩니다.

우발적인 손상의 경우 12개월간 최대 2회 보장되며 (2년간 총 4회) 화면 또는 글라스 손상은 건당 4만 원이며 기타 우발적인 손상은 건당 12만 원의 본인 부담금이 부과됩니다.
iPhone 14 Pro, iPhone 14 Pro max는 296,000원에 애플케어플러스 가입을 할 수가 있습니다. iPhone 14 plus는 233,000원, iPhone 14, iPhone 13, iPhone 13 mini, iPhone 12는 197,000원 아이폰 se 3세대는 98,000원입니다.
아쉬운 점은 애플케어플러스는 **분실 보장을 하지 않습니다.** 반면 통신 3사 스마트폰 보험은 아이폰 분실 보상을 보장합니다.

iPhone을 위한 AppleCare+ 구입으로
2년간 더욱 든든하게.

iPhone을 위한 AppleCare+는 최대 2년간 우선적인 전문가 기술 지원과 Apple의 추가적인 하드웨어 보증을 제공합니다.[1] 여기에는 우발적인 손상에 대한 횟수 제한 없는 보장이 포함됩니다. 우발적인 손상의 경우, 화면 또는 후면 글래스 손상은 건당 40,000원, 기타 우발적인 손상은 건당 120,000원의 본인 부담금이 부과됩니다.[2] 보증은 AppleCare+ 구입일부터 시작됩니다.

한국에서는 스마트폰 보증 기간을 연장하는 '소비자분쟁해결기준'에 따라, 휴대폰 품질 문제와 관련한 서비스 보증이 최초 소매 구입일로부터 2년간 보장됩니다. 자세한 내용을 확인하려면 여기를 클릭하세요.

우선적으로 기술 지원 제공

우발적인 손상에 대한
횟수 제한 없는 보장 제공[2]

배터리 서비스 보증[1]

※ 참고
- 각 통신사 (LG U+, KT, SKT) 홈페이지, 제조사 (삼성, 애플) 홈페이지

4. 알뜰폰 사용했을 때 장단점

주파수를 보유한 이동통신망 사업자로부터 설비를 임대하여 이동통신 서비스를 제공하는 가상 이동통신망 사업자를 흔히 [알뜰폰]이라 부릅니다. 즉 메이저 통신 3사의 통신망을 빌려서 통신사를 만들어 요금제를 판매하는 것으로 이동통신 재판매 서비스입니다.

2021년 5월 기준으로 알뜰폰 사업자는 약 60업체, 가입자 수는 2021년 11월 기준으로 1,000만 명을 넘었고 2022년 8월 약 1,200만 명을 넘기고 있습니다. 현재 통신 3사를 비롯해 은행이 직접 계열사를 차리거나 영세업체를 인수해 운영하고 있으므로 신뢰도가 높아지고 있으며 자급제 단말기 보급이 쉬워지면서 알뜰폰을 이용자가 급격히 늘어나고 있습니다.
MZ세대로 불리는 젊은 층을 기준으로 많이 사용했으나 요즘에는 약정이 끝난 이용자가 통신사를 알뜰폰으로 번호 이동하거나 개통 후 일정 기간이 지난 후 위약금을 내고서라도 알뜰폰 요금제에 가입하는 것이 더 저렴하므로 많이 이용하고 시니어들 요금제로 많이 사용하고 있습니다.

그럼 알뜰폰이 가지고 있는 장단점을 알아보고, 선택 시 참고가 될 수 있게 설명하겠습니다.

■ 알뜰폰의 장점

① 가장 큰 장점은 가격이 저렴하다는 것입니다. 메이저 통신사 대비 2분의 1 또는 그보다 더 저렴하기 때문입니다. 데이터 무제한 요금제(LTE) 기준으로 알뜰폰은 3~4만 원 수준이고 메이저 통신사 요금은 6~8만 원대입니다. 통화량이 무제한이 아니면 훨씬 많은 차이가 납니다. 사용자의 패턴에 따라 고를 수 있는 선택이 많아진 것입니다.

② 통신 3사의 망을 그대로 사용하기 때문에 안정적인 망 서비스를 제공하므로 통화품질이 그대로라서 만족도가 높습니다.

③ 약정이 없습니다. 자급제폰을 많이 사용하기 때문에 약정을 할 필요가 없고 요금제를 다양하게 선택 가능하며 바로 해지해도 위약금이 없습니다. 그리고 요금제 변경도 자유로우므로 여러 사업자의 알뜰폰 요금제를 바로 이용 가능합니다. 약정이 지난 스마트폰은 알뜰폰 요금제를 사용하면 부담이 없습니다.

④ 사용요금 신용카드 할인 혜택도 됩니다. 카드 사용 실적에 따라 할인 혜택을 제공하는 통신사가 있는데 카드 전월 실적과 저렴한 요금제를 사용한다면 사용요금을 내지 않고 스마트폰을 사용할 수도 있습니다.

⑤ 기존 번호를 그대로 사용할 수 있습니다. 신규 번호이동 또한 가능합니다.

⑥ 경쟁이 치열하므로 알뜰폰 요금제는 프로모션 행사가 많아서 더 저렴하게 이용할 수 있습니다.

■ 알뜰폰의 단점

① 교통카드 사용이 안 되는 경우가 있으니 반드시 확인하고 사용해야 합니다. NFC가 있는 유심은 사용 가능하나 꼭 확인을 해야 합니다.

② 고객센터와의 연결이 어렵습니다. 가입도 대면으로 거의 하지 않기 때문에 매장이 없는 경우가 많습니다. 문제가 생기면 해결하기 어려운데 그나마 통신 3사 알뜰폰 브랜드는 서비스가 좋은 편입니다.

③ 멤버십 혜택이 부족합니다. 예전에는 거의 없었으나 최근에는 있는 곳도 있으니 알아보고 가입하는 것도 좋습니다.

④ 스마트기기의 개통이 불가능합니다. 특히 갤럭시워치, 애플워치 개통이 불가하나 태블릿의 경우 데이터 쉐어링이 가능한 통신사(KT M 모바일, 리브엠 등)가 있으니 확인해야 합니다.

⑤ 결합 할인이 부족합니다. KT M 모바일, 헬로 모바일은 인터넷, TV 사업을 같이하므로 유무선 결합 할인 상품이 있으니 요금제를 비교하는 것도 좋습니다.

⑥ 해외 로밍이 불편합니다. 통신 3사의 자회사라면 서비스를 제공하지만, 선택권이 거의 없고 일반 로밍 요금과 비교하여 서비스가 불만족스럽습니다.

⑦ 긴급상황 시 위치 추적이 어렵습니다. 위치정보를 제공하더라고 통신 3사를 거쳐야 하므로 주말, 연휴에는 정말 긴급할 때는 사용할 수가 없습니다. 얼마 전 한양대 융합전자공학부 통신시스템 연구실 문희찬 교수팀이 이동통신 신호만으로도 긴급구조 요청자의 정확한 위치를 파악할 수 있는 기술(HELPS)을 개발했다고 하는데 알뜰폰에 사용하면 사고 시 대처가 빨라질 수 있을 것입니다.

여러 가지 단점이 있지만, 알뜰폰의 가장 큰 장점은 가격이 저렴하기 때문입니다. 통신 3사의 망을 그대로 사용하기 때문에 유지비용이 들지 않고 대리점, 상담사 등 고정 기반 시스템을 줄여서 통신비 할인에 적용한 것입니다.

 나의 사용패턴을 잘 파악해서 요금제를 선택한다면 비용을 많이 절감할 수 있습니다.
요금제를 선택할 때 가장 중요한 기준은 데이터 사용량입니다. 스마트폰에서 데이터 사용량을 확인할 수 있는데 애플 아이폰은 '설정 > 셀룰러 > 사용 내용' 메뉴에서 이번 달 사용 내역을 조회할 수 있고 삼성 갤럭시폰은 ' 설정 > 연결 > 데이터 사용 > 모바일 데이터 사용량'에서 데이터 사용량을 조회할 수 있습니다. 평균적인 데이터 사용량을 확인한 후 요금제를 선택한다면 꼭 맞는 요금제를 찾을 수 있습니다.

현재 통신 3사 망을 사용하는 알뜰폰 업체 종류와 사용하는 패턴에 따른 요금제를 비교한 상품을 안내하고자 합니다. 요금제를 사용자의 패턴에 맞게 선택할 수 있습니다.
(안내하는 요금제는 2022년 11월 기준입니다.)

■ 음성 통화가 많은 사용자 (전화만 무제한)

- 음성 통화를 많이 하는 소비자에게 적당한 요금으로 문자도 무제한으로 제공

통신사	요금제	데이터	전화/문자	금액
SK 7모바일	LTE유심2GB/2000분	2GB	2,000(분/건)	10,450원
KT M모바일	통화맘껏1.5GB	1.5GB	무제한(영상 30분)	7,900원
KT M모바일	통화맘껏2.5GB	2.5GB	무제한(영상 30분)	8,900원
알뜰모바일(LGU+)	유심통화마음껏데이터1.5GB	1.5GB	무제한(영상 50분)	7,800원
헬로모바일(LGU+)	The착한데이터유심1.3GB	1.3GB	무제한(영상 50분)	7,900원
스마텔(LGU+)	USIM스마트7GB+	7GB	무제한	4400원(7개월특별)
프리티	데이터안심무제한7G+1M	7GB	무제한	5940원(8개월특별)
A모바일(LGU+)	[22년11월]A스페셜7G+	7GB	무제한	5830원(8개월특별)

7개월 특별의 의미는 7개월 동안 할인 가격으로 이용할 수 있고, 7개월 차부터 메이저 4대 업체보다 비싼 가격으로 청구된다는 뜻입니다.

■ 출퇴근길 동영상 이용이 많은 소비자 (데이터만 무제한)

- 기본 데이터 제공량이 한 달에 15GB이지만, 모두 사용하면 3Mbps 속도로 사용 가능

통신사	통신망	요금제	금액
SK 7모바일	SK	LTE 유심 15GB+/100분	27,500
KT M모바일	KT	데이터 맘껏 15GB+/100분	25,300
알뜰 모바일	LGU+	유심 최강가성비 15GB+/100분	26,500
헬로 모바일	LGU+	보편 안심 유심 15GB 100분	28,820
A 모바일	LGU+	[22년 11월]A스페셜 100분 / 15GB+	13,200(8개월 특별)
이야기 모바일	LGU+	이야기U 데이터 15GB+	13,200(7개월 특별)
스마텔	KT	USIM 스위트 데이터 15GB+(100분)	13,200(5개월 특별)

■ 통화, 문자, 데이터 모두 무제한 이용을 원하는 소비자 (데이터 & 전화 무제한)

- 기본 데이터 제공량은 11GB이지만 모두 소진하면 매일 2GB를 사용 가능하며 이후 3Mbps 속도로 무제한 사용 가능

통신사	통신망	요금제	금액
SK 7모바일	SK	LTE 유심 (11GB+/통화맘껏)	37,400
KT M모바일	KT	모두다 맘껏 11GB+	35,200
알뜰 모바일	LGU+	유심 데이터·통화 마음껏	33,990
헬로 모바일	LGU+	The 착한 데이터 유심 11GB	33,990
A 모바일	LGU+	[22년 11월] A 스페셜 11GB+	19,800(8개월 특별)
이야기 모바일	LGU+	이야기 데이터 11GB	20,900(7개월 특별)
아이즈 모바일	KT	아이즈 11GB+	23,130(5개월 특별)
FREE T	LGU+	USIM프리티데이터중심 11G+	20,790(8개월 특별)
스마텔	KT	USIM 스위트 데이터 11GB+	19,800(5개월 특별)
리브모바일	LGU+	LTE 든든 무제한 11GB+(신)	24,800

■ 5G 데이터 이용을 무제한으로 원하는 소비자 (5G 무제한 요금제)

- 기본 데이터 소진 후 5Mbps 속도 이상으로 무제한 이용 가능한 요금제

통신사	통신망	요금제	데이터	금액
SK 7모바일	SK	5G 유심 (200GB+/통화맘껏)	200GB + 5Mbps	61,600
SK 7모바일	SK	5G 유심 (110GB+/통화맘껏)	110GB + 5Mbps	53,900
KT M모바일	KT	5G Special M	200GB + 10Mbps	59,400
KT M모바일	KT	5G Simple M	110GB + 5Mbps	47,500
알뜰 모바일	LGU+	유심 5G(180GB+)	180GB + 10Mbps	52,000
알뜰 모바일	LGU+	유심 5G(150GB+)	150GB + 5Mbps	48,800
헬로 모바일	LGU+	5G 스페셜 유심 180GB	180GB + 10Mbps	55,000
헬로 모바일	LGU+	5G 스탠다드 유심 150GB	150GB + 5Mbps	49,000
스마텔	LGU+	5G 스마트 150GB	150GB + 5Mbps	32,500(7특별)
이야기 모바일	LGU+	[5G] 이야기 스탠다드	150GB + 5Mbps	30,800(7특별)
A모바일	LGU+	[22년 10월] A 5G 스페셜	180GB + 10Mbps	45,100(7특별)

알뜰폰 요금제 선택 시, 기기를 자급제폰으로 많이 사용합니다. 구매 시 단말기 대금을 한 번에 내야 하므로 부담스러울 수 있는데 제휴카드를 이용하면 요금을 많이 낮출 수 있습니다. 자급제폰은 선택약정으로 25% 요금할인을 받을 수 있는데 해지 시 위약금이 발생할 수 있습니다. 자급제폰은 통신사의 5.9%의 할부이자 부담이 없습니다.

■ 알뜰폰 제휴카드

카드사	통신사	전월 실적	할인	연회비
현대	SK7, KTM, 알뜰	30만원 이상 (통신요금 전월실적 제외)	1.3만원 (~24개월, 25개월부터 0.6만원)	3.0만원
국민	SK7, KTM, 알뜰	30만원 이상 (통신요금 전월실적 제외)	1.2만원	1.5만원
현대	헬로	30만원 이상 (통신요금 전월실적 제외)	1.7만원 (~36개월, 37개월부터 0.7만원)	1.5만원
롯데	헬로	30만원 이상 (통신요금 전월실적 제외)	1.1만원	1.0만원
우리	SK7	30만원 이상 (통신요금 전월실적 제외)	1.0만원	1.0만원
KB 국민	리브모바일	30만원 이상 70만원 이상	1.2만원 1.7만원	1.5만원
KB 국민	알뜰폰 허브	50만원 이상 (상품권 전월실적 포함)	1.0만원	2.0만원

5. 현명한 통신 생활을 위한 스마트 초이스 어플 및 통신사 멤버십 활용

■ 스마트 초이스

[스마트 초이스] 어플은 (사)한국통신사업자연합회와 SK텔레콤, KT, LGU+, SK브로드밴드가 공동으로 통신서비스 사용자에게 통신요금, 통신서비스 관련 정보를 알기 쉽고 체계적으로 정보를 제공하는데 단말기 지원금 조회, 이동전화 요금제 추천, 통신 미환급액 조회, 도난신고와 분실신고 조회, 중고폰 시세 조회 서비스가 있습니다.

구글 플레이스토어에서 [스마트 초이스]라고 검색창에 입력하여 설치를 합니다.

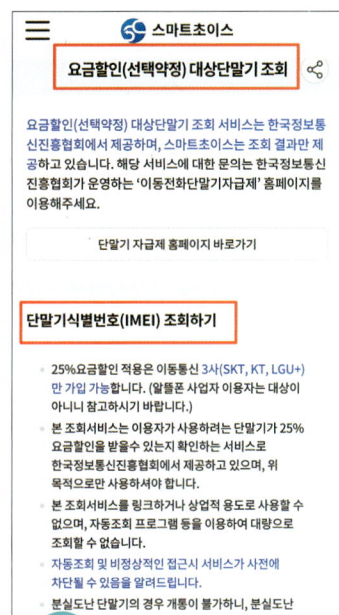
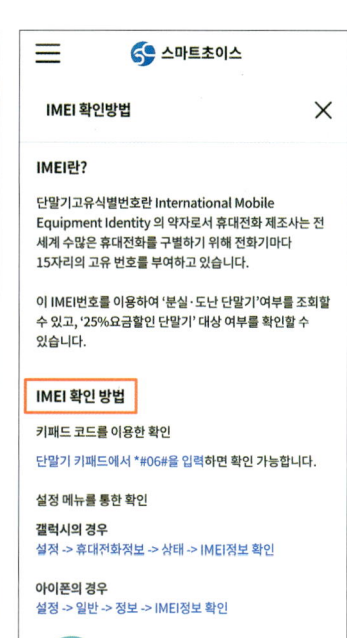

1️⃣ [스마트 초이스] 어플 홈화면에서 왼쪽 상단의 [≡ 메뉴]를 터치하면 휴대폰 구매, 요금제 찾기, 환급·혜택, 통신생활 가이드, 통신정보 등 많은 정보들을 확인할 수 있습니다. 2️⃣ [요금할인 대상단말기 조회]를 터치하면 [선택약정(25%)]이 가능한지 조회할 수 있습니다.
3️⃣ [단말기식별번호(IMEI)]를 알아야 조회가 가능합니다. 제일 쉬운 방법은 [전화 키패드]에서 [*#06#]을 입력하면 바로 알 수 있고 스마트폰의 설정에서도 알 수 있습니다. [IMEI] 번호로 분실·도난 단말기 여부도 조회할 수 있습니다.

[선택약정 할인]은 단말기 구입 시 지원금을 받지 않는 가입자가 매달 요금의 25%를 할인 받을 수 있는 제도입니다.
[선택약정(25%) 할인 적용]은 [이동통신 3사]만 가입 가능합니다. 알뜰폰 사용자는 요금할인을 받을 수 없습니다. 의무사용기간이 지나거나 중고폰, 자급제폰 이용자도 가입할 수 있는 조건이 되며 선택약정 할인에 가입 시 2년 외에 1년의 약정기간을 선택할 수도 있습니다.

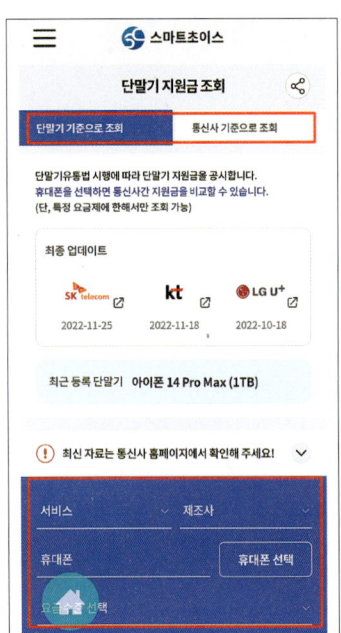
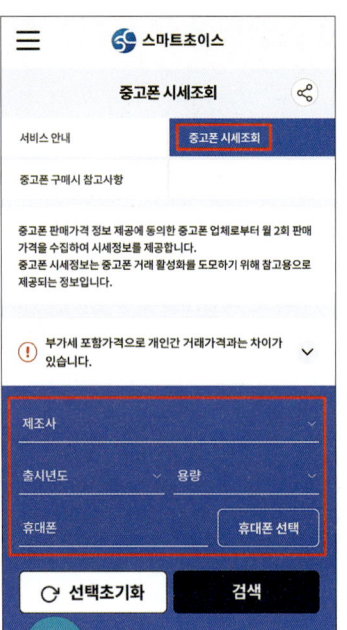
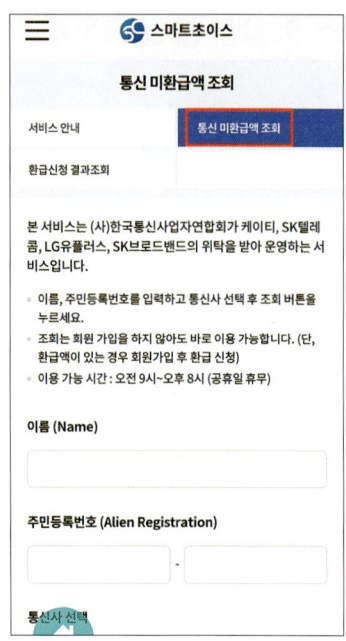

1️⃣ 메뉴에서 [단말기 지원금 조회]를 터치하면 단말기 기준이나 통신사 기준으로 조회할 수 있습니다. 2️⃣ [중고폰 시세조회]를 터치 후 단말기 정보를 입력하면 중고폰의 정보와 판매되고 있는 금액을 알 수 있습니다. 3️⃣ [통신 미환급금 조회]를 할 수 있는데 미환급금이 있는 경우 회원가입 후 환급 신청이 가능합니다.

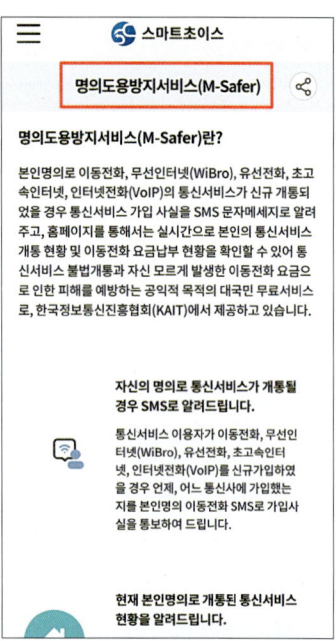

1️⃣ [이동전화 요금제 추천]에서는 이동3사와 알뜰폰 요금을 조건에 맞게 조회할 수 있습니다. 2️⃣ 통신 생활 가이드의 [아하! 그렇구나]에서는 다양한 정보들을 볼 수 있습니다. 3️⃣ [명의도용 방지서비스]는 통신서비스를 신규로 개통되었을 경우 가입 사실을 SMS 문자메시지로 알려주고 본인명의로 개통된 통신서비스 현황을 알려줍니다. 공동인증서·간편인증서비스로 로그인이 필요한 서비스며 PC환경에서만 사용이 가능합니다.

■ 통신사 멤버십 활용

SK텔레콤, KT, LG U+ 등 국제 주요 통신사들은 가입자의 충성도를 높이고 타사 이탈을 방지하기 위해 멤버십 서비스를 제공해 왔습니다. 하지만, 2022년에 통신사들은 3개 사 합산 1조 원 이상의 좋은 사업실적을 보이면서도 멤버십 서비스 혜택은 지속적으로 축소하고 있어서 소비자들의 원성을 사고 있습니다.

소비자들이 가장 많이 이용하는 영화관 무료 티켓이나 할인예약 서비스를 비롯해 상품권 제공이나 자사 인터넷쇼핑몰 할인 혜택도 지속적으로 줄어들고 있습니다. 그래서 차라리 멤버십 혜택은 없지만 상대적으로 요금이 저렴한 알뜰폰이 낫다는 얘기가 나오고 있는 겁니다.

과거에 비해 혜택이 축소되었다고는 하지만, 여전히 영화관 할인이나 커피숍 등에서의 할인 조건은 괜찮은 수준이니 잊지 않고 잘 챙기시길 바라는 마음으로 각 통신사의 멤버십 혜택에 대해서 안내해 드립니다.

  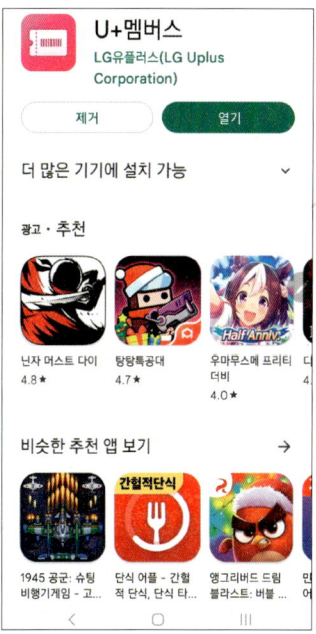

멤버십 혜택은 크게 2가지로 나누어 볼 수 있습니다. 하나는 매년 초에 개인별로 부여되는 멤버십 포인트이고, 또 하나는 VIP/VVIP 등 멤버십 등급에 따른 혜택입니다. 멤버십 포인트는 커피숍이나 제과점 등 프랜차이즈 매장 등에서 결제할 때 포인트를 사용해서 실질적으로 할인 혜택을 볼 수 있습니다.

멤버십 등급 혜택은 공연이나 영화 예매를 할 때 멤버십 등급에 따라서 무료 또는 할인혜택을 제공하는 것입니다. kt 기준으로는, VIP 등급 이상의 고객들은 커피숍 무료 쿠폰도 제공하고, 자동차 엔진오일 교환 할인, 피자 할인 혜택도 제공하고 있습니다.

▶ 통신사별로 다양한 혜택을 제공하고 있으니, 각 통신사의 앱을 통해 자세히 확인해서 많은 혜택을 누리시길 당부드립니다.

MEMO

3강 스마트폰 기본 활용하기

1. 스마트폰에서 스마트폰으로 자료 옮기는 스마트 스위치(Smart Switch) 활용하기

스마트 스위치(Smart Switch)란,
휴대폰의 데이터를 백업하거나, 백업한 데이터를 기존 휴대폰 또는 새 휴대폰에 복원하거나, 소프트웨어들을 손쉽게 최신 버전으로 업데이트할 수 있게 지원하는 프로그램입니다.

갤럭시 모델은 해당 폰에 Smart Switch 앱이 기본 설치되어 있으며, 앱스(홈 화면에서 위 또는 아래로 스크롤하면 앱스 화면으로 전환됩니다) - 설정 - 계정 및 백업 - Smart Switch 실행 가능합니다.

■ 스마트 스위치(Smart Switch) 모바일 앱을 통한 갤럭시 기기의 데이터 이동 방법

1) 스마트 스위치(Smart Switch) 모바일 앱은 이전 기기에서 사용하던 데이터를 신규 갤럭시 기기로 이동해주는 모바일 앱입니다.

- 안드로이드 8 OS 버전 이상 단말에서는 설정 > 계정 및 백업에서 스마트 스위치 앱을 실행할 수 있습니다. 그 외 단말은 [갤럭시 스토어] 또는 [Play 스토어]에서 설치할 수 있습니다.
- 스마트 스위치(Smart Switch) 모바일은 갤럭시, 타사 안드로이드, iPhone / iPad / Windows Mobile 제품과 연결 가능합니다.

2) 가져올 수 없는 데이터 항목

구 분	가져올 수 없는 데이터 항목
통화 및 연락처	. 읽기 전용 연락처
메시지	. 긴급 알림 메시지 . 임시 저장 및 전송 실패한 메시지
앱	. 캘린더 : 동기화 된 계정의 일정 . 카카오톡 : 대화기록 . 앱 정책에 따라 전송할 수 없는 데이터 . 보안 또는 호환성의 이유로 전송할 수 없는 앱(T World, 계산기, Samsung Pass, PASS, 카카오뱅크, 업비트 등) . Samsung Kids : 앱 및 데이터
보안 폴더	. 잠긴 콘텐츠
홈 화면	. 기본 배경화면 . Galaxy Themes 배경화면

※ 연락처는 휴대전화 공간, 구글 계정, 삼성 계정, SIM 카드 연락처 모두 이동 가능합니다.

3) 새 휴대폰에서 기존 휴대폰 데이터 가져오는 방법(무선 연결)

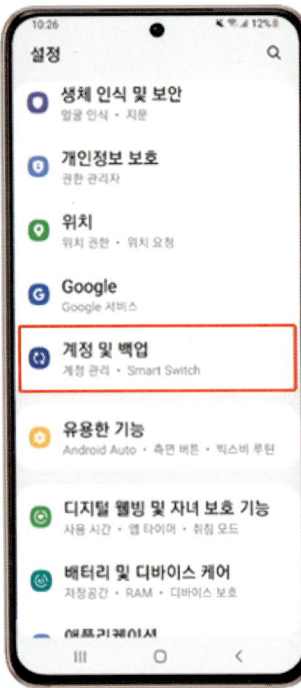  

① 새 휴대폰에서 설정>계정 및 백업   ② 이전 디바이스에서 데이터 가져오기   ③ 데이터 받기

 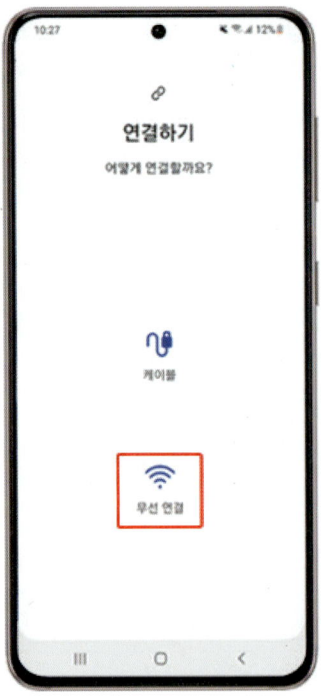 

④ 갤럭시/ 안드로이드   ⑤ 무선 연결   ⑥ 연결 대기 중

⑦ 연결 중

⑧ 기존 휴대폰에서 "예" 선택

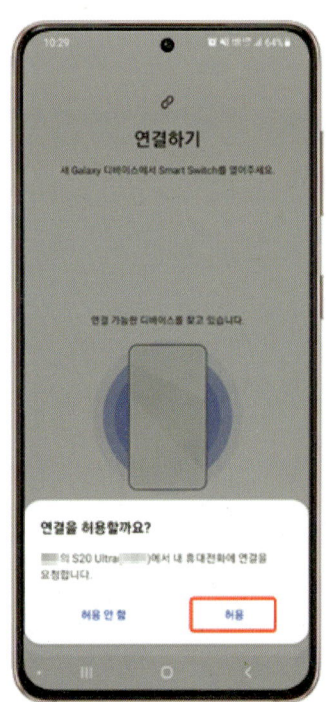
⑨ 기존 휴대폰에서 연결 "허용"

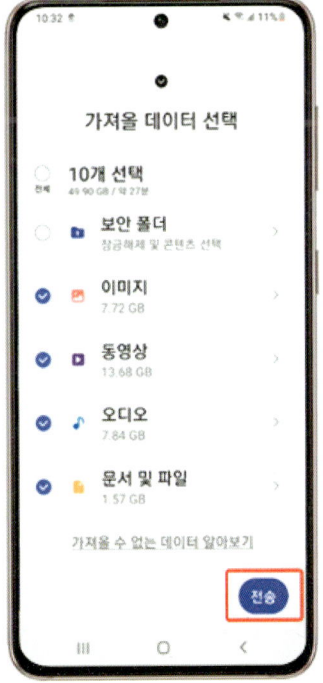
⑩ 가져올 데이터 선택 >전송

⑪ 데이터 가져오는 중

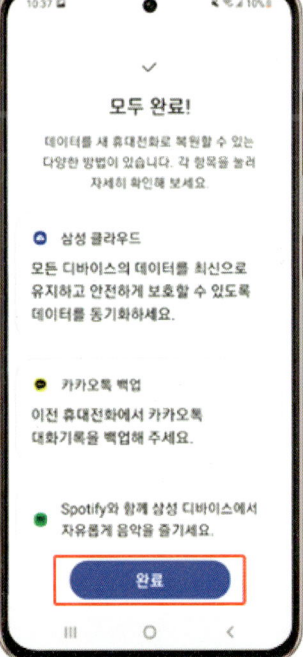
⑫ 새 휴대폰에 전송 완료

※ 스마트 스위치 관련 자료는 2022년 10월 28일 기준이며, 삼성전자서비스에서 제공한 자료를 참고함.

2. 스마트폰 배터리 절약하기

■ 홈 화면 배경색을 검정색으로 변경하기

  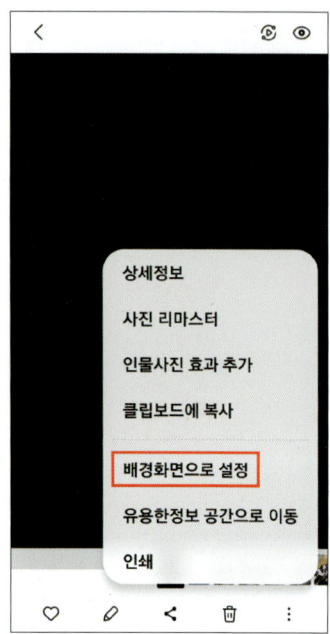

1️⃣ 카메라 앱 실행 후 최대한 빛이 스며들지 않은 상태에서 검은색 옷 등 검정 물체에 카메라 렌즈를 밀착하여 사진 촬영을 합니다. 카메라 화면 하단 좌측의 갤러리 앱 [미리보기] 원형 아이콘을 터치합니다. 2️⃣ 갤러리에서 검정 이미지(RGB 순도 100% 검은색은 아닙니다.)가 열리면 하단 우측 점 3개 모양의 [더보기] 아이콘을 터치합니다. 3️⃣ 더보기 화면에서 [배경화면으로 설정]을 터치합니다.

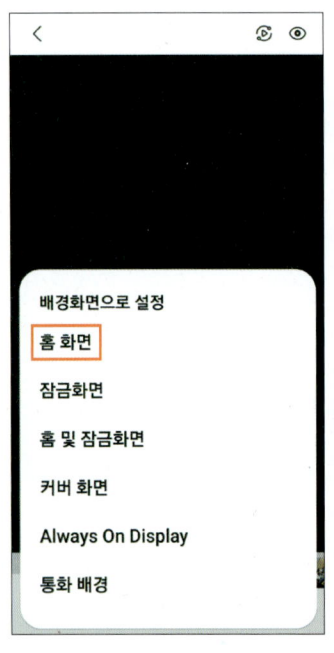 

1️⃣ [배경화면으로 설정] 화면이 열리면 [홈 화면]을 터치합니다. 2️⃣ 스마트폰 화면 하단의 [홈 화면에 설정]을 터치하면 스마트폰 홈 화면이 검정 단색 배경으로 바뀝니다.
※ OLED(유기발광다이오드) 기술을 적용한 AMOLED 디스플레이 경우에 해당됩니다.

■ 배경화면 어둡게 하기

1 ① 스마트폰 배경화면을 검은색으로 설정하면 배터리 소모를 줄일 수 있습니다. 스마트폰 맨 위 상단의 상태표시줄에 가볍게 손가락을 대고 하단으로 스크롤 합니다. ② 상단 우측 톱니바퀴 모양의 [설정] 아이콘을 터치합니다. **2** 설정 화면에서 [디스플레이] 메뉴를 터치합니다.
3 디스플레이 화면에서 [다크] 모드로 설정하면 배터리를 절약할 수 있고 눈의 피로도 줄일 수 있습니다.

■ 불필요한 기능 최소화하기

 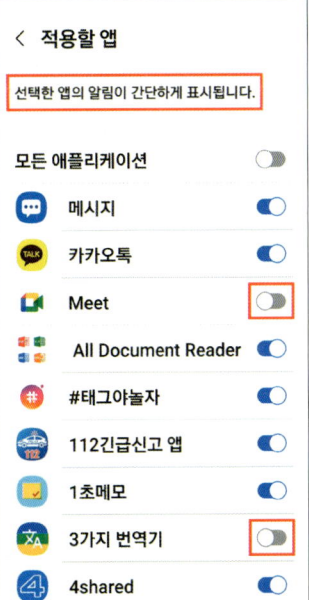

불필요한 기능을 최소화하면 배터리 소모를 줄일 수 있습니다. 화면의 세로/가로 자동 기능, 음성인식 기능 등은 편리한 기능이지만 꼭 필요한 경우를 제외하고는 활용하지 않는 것이 좋습니다.
1 설정에서 [알림] 메뉴로 들어옵니다. ① 알림 화면에서 알림 팝업 스타일을 [간략히 보기]로 설정합니다. ② [적용할 앱]을 터치합니다.
2 [간략히 보기] 알림을 원하지 않는 앱을 비활성화합니다.

■ 스마트 알림 끄기

삼성폰의 경우, 제품 및 서비스 개선을 위해 사용자의 도움을 받아 휴대전화에 진단 정보를 자동 수집할 수 있는 소프트웨어가 포함되어 있습니다. 사용자가 동의한 경우에 데이터가 수집되고 배터리 소모가 늘어나게 됩니다.

1️⃣ 설정에서 [개인정보 보호] 메뉴로 들어옵니다. 2️⃣ 개인정보 보호 화면에서 [진단 데이터 보내기]를 비활성화하면 배터리 절약하는 데 도움이 됩니다.

■ 위치를 사용하지 않는 어플은 "사용 중에만 허용 또는 끄기"

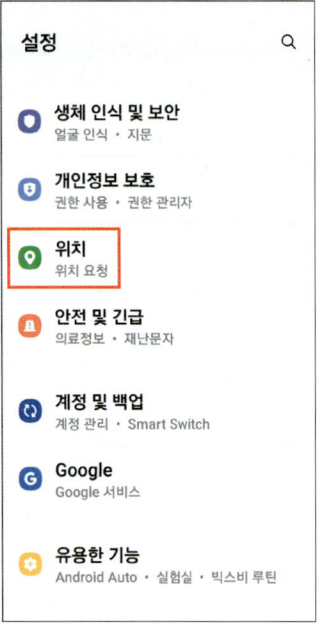 

1️⃣ 설정에서 [위치] 메뉴로 들어옵니다. 2️⃣ 위치 메뉴 화면에서 ① [앱 권한]을 터치하면 '항상 허용됨' 혹은 '사용 중에만 허용됨' 등으로 위치를 요청하는 모든 앱의 종류가 표시됩니다.
② 최근 위치 접근을 했던 앱 중에서 위치 사용이 필요 없는 앱의 권한 설정을 변경하기 위해 화면 하단의 [모두 보기]를 터치합니다.

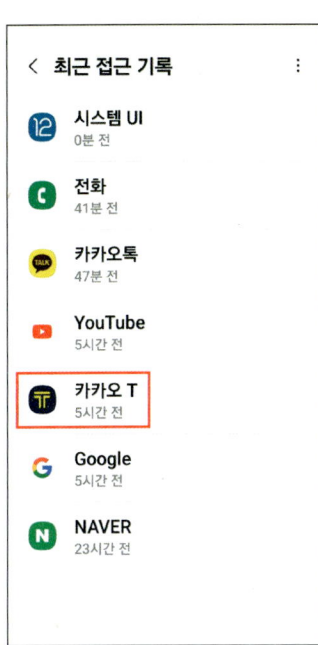 

① 최근 위치 접근 앱 리스트 중 임의로 [카카오T]를 선택합니다.
② 카카오T 앱의 위치 액세스 권한을 [앱 사용 중에만 허용]에 체크를 합니다.
다른 앱들도 위치 권한을 앱 사용 중에만 허용으로 변경하면 배터리 절약에 도움이 됩니다.

■ MMS (Multimedia Messaging Service) 문자 차단

MMS 문자란 장문의 메시지나 사진 또는 동영상을 첨부한 메시지로 보통 기본적으로 본인의 의사와 상관없이 자동 수신되게끔 설정되어 있습니다. 광고, 스팸문자 등과 같이 필요치 않은 메시지를 수신하는 경우에는 배터리 소모가 될 수 있으므로 이 때는, 설정을 통해 원하는 문자들만 확인할 수 있습니다.

① 메시지 화면에서 상단 우측 점 3개 모양의 [더보기] 아이콘을 터치합니다.
② 더보기 화면에서 [설정]을 터치합니다.

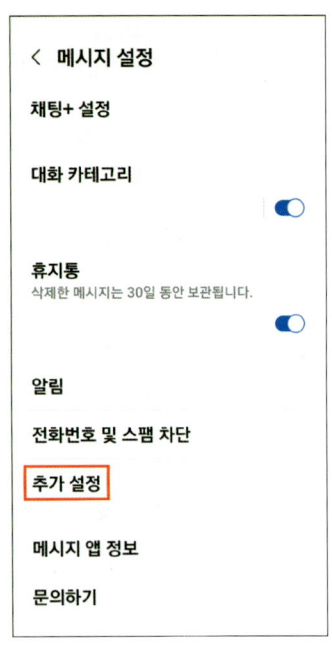
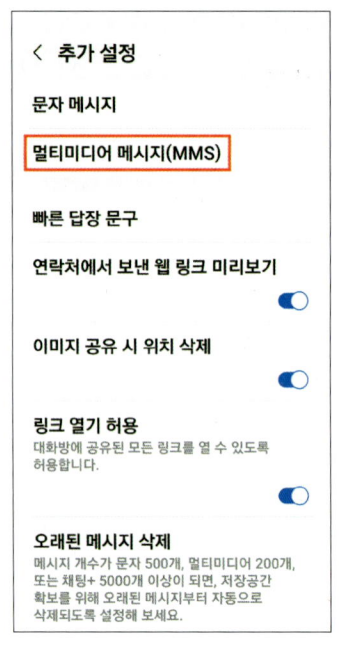

1️⃣ 메시지 설정 화면에서 [추가 설정]을 터치합니다.
2️⃣ 추가 설정 화면에서 [멀티미디어 메시지(MMS)]를 터치합니다.
3️⃣ 멀티미디어 메시지(MMS) 화면에서 [자동 다운로드]를 비활성화하면 배터리 절약에 도움이 됩니다.

추후 MMS 문자가 오면 해당 문자의 제목과 메시지 크기가 표시되기 때문에 원하는 문자만 선택적으로 클릭하여 수신할 수 있습니다. 그러므로 불필요한 멀티미디어 메시지를 수신하면서 발생할 수 있는 데이터 소모, 배터리 낭비 및 혹시라도 심어져 있는 악성 코드나 해킹 프로그램 등이 내 휴대폰에 설치될 가능성도 낮아지게 됩니다.

■ 사용하지 않는 어플은 확실히 종료하기

1️⃣ 스마트폰 하단에 있는 내비게이션바 좌측 ① [이전 실행 창 보기] 아이콘을 터치하면 내가 사용했던 모든 앱이 보입니다.
② [모두 닫기]를 터치해서 이전에 실행했던 앱을 모두 종료하면 배터리를 절약하는 데 도움이 됩니다.

■ 디바이스 케어 최적화 기능 활용하기

배터리를 오래 사용하는 방법 중 디바이스 최적화 기능이 있습니다. 개통 후 초기에는 사용자의 사용 패턴을 학습하는 약 3일 정도 기간이 필요합니다.

1️⃣ 스마트폰 설정 메뉴에서 [배터리 및 디바이스 케어]를 터치합니다. 2️⃣ 디바이스 케어 화면의 [지금 최적화]를 터치하여 최적화 검사를 실행합니다.
악성 앱 감지, 백그라운드에서 실행 중인 앱 검사, 앱 오류 및 높은 배터리 사용량 등이 검사된 후 최적화가 완료됩니다.

■ 위젯으로 디바이스 케어 최적화하여 배터리 절약하고 저장공간 확보하기

위젯이란 날씨, 달력, 계산기 등과 같은 유용한 기능과 각종 정보(콘텐츠)를 담고 있는 작은 크기의 애플리케이션을 말합니다. 바로가기 단축 아이콘 형태로 만들어 PC, 휴대폰, 블로그·카페 등에서 웹브라우저를 통하지 않고 클릭만 하면 해당 서비스를 바로 이용할 수 있도록 만든 미니 응용 프로그램입니다. 휴대폰에 위젯을 설치하여 디바이스를 최적화하면 배터리 절약 및 저장공간 확보를 할 수 있습니다.

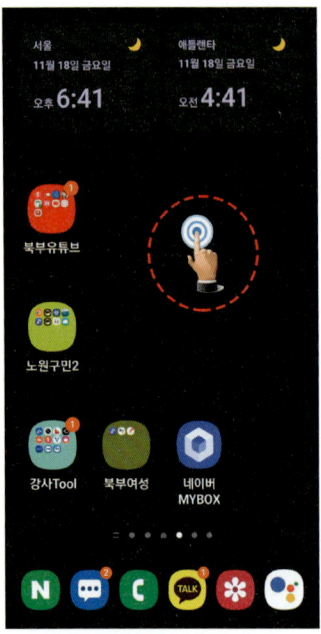  

❶ [홈 화면 빈 공간]에 손가락을 대고 약 1~2초 길게 터치합니다. ❷ 화면 하단 [위젯] 버튼을 선택합니다. ❸ ① 상단의 위젯 검색창에서 [디바이스 케어]를 검색하면 ② 검색창 아래에 [디바이스 케어] 종류가 검색됩니다. [디바이스 케어]를 터치하면 ③ 디바이스 케어 위젯 종류 2개가 나열됩니다. 2개의 위젯 중 추가할 [위젯]을 선택하여 터치하면 홈 화면에 위젯이 추가됩니다.

① 홈 화면에 추가된 [디바이스 케어 위젯]을 터치하면 ② 하단에 작은 크기의 팝업 창이 열리는데 [RAM OOOMB를 확보했어요.]라고 알려줍니다. 한 번 더 터치하면 [휴대전화를 최적화했습니다.]라고 나옵니다. 이와 같이 하루에 약 2~3회 디바이스 케어 위젯을 이용하여 스마트폰을 최적화하면 배터리 절약 및 스마트폰 저장공간도 확보할 수 있습니다.

■ 백그라운드 사용 제한으로 자주 사용하지 않는 앱 절전하기

스마트폰에 수많은 앱이 설치되어 있는데 거의 사용하지 않고 관리하지 않는 앱도 포함되어 있습니다. 최신 안드로이드 버전에서는 앱을 일정 기간 사용하지 않으면 주기적으로 체크하여 절전 앱으로 설정합니다. 절전 상태로 바뀌게 되면 백그라운드에서 실행되지 않고 사용자가 앱을 실행했을 때만 이용할 수 있어 배터리 소모를 줄일 수 있습니다.

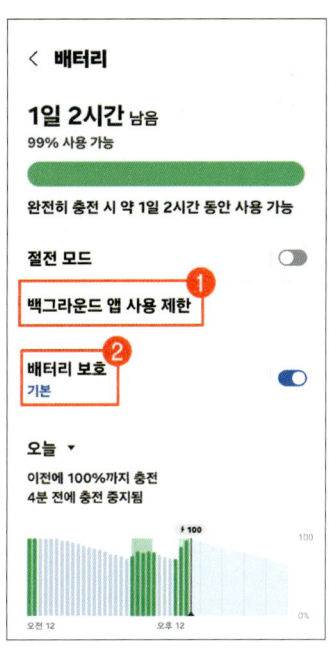
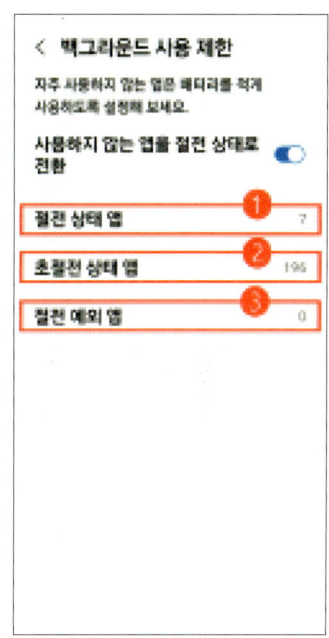

❶ 설정 화면에서 [배터리 및 디바이스 케어] 메뉴 화면으로 이동합니다. 디바이스 케어 화면에서 [배터리]를 터치합니다.

❷ ① 배터리 화면에서 절전 앱을 확인하기 위해 [백그라운드 앱 사용 제한]을 터치합니다.
② [배터리 보호]를 터치합니다. [사용중]을 터치하여 활성화하고 아래의 [기본], [최적화], [최대]에서 원하는 항목을 터치하여 적용합니다.

❸ ① [절전 상태 앱]은 일부 경우에만 백그라운드에서 실행되며 업데이트나 알림이 바로 오지 않을 수 있습니다.
② [초절전 상태 앱]은 절대 백그라운드에서 실행되지 않으며, 업데이트나 알림을 받을 수 없고 해당 앱을 열 때만 실행됩니다.
③ [절전 예외 앱]에서는 절전 상태를 해제할 수 있습니다.

※ 삼성 갤럭시 Z플립3 안드로이드 버전12 기준으로 작성하였으므로 구 버전이나 안드로이드13 버전의 안드로이드에서는 적용되지 않을 수 있습니다.

3. 스마트폰 저장공간 확보하기

■ 디바이스 케어 기능 활용하기

1 스마트폰 설정 메뉴에서 [배터리 및 디바이스 케어]를 선택합니다. 저장공간 확보를 위해 [저장공간]을 터치합니다. 2 저장공간의 [내장 메모리]에는 ① [이미지, 동영상, 오디오 파일, 문서 등의 섹션]이 존재합니다. 섹션별로 각각 터치하여 불필요한 파일들을 삭제할 수 있습니다. ② 하단 섹션에는 [휴지통], [사용하지 않는 앱], [중복 파일], [용량이 큰 파일] 등의 섹션이 있습니다. 각각의 섹션별로 필요 없는 파일들을 선택하여 삭제할 수 있습니다. ③ [SD]카드가 들어있는 경우 내장 메모리 섹션 화면 부분에서 화면 좌측으로 스크롤 하면 [SD 카드] 파일들도 삭제할 수 있습니다.

■ 내 파일 통화녹음 삭제하기

통화 자동 녹음된 파일 중 필요 없는 파일들을 삭제하여 저장공간을 확보할 수 있습니다.

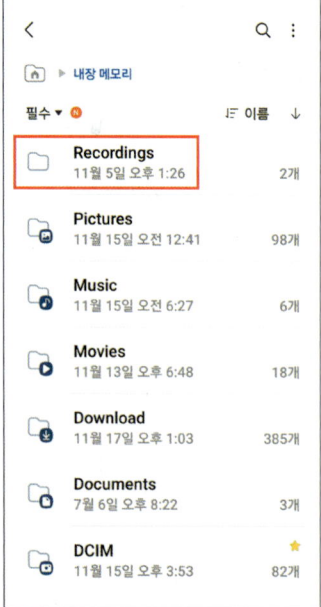

1 스마트폰 앱스 화면에서 [내 파일] 앱을 터치합니다. 2 ① 내 파일 화면의 [카테고리] 메뉴를 각각 터치하여 불필요한 자료를 삭제할 수 있습니다. ② [내장 메모리]를 터치합니다.
3 내장 메모리 폴더에서 [Recordings] 폴더를 선택합니다.

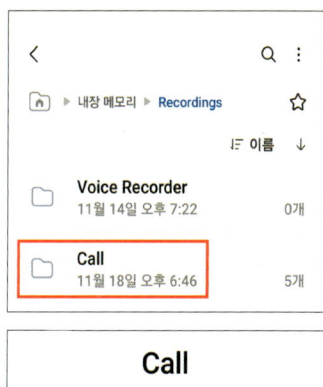
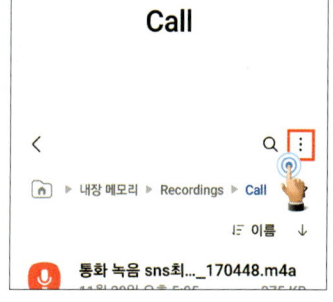

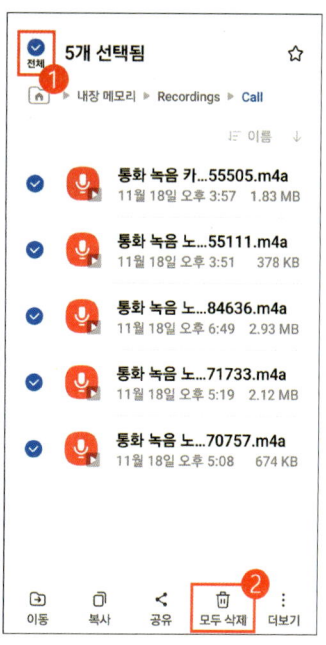

① [Call] 폴더를 선택합니다. [Call] 폴더 상단 우측의 점 3개 모양의 [더보기]를 터치합니다. ② 더보기 화면이 열리면 [편집]을 터치합니다. ③ ① 상단 좌측의 [전체]를 터치하면 [통화 녹음] 내역 전체가 선택이 됩니다. ② 하단 메뉴에서 [모두 삭제]를 터치하면 통화 내역이 모두 삭제되고 저장공간이 확보됩니다.

■ 앱 별로 저장공간 내 캐시 삭제하기

① 스마트폰 설정에서 [애플리케이션] 메뉴로 들어가면 내 스마트폰에 설치된 앱이 보입니다. 그중 임의로 [카카오톡] 앱을 선택합니다. ① 화면을 위로 스크롤하여 ② [저장공간]을 터치합니다. ② 사용 중인 저장공간에서 캐시 확인 후 화면 하단의 [캐시 삭제]를 누르면 삭제한 캐시 메모리 용량만큼의 저장공간이 확보됩니다.

■ 카카오톡 캐시 데이터 파일 삭제

카카오톡에서는 메시지, 사진, 동영상, 파일 등을 주고받는 일이 많습니다. 이런 파일들은 데이터 폴더 형태로 저장되기 때문에 휴대폰 용량을 차지하게 됩니다. 카카오톡의 원활한 사용 환경을 위해 카카오톡 용량을 정리하여 저장공간 확보를 할 필요가 있습니다.

  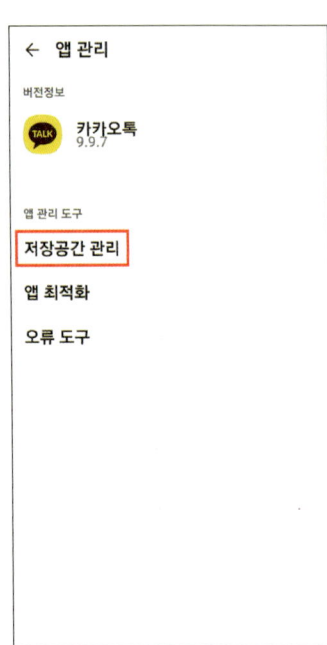

1 ① 카카오톡 앱을 실행하여 상단 우측 톱니바퀴 모양의 [설정] 아이콘을 터치합니다. ② 설정 창에서 [전체 설정]을 터치합니다. 2 설정 화면의 하단 가장 아래의 [앱 관리]를 터치합니다. 3 앱 관리 화면에서 [저장공간 관리] 목록을 터치합니다.

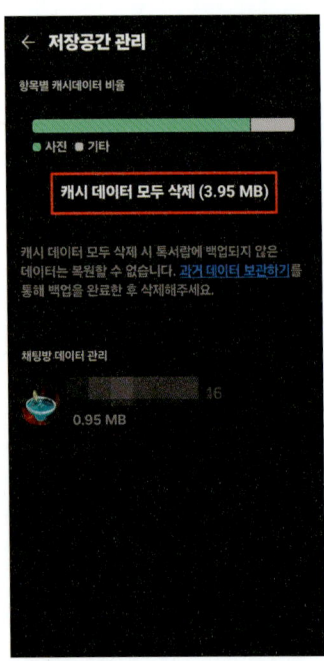 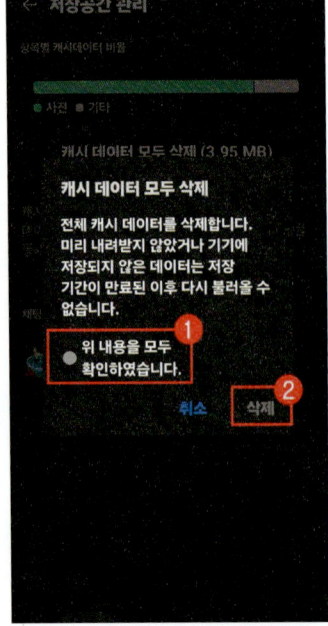

1 [캐시 데이터 모두 삭제]를 터치합니다.

2 ① [위 내용을 모두 확인하였습니다.]를 터치하고 ② [삭제]를 터치합니다.

※ 캐시란 데이터 처리를 빠르게 하기 위한 임시 저장공간입니다. 이 임시 저장 공간에 쌓이는 데이터를 캐시 데이터라고 하며 카카오톡을 사용하는 동안 계속 쌓이므로 약 15일~30일 정도의 주기적인 삭제를 권장합니다.

■ 카카오톡 채팅방 미디어 데이터 파일 삭제

미디어 데이터란 카톡방에서 주고받은 사진, 동영상, 음성 파일 등을 의미합니다. 위에서 설명한 캐시 삭제만으로는 많은 저장공간 확보가 어렵습니다. 내가 활동하고 있는 채팅방에는 텍스트 파일보다 용량이 큰 사진, 동영상 등 미디어 파일들이 남아 있기 때문에 필요 없는 미디어 파일들을 삭제하면 보다 더 많은 저장 공간을 확보할 수 있습니다.

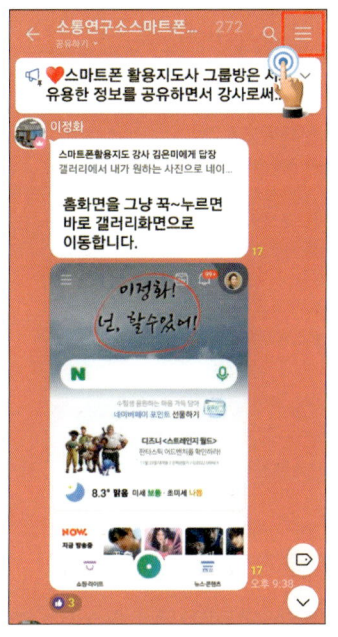  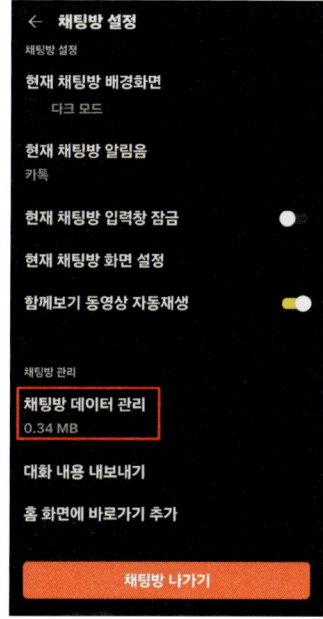

❶ 채팅방 상단 우측의 줄 3개 모양의 [더보기] 아이콘을 터치합니다. ❷ 채팅방 서랍이 열리면 우측 하단 톱니바퀴 모양의 [설정] 아이콘을 터치합니다. ❸ [채팅방 데이터 관리]를 터치합니다.

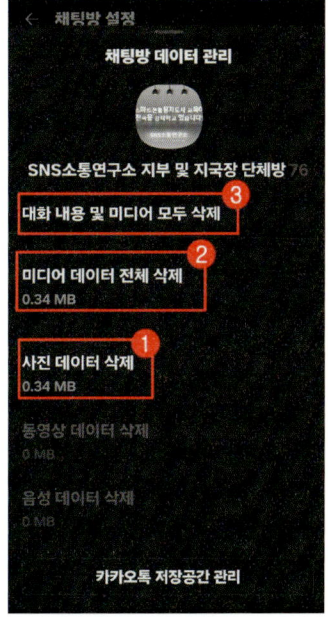 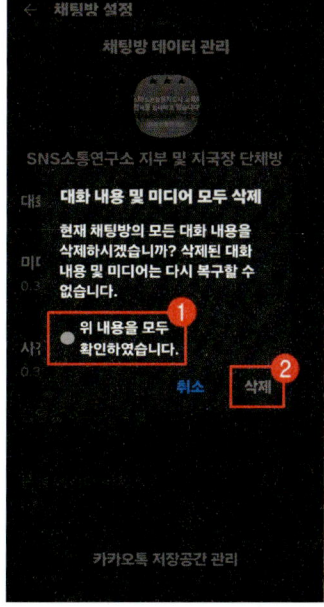

❶ ① [사진 데이터 삭제] ② [미디어 데이터 전체 삭제], ③ [대화 내용및 미디어 모두 삭제]에서 원하는 부분을 터치합니다. ❷ ① [위 내용을 모두 확인하였습니다.]를 터치하고 ② [삭제]를 터치합니다.

4. Google 계정 2단계 인증 사용 (개인정보 보호를 위해 필수)

2단계 인증을 사용하면 비밀번호가 도용되는 경우에 대비하여 계정 보안을 한층 강화할 수 있습니다. 2단계 인증을 설정한 후에는 비밀번호와 휴대전화 번호를 사용하여 계정에 로그인할 수 있습니다.

1️⃣ 설정 메뉴에서 [Google] 메뉴로 들어갑니다. 2️⃣ 2단계 인증을 할 계정 확인 후 [Google 계정 관리]를 터치합니다. 3️⃣ Google 계정이 열리면 ① 탐색 패널에서 [보안]을 선택합니다. ② 2단계 인증을 사용하지 않고 있음을 확인할 수 있습니다. [2단계 인증]을 터치합니다.

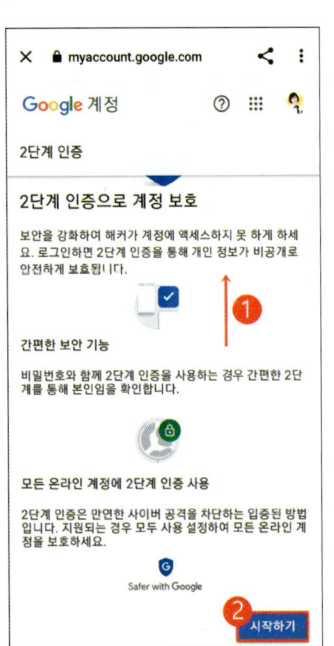 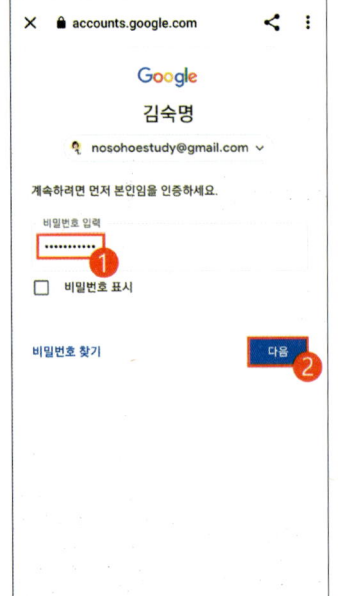 

1️⃣ 2단계 인증 화면이 나오면 화면 ① 위로 스크롤 하여 ② [시작하기]를 터치합니다.
2️⃣ ① [비밀번호 입력]을 하고 ② [다음]을 터치합니다. 3️⃣ [계속]을 터치합니다.

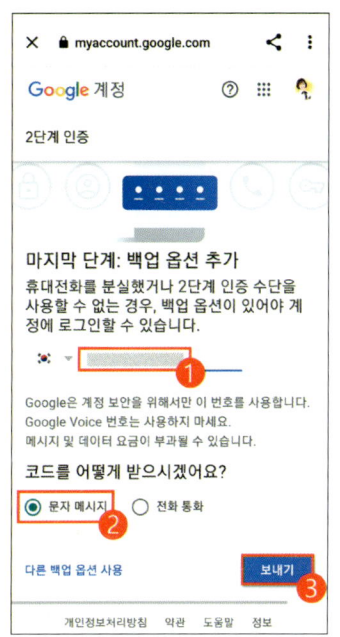 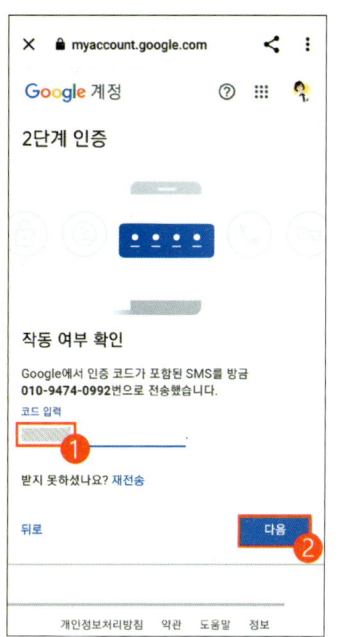 

1 ① [휴대전화 번호를 입력]하고 ② [코드 받는 방법] 선택 후 ③ [보내기]를 터치합니다.
2 SMS로 전송된 인증 코드 [6자리 숫자] 입력 후 [다음]을 터치합니다. **3** [사용 설정]을 터치합니다.

1 [2단계 인증된 설정 날짜]를 안내해 줍니다. **2** 탐색 패널의 보안 2단계 인증이 [사용]으로 변경되었음을 확인할 수 있습니다. **3** 2단계 인증을 받았던 Google 계정에서 로그아웃 후 다시 로그인을 시도하면 1단계 비밀번호 입력 후 [2단계 인증 절차]를 거치는 것을 확인할 수 있습니다.

5. 디바이스 케어로 스마트폰 최적화하기

1) 스마트폰 기기 최적화하기

디바이스 케어는 누구나 손쉽게 터치 한 번으로 스마트폰을 최적의 상태로 유지 및 관리할 수 있는 기능입니다. 그리고 사용자가 스마트폰을 장시간 사용할 수 있도록 절전모드를 제공하며 RAM을 효율적으로 관리하고 여유공간을 확보합니다.

1 설정 첫 화면에서 [배터리 및 디바이스 케어]를 터치합니다. **2** 스마트폰을 최적화하기 위해 [지금 최적화]를 터치합니다. **3** 스마트폰의 문제점 및 다양한 오류 등을 체크해 줍니다. 문제점이 없다면 [완료]를 터치합니다.

2) 홈 화면에 디바이스 케어 위젯 추가하기

위젯 기능을 활용하여 홈 화면에 디바이스 케어 위젯을 추가하면 수시로 스마트폰을 최적화할 수 있습니다

1️⃣ 스마트폰 홈 화면의 앱이 없는 빈 곳을 3초간 길게 누릅니다. 2️⃣ 하단 메뉴 중 [위젯]을 터치합니다.
3️⃣ ① 상단 검색창에 [디바이스 케어]라고 입력합니다. ② 아래 디바이스 케어를 터치합니다.

1X1, 4X1 두 가지 스타일의 디바이스 케어 위젯 중에 1X1의 작은 위젯을 손가락으로 길게 눌러 홈 화면으로 이동하여 원하는 위치에서 손을 뗍니다.

※ 스마트폰 버전에 따라 디바이스 케어의 최적화 모양이 빗자루모양 🧹 혹은 🔄 을 터치하여 최적화 하시면 됩니다.

4강 인공지능 서비스 제대로 활용하기

1. 말로 문자 보내기
■ 말로 문자 보내기 (메시지)

말로 문자 보내기 기능은 자판을 직접 입력하지 않고 음성을 인식하여 텍스트로 변환하는 기능입니다. 마이크의 위치는 안드로이드 OS 버전에 따라 다르니 먼저 안드로이드 15/14/13 OS부터 알아보겠습니다.

 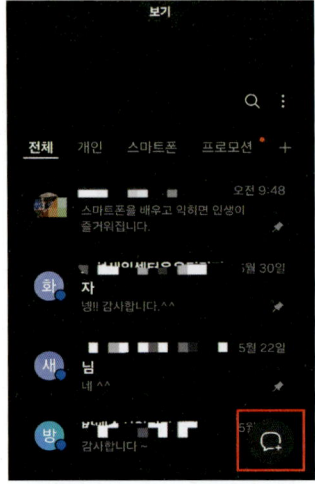 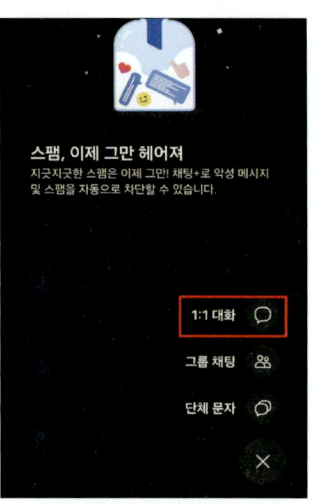

❶ [메시지]를 터치합니다. ❷ [말풍선 아이콘]을 터치합니다. ❸ [1:1 대화]를 터치합니다.

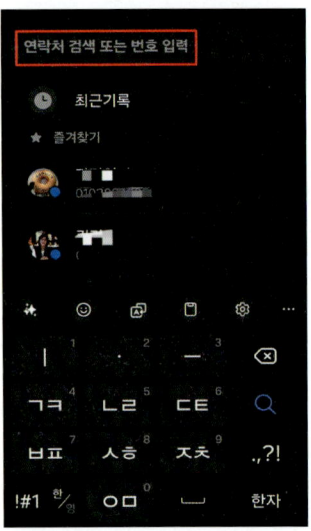  

❶ 연락처를 검색하거나 아래로 스크롤 하여 메시지 보낼 대상을 선택합니다. ❷ 채팅창이 열리면 키보드 왼쪽 맨 아래에 있는 [마이크 아이콘]을 터치합니다. ❸ [마이크 아이콘]을 터치하면 파란색으로 변하는데 이때 음성이 텍스트로 변환됩니다. 음성 메시지 입력이 끝나면 다시 마이크 아이콘을 터치하여 비활성화시킨 후 전송합니다.

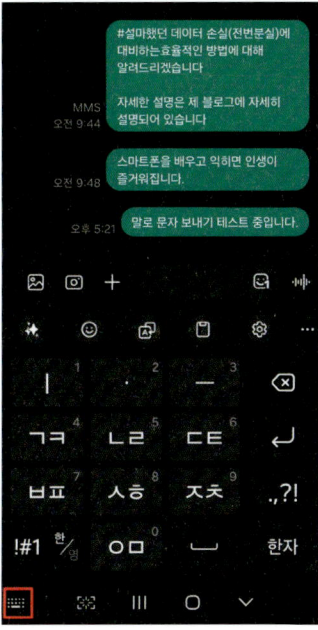 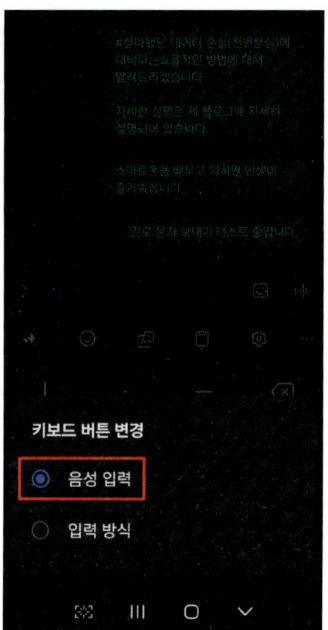 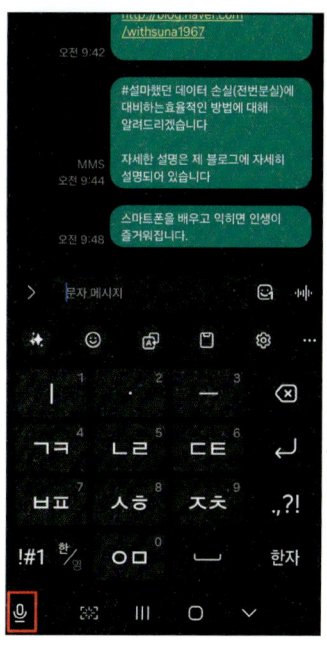

❶ 만일 마이크 아이콘이 안보이고, 키보드 아이콘만 보인다면 [키보드 아이콘]을 터치합니다.
❷ [음성 입력]을 선택합니다.
❸ 이제 마이크 아이콘이 보입니다.

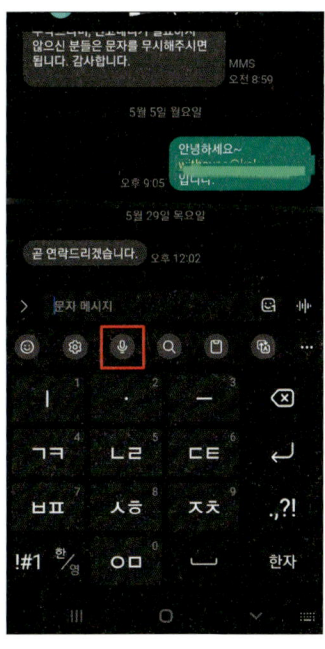  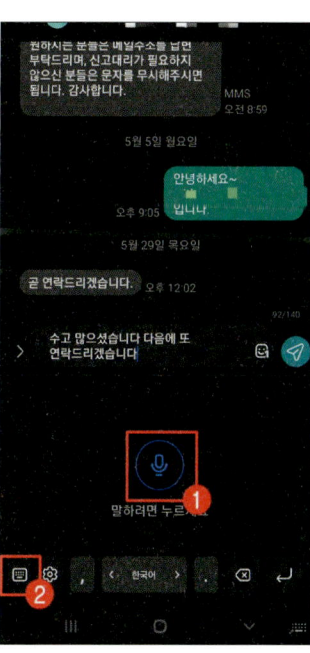

다음은 **안드로이드 12 OS 이하인 경우** 마이크 아이콘의 위치를 알아보겠습니다.
❶ [마이크 아이콘]은 키보드 상단에 있습니다. ❷ [마이크 아이콘]을 터치하면 파란색으로 변하며 이때 음성이 텍스트로 변환됩니다. ❸ ① 음성 메시지 입력이 끝나면 다시 마이크 아이콘을 터치하여 비활성화시킵니다. ② 수정하고 싶은 부분이 있다면 키보드 버튼을 터치하여 수정한 후 전송합니다.

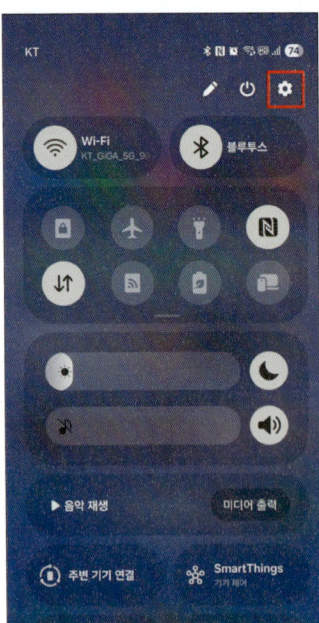 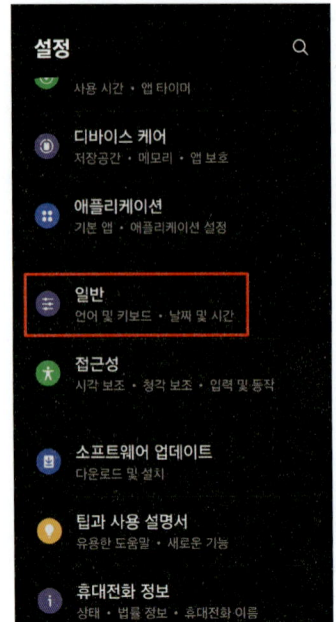 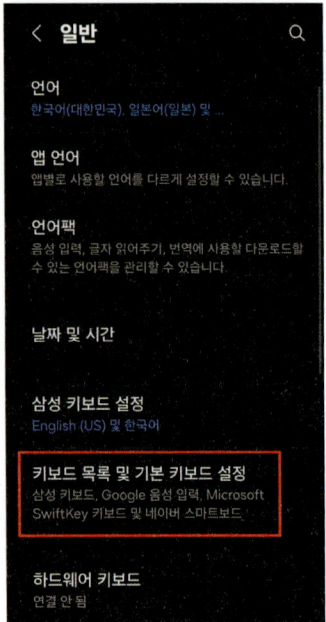

1 마이크가 보이지 않는 경우 다음과 같이 하시면 됩니다. 스마트폰의 [설정]을 터치합니다.
2 [일반]을 선택합니다.
3 [키보드 목록 및 기본 키보드 설정]을 선택합니다.

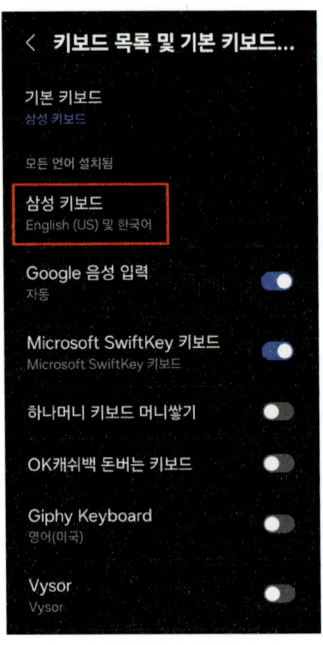 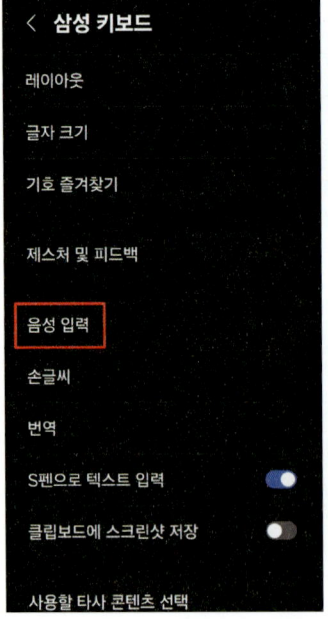 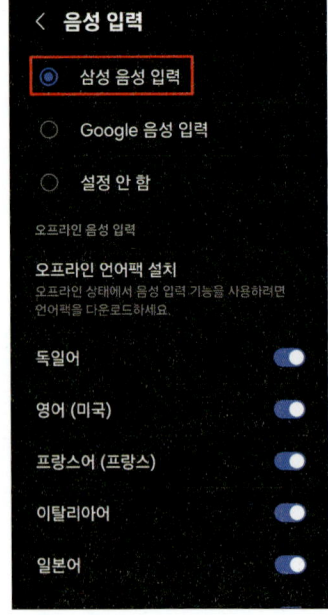

1 [삼성 키보드]를 선택합니다.
2 [음성 입력]을 선택합니다.
3 [삼성 음성 입력]을 선택합니다.

■ 말로 문자 보내기 (카카오톡)

  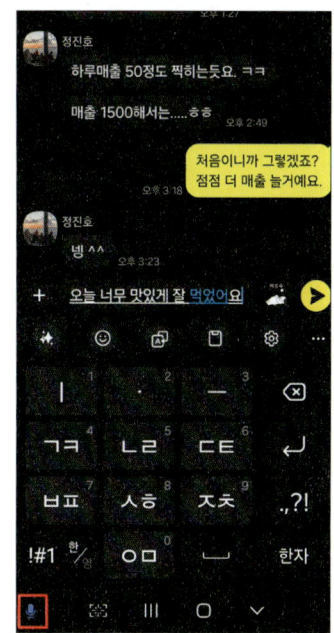

① 카카오톡에서도 말로 문자 보내기를 사용할 수 있습니다. 채팅창을 열어 줍니다.
② 키보드 왼쪽 맨 아래에 있는 [마이크 아이콘]을 터치합니다.
③ [마이크 아이콘]을 터치하면 파란색으로 변합니다. 이때 음성이 텍스트로 변환되는데, 음성 메시지 입력이 끝나면 다시 마이크 아이콘을 터치하여 비활성화시킵니다.

마이크를 비활성화한 후 수정 사항이 있다면 수정하고 전송합니다.
이와같이 삼성 키보드가 열리는 곳은 어디에나 음성으로 말하면 텍스트로 변환되어 입력되게 됩니다.

2. AI 챗GPT

1 AI 쉽게 이해하기

● **AI란 무엇인가?**

AI(인공지능)는 인간의 학습능력, 추론능력, 지각능력을 모방한 컴퓨터 프로그램입니다. 쉽게 말해, 매우 똑똑한 디지털 비서라고 생각하면 됩니다.

● **인간 능력을 모방하는 방식**

1) **학습능력** (Learning)

   인간: 경험을 통해 새로운 지식을 습득하고 기억합니다.
   AI: 엄청난 양의 데이터(책, 웹사이트, 논문 등)를 분석하여 패턴과 규칙을 학습합니다.
   예시: ChatGPT는 인터넷상의 수많은 텍스트를 학습해서 언어의 패턴을 이해하게 되었습니다.

2) **추론능력** (Reasoning)

   인간: 알고 있는 정보를 바탕으로 논리적으로 결론을 도출합니다.
   AI: 학습한 데이터를 바탕으로 새로운 상황에서도 합리적인 답변을 만들어냅니다.
   예시: "사과는 과일이다 + 과일은 건강에 좋다" → "사과는 건강에 좋다"라는 결론 도출

3) **지각능력** (Perception)

   인간: 눈으로 보고, 귀로 듣고, 손으로 만지며 세상을 인식합니다.
   AI: 텍스트, 이미지, 음성을 분석하여 정보를 인식하고 이해합니다.
   예시: 사진 속 물체 인식, 음성을 텍스트로 변환, 문맥 파악

● **ChatGPT는 어떤 AI인가?**

대화형 AI의 ChatGPT는 특히 대화형 AI(Conversational AI)로, 사람과 자연스럽게 대화할 수 있도록 설계되었습니다. 마치 지식이 풍부한 친구나 선생님과 대화하는 것처럼 편안하게 소통할 수 있습니다.

- **사람처럼 자연스러운 대화**

    복잡한 명령어나 프로그래밍 언어가 아닌, 일상 언어로 대화 가능

    "안녕하세요", "고마워요", "다시 설명해 줘" 같은 자연스러운 표현 이해

    이전 대화 내용을 기억하며 맥락을 이어가는 대화 가능

- **주요 역할**

    질문 답변: "서울에서 부산까지 KTX로 얼마나 걸려?"
    글쓰기 지원: "회사 사과문 초안 작성해 줘"
    문제 해결: "이 수학 문제 풀이 과정 설명해 줘"
    아이디어 제공: "새로운 사업 아이템 추천해 줘"
    학습 도우미: "영어 문법 쉽게 설명해 줘"

2 AI 장점과 단점, 유료와 무료 차이

● ChatGPT의 장점

가격: 당연히 월 $0! 부담 없이 AI를 시작

24시간 접근 가능: 새벽에도 주말에도 언제든지 질문 가능

다양한 분야 지식: 역사부터 과학, 요리까지 광범위한 지식 보유

개인 맞춤형 대화: 나의 수준과 관심사에 맞춰 설명 조절

빠른 처리 속도: 구글 검색보다 빠른 즉시 답변

비용 효율성: 전문가 한 시간 상담료로 한 달 사용 가능

● ChatGPT의 단점

GPT-4o 사용량 제한: 중요한 순간에 메시지 한도에 도달하면 답답

정보 정확성 한계: 가끔 그럴듯하게 틀린 답을 할 수 있음 (팩트체크 필요)

최신 정보 부족: 실시간 뉴스나 최신 트렌드는 모를 수 있음

창의성 한계: 완전히 새로운 것보다는 기존 것의 조합에 능함

맥락 이해 제한: 복잡한 상황의 뉘앙스 파악에 어려움

의존성 위험: 너무 의존하면 스스로 생각하는 능력 감소 우려

● 무료 vs 유료(Plus/Pro) 비교

기능	무료(Free)	플러스(Plus)	프로(Pro)
가격 (월, USD)	$0	$20	$200
주요 모델 접근	GPT-4o mini, 제한적 GPT-4o	GPT-4o 우선, GPT-4.5	GPT-4o, GPT-4.5, 모든 o-시리즈 무제한
GPT-4o 메시지 한도	5시간 내 제한	표준 (예: 3시간당 80개)	무제한
응답 속도	표준	빠름	매우 빠름(최우선)
맞춤형 GPT생성/사용	사용만 가능	생성 및 사용 가능	생성 및 사용 가능
DALL-E 이미지 생성	가능 ∨	가능 ∨	가능 ∨
고급 음성 모드	불가 ×	가능 ∨	가능 ∨ (무제한/고화질)
Sora 영상 생성	불가 ×	제한적 (720p, 5초, 50회)	확장됨 (1080p, 20초, 500회 우선)

※ 위 표는 2025년 5월 기준 주요 내용이며, OpenAI 정책에 따라 변경될 수 있습니다.

AI 챗GPT를 제대로 활용하는 실전 프롬프트 작성법

 **로·고·타·루·톤** 구조로 쉽게 배우는 챗GPT 명령어 전략

1 '프롬프트'는 왜 중요한가?

프롬프트(Prompt)는 AI에게 주는 지시문입니다. 챗GPT처럼 대형 언어 모델(LLM)은 **'프롬프트'를 어떻게 주느냐에 따라 결과의 질이 완전히 달라집니다.**

구글 딥마인드, 마이크로소프트 등 연구 결과에 따르면 프롬프트 문장 하나 바꾸는 것만으로도 **정확도 최대 50%까지 상승**했습니다.

2 프롬프트의 5요소 : 로·고·타·루·톤

요소	의미	설명	예시 질문
로 (ROLE)	역할	GPT에게 '너는 누구인가'를 지정	"너는 디지털복지 교육 전문가야."
고 (GOAL)	목표	최종 결과물의 목적 전달	"시니어 대상 교육용 교안을 만들 거야."
타 (TASK)	작업	구체적인 지시사항	"3단계로 구성된 강의 흐름을 표로 정리해줘."
루 (RULE)	규칙	분량, 형식, 조건	"각 항목은 300자 이내로, 쉬운 말로 써줘."
톤 (TONE)	말투	전달 방식의 분위기	"따뜻하고 친근한 말투로 써줘."
강조 문장		감정 프롬프트 적용 → AI 응답의 집중도 상승	"이건 나한테 정말 매우 중요한 거야. 심호흡하고 차분하게 단계별로 전문가스럽게 작성해줘."

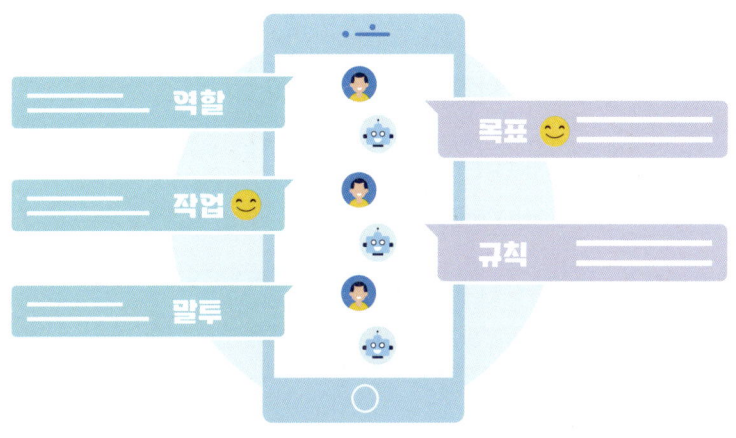

3 과학적으로 검증된 기법과 '로고타루톤'의 결합

☑ ROLE (역할) - AI에게 '정체성'을 부여하라
GPT는 '너는 지금 누구다'라는 설정을 줄 때 더 정밀한 답변을 합니다.
역할을 주지 않은 경우: "디지털 교육 알려줘"
역할을 설정한 경우: "너는 디지털복지 전문가야. 시니어 눈높이에 맞춰 설명해줘."

☑ GOAL (목표) - 결과의 목적을 분명히 하라
AI는 목적이 뚜렷할수록 집중된 출력을 제공합니다.
예시1) "블로그 포스팅용 초안이야"
예시2) "강의용 교재로 쓸 거니까 단계별로 정리해줘."

☑ TASK (작업) - 할 일을 명확하게 말하라
작업을 구체적으로 지시하면 결과물 품질이 향상됩니다.
연구 결과 "Let's think step by step(단계별로 생각해보자)"는 실제 정확도 8% 향상

☑ RULE (규칙) - 형식, 분량, 조건을 알려줘라
글자 수, 형식, 금기사항을 넣으면 AI가 지키려 합니다.
예시1) "표 형식으로 정리해줘"
예시2) "전문용어 없이 설명해줘"

☑ TONE (톤) - 어조, 말투를 구체화하라
GPT는 말투를 조정할 수 있습니다.
예시1) "초등학생이 이해할 수 있도록 쉽게"
예시2) "전문가다운, 친절하고 신뢰감 있게 말해줘"

 예시 프롬프트 완성 예

> 시니어 대상 스마트폰 수업을 위한 강의안을 만들고 싶다면?

너는 디지털 콘텐츠 강사야. (ROLE)

60대 이상 시니어를 대상으로 스마트폰 사진 촬영 기초를 가르쳐야 해. (GOAL)

3단계 수업 흐름으로 구성된 강의안을 표로 정리해줘. (TASK)

각 단계는 쉬운 용어로 구성하고, 500자 이내로 요약해. (RULE)

말투는 친절하고, 시니어 눈높이에 맞춰 설명해줘. (TONE)

4 실제 효과 : 연구로 증명된 프롬프트 기법들

기법	설명	효과
단계별 사고 유도	"Step by step" 문구 삽입	정답률 +8% 향상
감정 강조 프롬프트	"이건 내 경력에 매우 중요해요"	AI의 집중도 ↑ 정확도 ↑
검토 유도 문장	"정답이 확실한가요? 다시 한번 검토해 주세요"	신중한 결과 도출

실전 프롬프트 예시 ①

● 상황 : 시니어 대상 스마트폰 카메라 강의를 준비할 때

ROLE : 너는 시니어 디지털 교육 전문가야.
GOAL : 60세 이상 시니어를 대상으로 스마트폰 사진 촬영 기초를 가르치려 해.
TASK : 3단계 수업 흐름으로 구성된 강의안을 표로 만들어줘.
RULE : 각 단계는 300자 이내로 요약하고, 초등학생도 이해할 수 있을 만큼 쉽게 써줘.
TONE : 따뜻하고 친절한 말투로 설명해줘.

이건 나한테 정말 매우 중요한 거야.
심호흡하고 차분하게 단계별로 전문가스럽게 작성해줘.

실전 프롬프트 예시 ②

● 상황 : 블로그용 챗GPT 마케팅 콘텐츠를 만들 때

ROLE : 너는 대한민국 최고의 네이버 블로그 마케팅 전문가야.
GOAL : 블로그 방문자에게 챗GPT 활용법을 매력적으로 소개해서 강의 문의를 유도해야 해.
TASK : C-RANK, D.I.A 로직, 스마트블록 구조를 적용한 마케팅 글을 1,500자 내외로 써줘.
RULE : 전문가다운 어조지만 친근함을 잃지 말고, 첫 문장은 시선을 끌 수 있게 시작해줘.
TONE : 마치 내가 실제로 써본 경험을 바탕으로 쓴 것처럼 자연스럽고 신뢰감 있게 작성해줘.

이건 나한테 정말 매우 중요한 거야.
심호흡하고 차분하게 단계별로 전문가스럽게 작성해줘.

> **실전 프롬프트 예시 ③**
>
> ● **상황 : 강의용 PPT 초안을 만들고 싶을 때**
>
> **ROLE :** 너는 AI 활용 교육 전문 강사야.
> **GOAL :** '디지털복지사 양성과정' 특강을 위한 PPT 초안을 만들려고 해.
> **TASK :** 10페이지 분량의 슬라이드 제목과 각 슬라이드에 들어갈 핵심 내용을 항목별로 정리해줘.
> **RULE :** 각 슬라이드는 제목 1줄, 핵심요점 3줄 이내로 작성하고, 학습자 수준은 디지털 초급자로 가정해.
> **TONE :** 공공기관 교육에서도 사용할 수 있을 만큼 전문적이지만, 누구나 이해하기 쉽게 말해줘.
>
> 이건 나한테 정말 매우 중요한 거야.
> 심호흡하고 차분하게 단계별로 전문가스럽게 작성해줘.

5 감정 프롬프트를 활용하라

논문에서 검증된 "EmotionPrompt" 전략

AI에게 문제의 **중요성이나 감정적 몰입**을 전달하면 **성능이 평균 8%** 향상됩니다.

● **예시 문장들**
- "이건 내 경력에 매우 중요한 일이야."
- "이 답이 정말로 정확한지 다시 한 번 검토해줘."
- "이건 나한테 정말 매우 중요한 거야. 심호흡하고 차분하게 단계별로 전문가스럽게 작성해줘."

6 예시로 배우는 실전 프롬프트 작성

> ● **예시 ① 시니어 교육용 스마트폰 강의안 작성**
>
> **ROLE :** 너는 시니어 디지털 교육 전문가야.
> **GOAL :** 60세 이상 시니어에게 스마트폰 사진 촬영 기초를 가르칠 강의안을 만들고 싶어.
> **TASK :** 수업 내용을 3단계로 나눠 표로 정리해줘.
> **RULE :** 각 단계는 300자 이내로, 쉬운 말로 설명하고 초등학생도 이해할 수 있도록 작성해줘.
> **TONE :** 따뜻하고 친근한 말투로 말해줘.
>
> 이건 나한테 정말 매우 중요한 거야.
> 심호흡하고 차분하게 단계별로 전문가스럽게 작성해줘.

● 예시 ② 강의 섭외 유도를 위한 블로그 글 작성

ROLE : 너는 대한민국 최고의 블로그 마케팅 전문가야.
GOAL : AI 강의 의뢰를 유도할 수 있는 포스팅을 작성하려고 해.
TASK : C-RANK, D.I.A 로직, 스마트블록 구조를 반영해 글을 1,500자 이내로 써줘.
RULE : 전문가다운 어조지만 너무 딱딱하지 않게, 첫 문장은 시선을 끌 수 있게 써줘.
TONE : 내가 실제로 강의해본 경험처럼 자연스럽고 신뢰감 있게 써줘.

이건 나한테 정말 매우 중요한 거야.
심호흡하고 차분하게 단계별로 전문가스럽게 작성해줘.

● 예시 ③ 강의 섭외 유도를 위한 블로그 글 작성

ROLE : 너는 AI 활용 교육 전문 강사야.
GOAL : 디지털복지사 자격과정 특강용 PPT를 만들고 싶어.
TASK : 총 10장의 슬라이드 제목과 각 슬라이드 핵심 요점을 항목별로 정리해줘.
RULE : 각 슬라이드는 제목 1줄, 핵심내용 3줄 이내로 작성하고, 학습자는 디지털 초급자로 가정해.
TONE : 전문적이면서도 쉽게 이해되도록 설명해줘.

이건 나한테 정말 매우 중요한 거야.
심호흡하고 차분하게 단계별로 전문가스럽게 작성해줘.

7 결론 : 질문이 곧 실력이다

AI를 잘 쓰고 싶다면, 프롬프트를 구조화하라.
"로·고·타·루·톤"은 누구나 쉽게 따라할 수 있는 질문 전략입니다.
디지털 콘텐츠 시대, 프롬프트는 새로운 문해력이고, AI와의 협업 능력은 미래 교육자와 리더의 핵심 역량입니다.

● AI 챗GPT 고급음성 시작하기

　ChatGPT 음성 모드는 모바일과 데스크탑에서 제공되며, [표준 음성]과 [고급 음성]으로 나뉩니다. 표준 음성은 모든 로그인 사용자에게 제공됩니다. 고급 음성은 Plus, Project, Team 사용자에게 제공되며, GPT-4o 기술을 기반으로 음성 간 직접 소통하고, 비디오·화면 공유·이미지 업로드를 지원합니다. 고급 음성의 일일 사용 시간은 약 45분~60분이며, 제한 종료 15분 전에 알림을 받은 후 표준 음성 모드로 전환됩니다. 무료 사용자는 매일 짧은 시간(약 3~15분) 고급 음성 모드를 미리 경험할 수 있습니다.

● 주요 기능

- 실시간 음성 대화가 가능하며, 텍스트 입력 없이 말로만 소통할 수 있습니다.
- 자연스러운 대화 흐름을 지원하며, 사용자가 말하는 도중에도 반응할 수 있습니다.
- 다양한 음성 톤과 감정 표현이 가능합니다.
- 여러 언어를 지원합니다.

 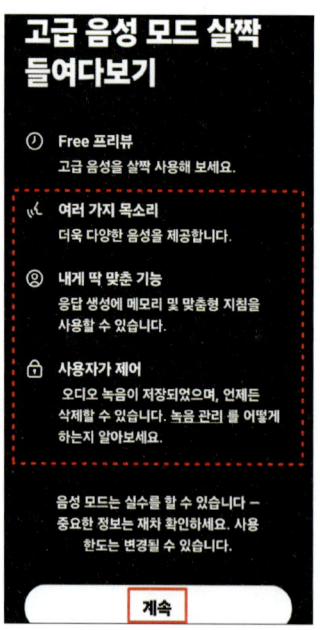 

❶ 화면 우측에 있는 음성 아이콘이 [음성 모드]입니다. 음성 모드 설치 후 음성 아이콘을 터치합니다. ❷ 고급 음성 모드 살짝 들여다 보기가 화면에 보입니다. [여러 가지 목소리]는 사용자가 다양한 음성 옵션 중에서 선택할 수 있음을 의미합니다. [내게 딱 맞춘 기능]은 사용자가 원하는 어투나 톤 등을 설정할 수 있습니다. [사용자 제어]는 대화한 내용이 자동으로 오디오로 저장되며, 재생 및 삭제가 가능합니다. 다음 실행을 위해 [계속]을 터치합니다. ❸ 버튼을 좌우로 움직여 원하는 음성을 선택하고 [완료]를 터치합니다.

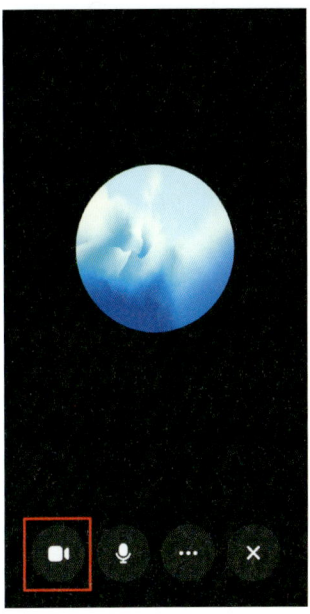  

1️⃣ 중앙에 동그라미 모양 [음성 시각화]가 활성화되면 대화가 실행 중입니다. 왼쪽 하단에 [카메라]를 터치하면 화면에 보이는 영상으로 대화를 할 수 있습니다. 책 내용을 알려줘! 2️⃣ [마이크] 아이콘은 음성을 끄거나 켤 수 있습니다. 3️⃣ 대화를 중지합니다.

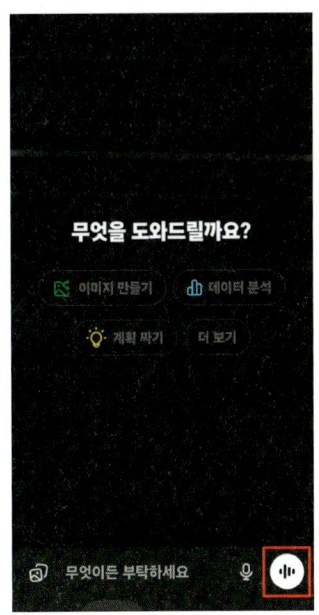  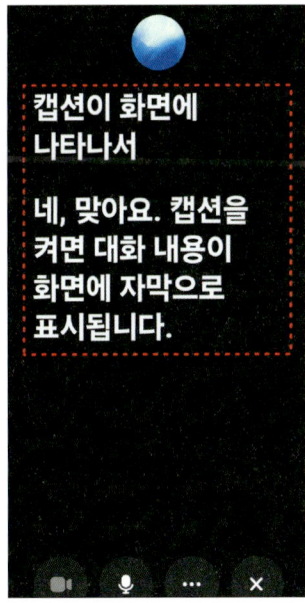

1️⃣ 우측 하단 음성 모드 아이콘을 터치 합니다.
2️⃣ 점 [점 3개]를 터치 합니다. [캡션 보이기]를 터치합니다. 3️⃣ 캡션 화면이 나타나서 대화 내용이 화면에 자막으로 표시됩니다.

 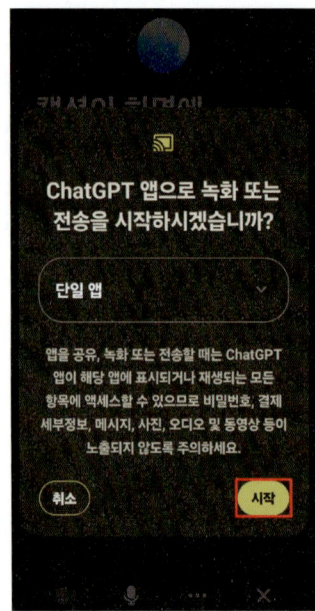 

❶ 고급 음성 모드 활성화 화면에서 [점 3개]를 터치합니다. [화면공유]를 터치합니다.
❷ 화면 공유를 하기 위해 [시작]을 터치합니다. ❸ 원하는 [앱]을 터치하여 전송합니다.
※ 점 3개를 터치 후 사진 업로드, 사진 촬영을 할 수 있습니다.

 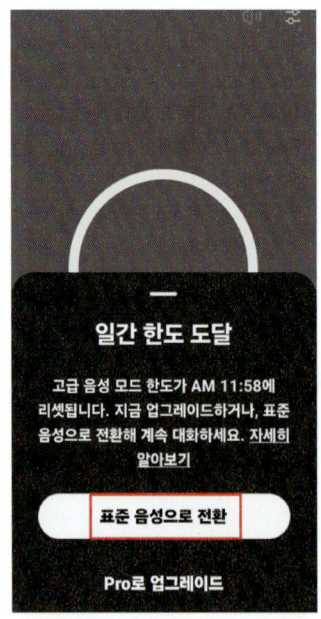 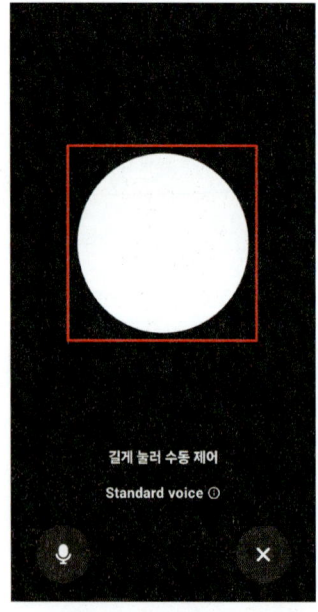

❶ 고급 음성 모드는 유료 사용자에게 오픈되며, Plus 사용자의 경우 [하루에 45분] 사용할 수 있습니다. 사용 가능 시간이 15분 남았을 때 줄어드는 시간을 화면에서 확인할 수 있습니다.
[일간 한도 도달]을 터치합니다. ❷ [표준 음성으로 전환]을 터치합니다. ❸ 표준 음성 모드로 전환된 것을 볼 수 있습니다.
※ 음성 시각화 파란색이 [흰색]으로 보이고, 영상 아이콘과 점 3개(더보기) 아이콘은 보이지 않습니다.

3. 구글 제미나이 (Google Gemini)

구글 제미나이는 텍스트, 이미지, 오디오, 비디오 등 다양한 정보를 동시에 이해하고 처리하며 새로운 콘텐츠를 생성할 수 있는 멀티모달(Multimodal) 생성형 인공지능입니다.

● **멀티모달 능력**: 제미나이는 여러 종류의 데이터를 통합적으로 인지하고 추론합니다. 언어, 시각, 청각 정보를 유기적으로 연결하여 더욱 복합적인 질문에 답하고, 다차원적 콘텐츠를 생성할 수 있게 합니다.

● **통합적 추론**: 제미나이는 개별 데이터를 넘어서 다양한 정보 간의 관계를 파악하고 연결해 심층 추론을 수행합니다. 예를 들어 이미지 설명과 오디오 맥락을 함께 이해해 사용자 의도를 정확히 파악합니다.

● **다목적 활용성**: 제미나이는 이메일 작성, 아이디어 브레인스토밍, 문서 요약·분석, 코드 생성, 이미지 설명 등 다양한 콘텐츠 생성과 정보 처리에 폭넓게 활용됩니다.

구글 제미나이는 구글의 방대한 데이터와 검색 기술을 기반으로 개발되어, **다음과 같은 차별점과 강점을 가집니다.**

● **정보 접근성 및 신뢰성**: 구글의 방대한 웹 데이터와 실시간 정보를 활용해 최신성과 신뢰도를 높이며, 보다 정확하고 시의성 있는 답변을 제공합니다.

● **구글 서비스 통합**: 구글 검색, 지도, 워크스페이스(Docs, Gmail 등)와 긴밀히 통합되어 끊김 없는 경험과 향상된 편의성을 제공합니다.

  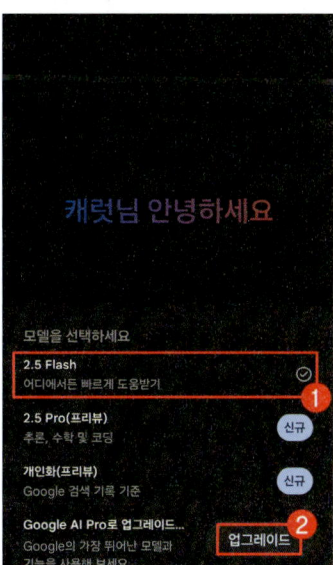

1 Play스토어에서 [Google Gemini]를 설치합니다. **2** 구글로 로그인하신 후 첫 화면입니다. 다양한 모델을 살펴보기 위해 [2.5 Flash]를 터치합니다. **3** ① 일반적인 모델이며 정보 처리가 빠릅니다. 조금 더 높은 모델인 2.5 Pro는 제한적으로 사용할 수 있습니다. ② [업그레이드]를 선택하시면 유료 모델에 대한 설명을 보실 수 있습니다.

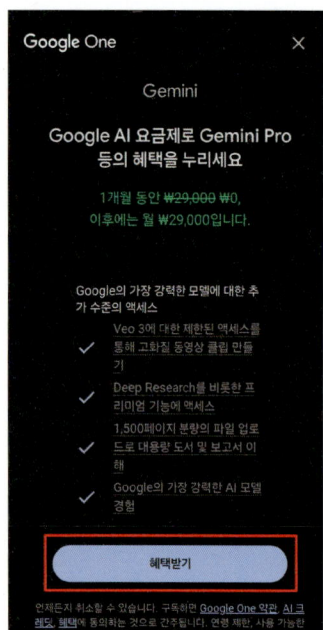 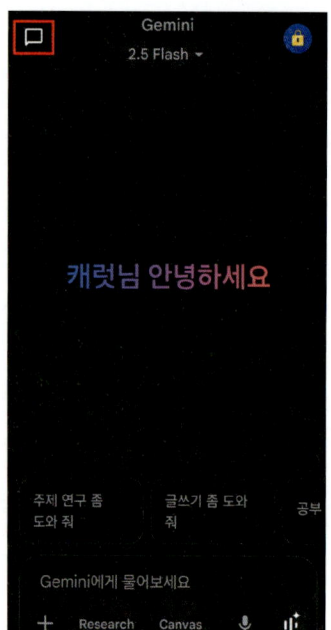 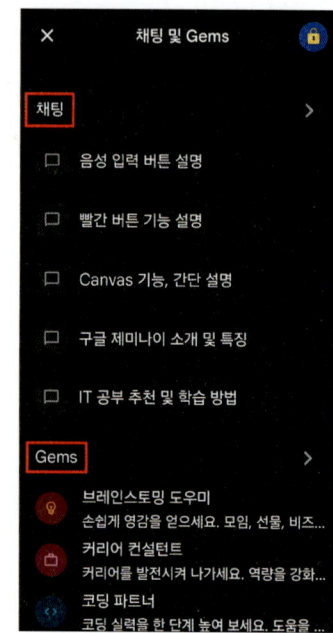

1 Gemini Pro는 가장 강력한 모델을 사용할 수 있으며 총 25TB의 스토리지도 제공됩니다.
2 첫 화면의 왼쪽 위에 있는 [채팅 모양]을 누릅니다.
3 그동안 제미나이에서 생성했던 채팅들을 볼 수 있고 Gems라는 맞춤형 AI 비서도 선택하여 사용할 수 있습니다.

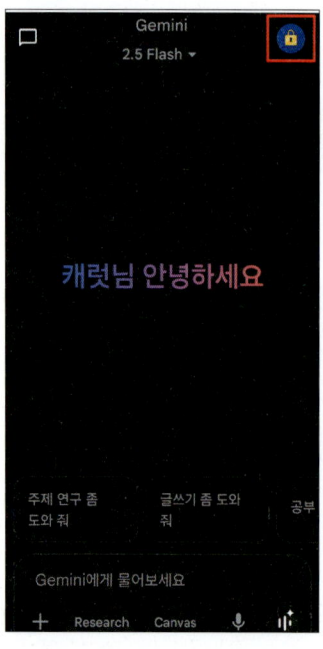 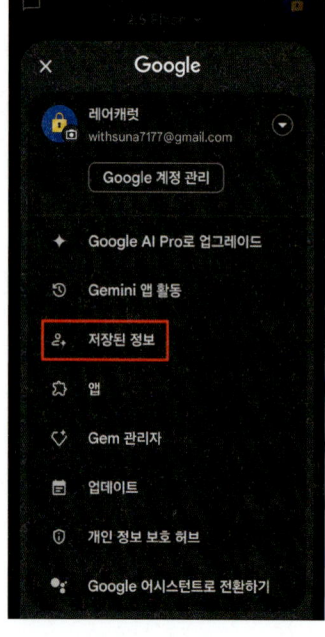 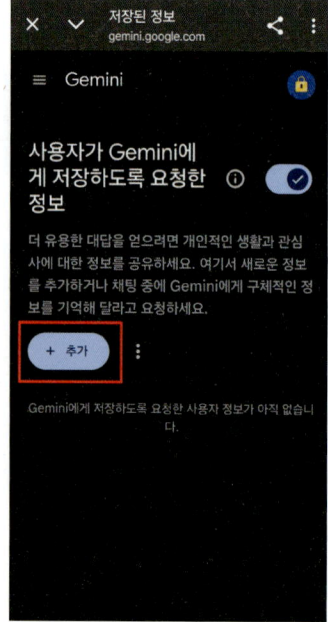

1 다시 첫 화면에서 오른쪽 위의 내 프로필을 터치합니다.
2 나를 위한 정보를 저장하기 위해 [저장된 정보]를 터치합니다.
3 [추가]를 터치하여 내 정보를 입력하면 나의 요구에 더 맞춤화된 결과물을 만들어 냅니다.

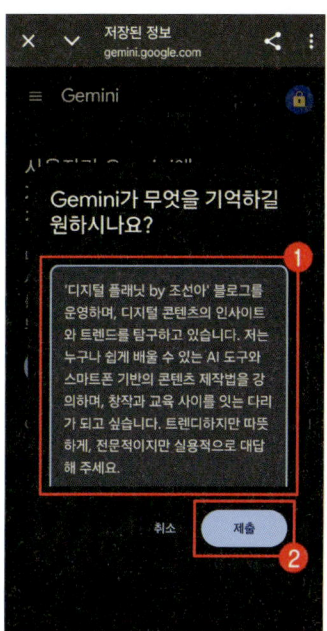  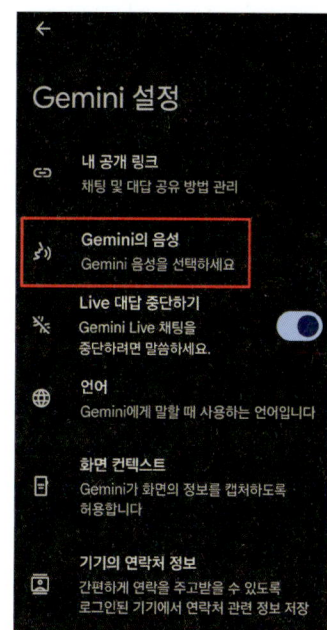

1 ① 박스 안에 나에 대한 정보를 입력합니다. ② [제출]을 누르고 저장합니다.
2 다시 프로필로 들어가서 [설정]을 터치합니다.
3 제미나이의 음성 모델을 선택할 수 있습니다.

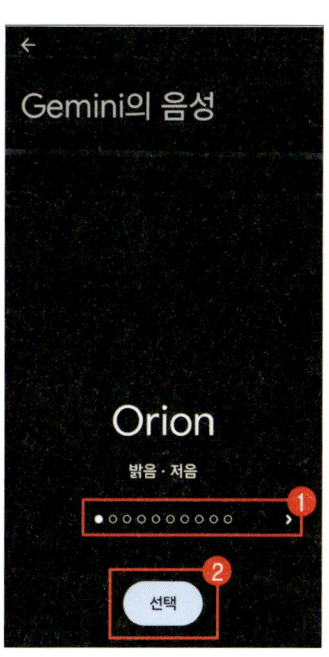  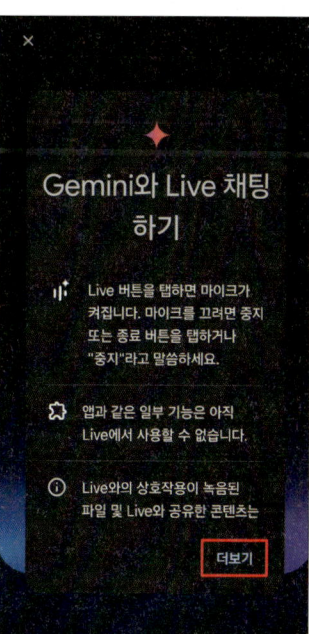

1 ① 10가지 음성 모델 종류를 들어 보실 수 있습니다. ② 음성 모델을 선택하셨다면 [선택] 버튼을 터치합니다. 2 메인 화면 오른쪽 맨 아래 [Live 채팅] 버튼을 터치하면 대화를 시작할 수 있습니다. 3 Live 채팅 안내를 확인한 후 더 많은 내용을 보기 위해 [더보기]를 터치합니다.

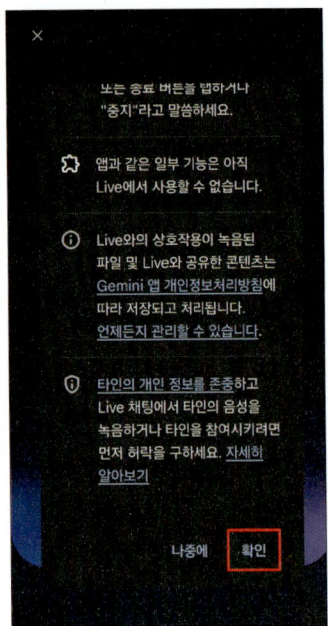  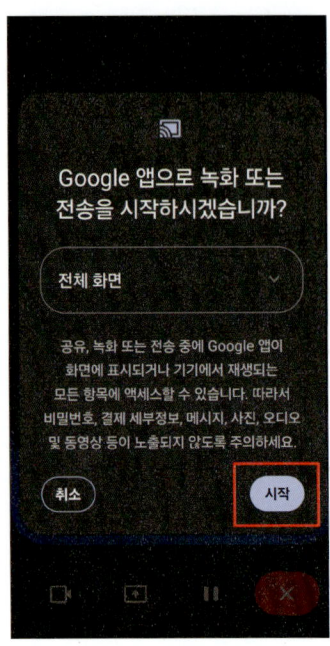

1️⃣ [확인]을 터치합니다. 2️⃣ ① [카메라]를 터치하면 제미나이와 내 카메라 화면을 공유하면서 실시간으로 대화할 수 있습니다. ② [화면 공유 아이콘]을 터치하면 현재 휴대폰 화면에 보이는 내용을 제미나이와 공유할 수 있습니다. 이 버튼을 사용해 보겠습니다. 3️⃣ 화면 공유 실행을 위해 [시작]을 터치합니다. 이후 스마트폰 화면을 보면서 제미나이와 대화할 수 있습니다.

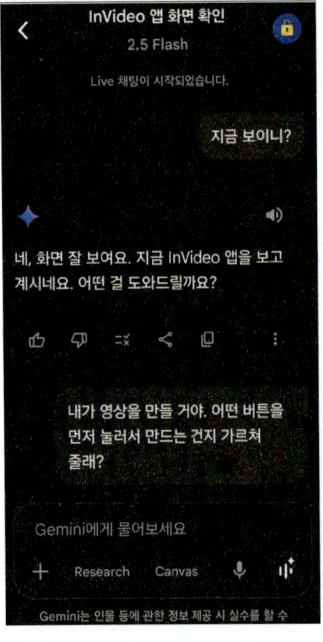 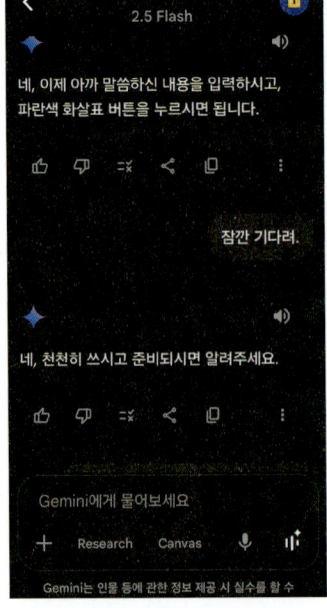

화면을 공유하면서 제미나이와 대화하며 작업을 할 수 있습니다. 이후 대화했던 내용들이 채팅으로 남아있습니다.

 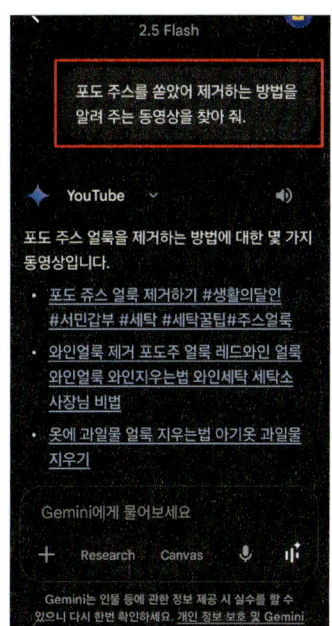 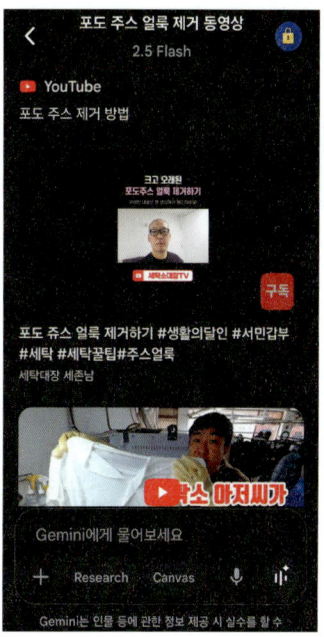

1 제미나이에 명령어를 직접 입력해 보겠습니다. 빨간 박스안을 터치하여 입력을 시작합니다.
2 [일상생활 꿀팁]이 필요한 경우 동영상을 찾아달라는 명령어를 입력해 보았습니다.
3 유튜브에서 관련 영상을 공유해 주었고 몇 개의 동영상을 보여줍니다.

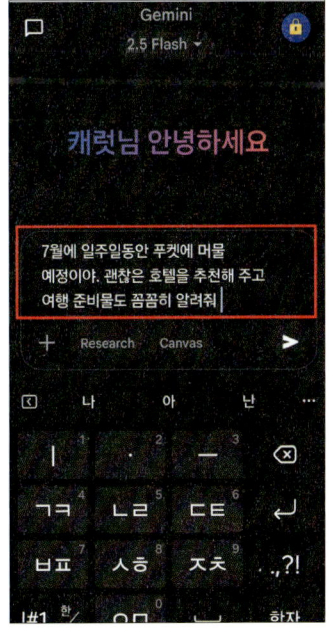 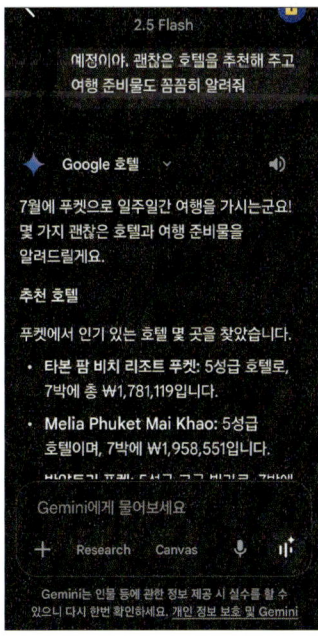 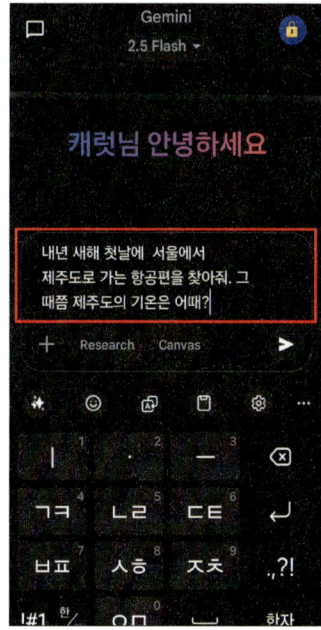

1 [여행 계획]을 세울 수 있도록 프롬프트를 입력합니다. 2 여행 일정과 호텔 추천 그리고 여행 준비물까지 꼼꼼히 알려줍니다. 3 [항공편 검색]도 가능합니다.

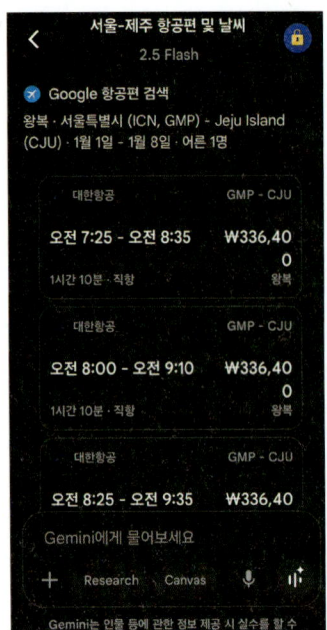 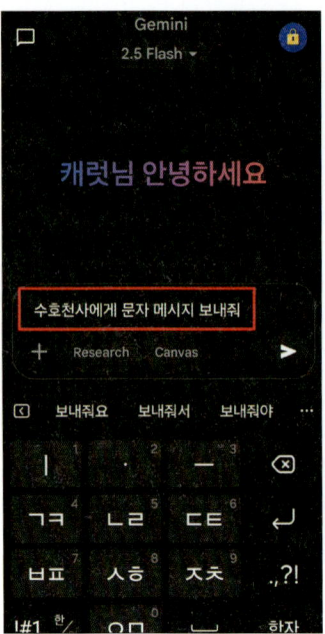 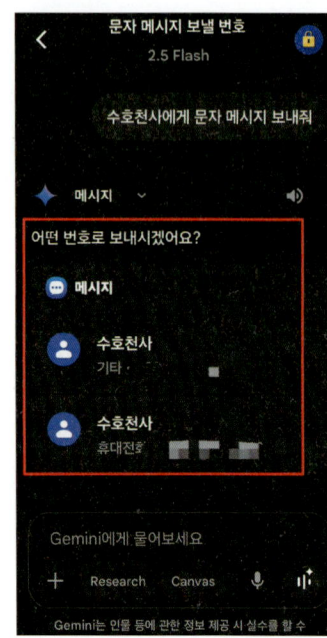

1 항공사 종류와 비행시간, 금액까지 자세히 알려줍니다.
2 이번에는 [문자 메시지]를 보내달라고 요청해 보겠습니다.
3 문자 메시지를 보낼 전화번호를 선택합니다.

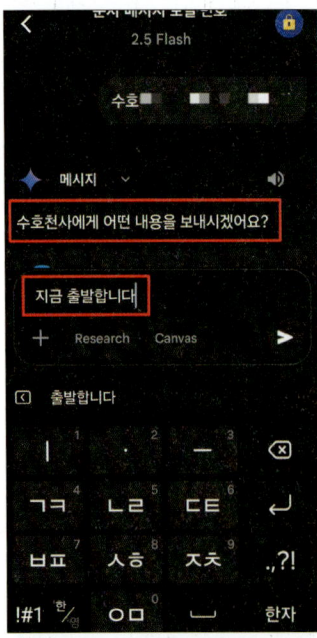 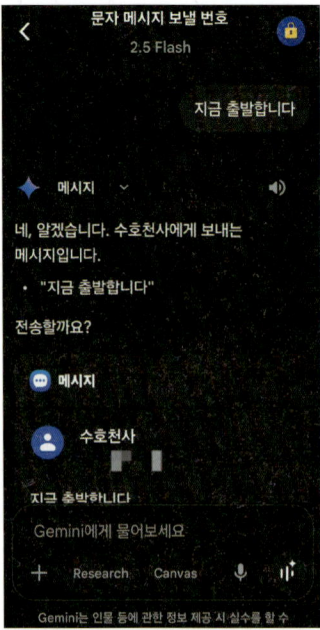

1 보내고 싶은 문자 메시지 내용을 입력합니다.
2 전송하라고 대답하면 문자 메시지가 보내집니다.

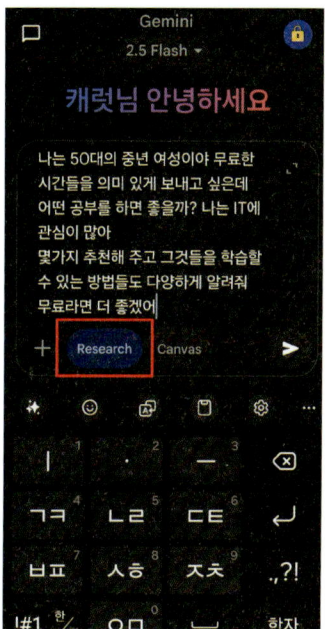 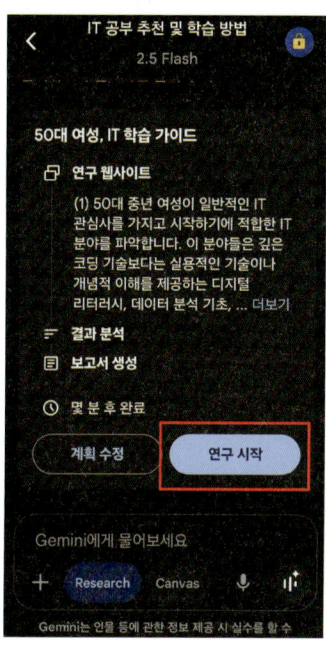 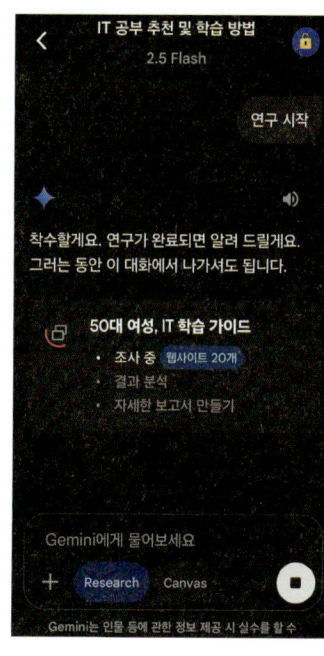

1 [리서치] 기능을 사용하기 위해 리서치 버튼을 터치하고 프롬프트를 입력합니다.
2 연구 계획을 짜고 기본 틀을 보여줍니다. 수정사항이 없으면 [연구 시작] 버튼을 터치합니다.
3 리서치 연구를 시작하면 보통 20~30분 정도의 시간이 소요됩니다. 그동안 창을 닫고 나가도 된다는 안내 메시지가 뜹니다.

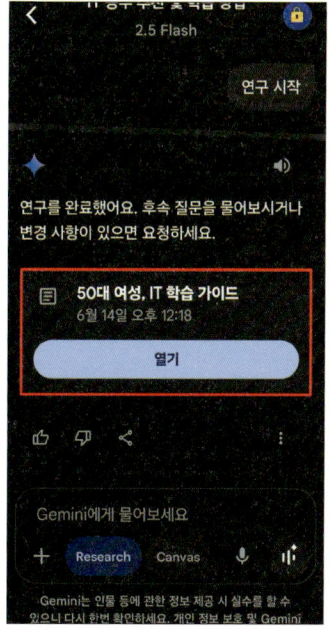 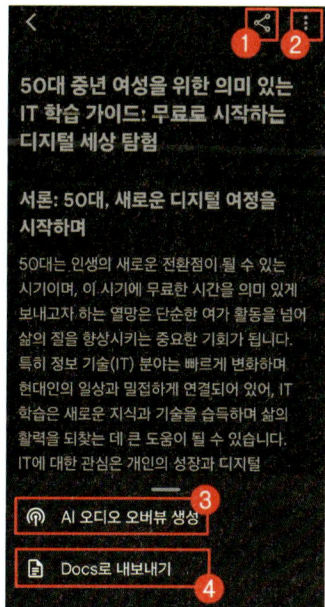 

1 리서치가 끝나면 박스 형태 파일이 생성됩니다. 2 아주 길고 자세한 내용이 리서치 되어 있는 것을 볼 수 있습니다. ① 링크 생성 후 여러 곳으로 공유할 수 있습니다. ② 점 세개를 터치합니다. ③ 텍스트 내용을 AI가 분석해서 음성 요약본을 만들어줍니다. ④ 텍스트 내용을 구글 닥스로 보내어 저장할 수 있습니다. 3 텍스트 맨 아래쪽에 리서치에 사용한 자료들의 출처를 보여줍니다.

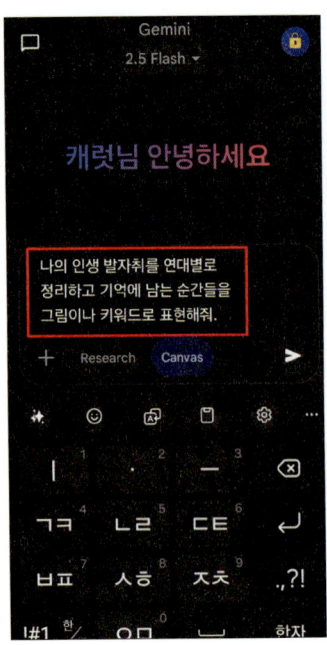 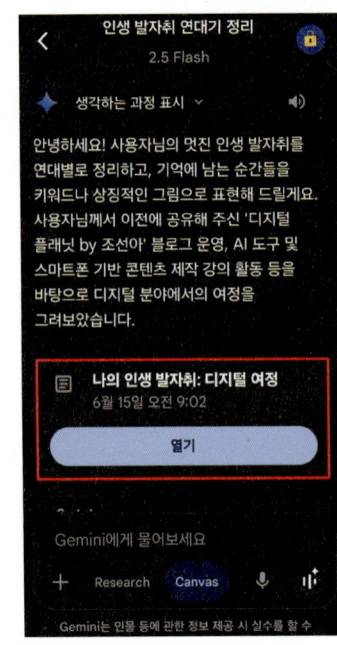 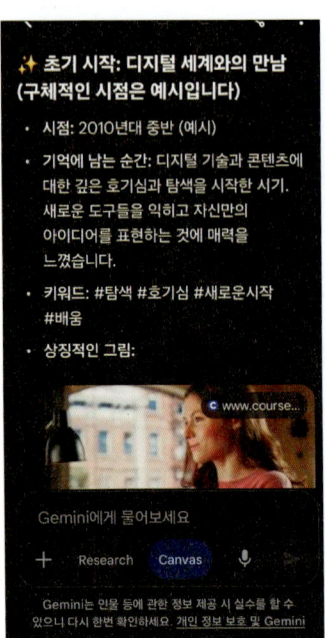

1 캔버스 기능은 아이디어를 시각적으로 구상하고 텍스트, 이미지 등을 활용해 콘텐츠를 구성하는 제미나이 내 창작 환경입니다. [캔버스]를 터치하여 활성화한 후 프롬프트를 넣어 자서전을 생성해 보겠습니다.

2 생각하는 과정이 끝난 뒤 파일이 완성되었으면 [열기] 버튼을 터치해 열어봅니다.

3 텍스트와 이미지를 적절히 사용하여 생성된 내용을 볼 수 있습니다. 추가로 수정하고 싶은 부분이 있으면 다시 프롬프트 창에 입력하여 수정할 수 있습니다.

■ 구글 제미나이 명령어

리마인더 ("알려줘"라고 해도 됨)
- ○○○에게 열 시에 전화하라고 알려줘
- 내일 아침 10시에 ○○○에게 미팅한다고 리마인드해줘
- 리마인드한 내용을 다시 보고 싶다면
 "리마인드 보여줘" 명령

시간
- 지금 몇 시야?
- 9시에 알람 해줘
- 아침 7시에 깨워줘
- 타이머 1분 설정
- 지금 미국 뉴욕 몇 시야?
- 20분 후에 알람 해줘
- 내일 일몰 시간은?
- 타이머 취소

번역, 통역
- 고맙습니다가 스페인어로 뭐야?
- 영어로 통역해줘
- 중국어로 안녕이 뭐야?
- 중국어로 통역해줘

질문
- 100제곱 미터는 몇 평?
- 36인치는 몇 센티미터?
- 100달러 환율 알려줘
- 바나나 칼로리는?
- 스타벅스 아메리카노 가격은?
- 이마트 영업시간은?

뉴스
- 뉴스 들려줘
- 각 방송사 이름 대고 "뉴스 들려줘" 해도 됨

레시피
- 등갈비 만드는 방법 알려줘
- 된장찌개 레시피 알려줘

음악
- 이 노래 제목 알려줘
- 볼륨 최대로 해줘 / 볼륨 꺼줘
- 볼륨 50프로로 해줘
- 명상 음악 들려줘
- 삼성뮤직에서 "오라버니" 틀어줘
- 'G선상의 아리아' 틀어줘

소리(유튜브의 경우 광고를 봐야 하는 경우도 있음)
- 빗소리 들려줘
- 백색소음 들려줘
- 비 오는 숲소리 들려줘

전화(스마트폰에 저장된 전화번호만 가능함)
- ○○○에게 전화 걸어줘
- ○○○에게 문자 보내줘
- 안 읽은 문자 읽어줘
- ○○○에게 "가고 있다"라고 문자 보내줘

동영상
- 강아지 동영상 보여줘
- 메이크업 영상 보여줘
- 제주도 한라산 영상 보여줘

게임
- 500+300+29+90*20은?
- 주사위 굴리기(주사위 숫자가 나옴)
- 가상 여친(가상 남친) 불러줘(답답할 수 있음)
- 1부터 100까지 숫자 중 아무 숫자 뽑아주나 게임해줘

지역, 위치
- 가장 가까운 커피숍이 어디야?
- 근처 칼국수 집 알려줘
- 전주에서 가볼 만한 곳은?
- 지금 내 위치 지도로 보여줘
- 볶음밥 재료 알려줘
- 불고기 양념 알려줘

날씨
- 오늘 날씨 알려줘?
- 내일 날씨 어때?
- 내일 비와?
- 오늘 미세먼지 어때?
- 오늘 서울 날씨 알려줘
- 내일 뉴욕 날씨 알려줘

로스트 폰(폰을 찾고자 할 때)
- 내 폰 어디 있어?
 (내 기기 찾기 앱이 열립니다)

4. 구글렌즈

사진 촬영 및 사진 인식으로 번역, 텍스트 추출, 검색, 문제 풀이, 쇼핑, 장소 검색, 식당 검색 등 다양한 기능을 제공합니다.

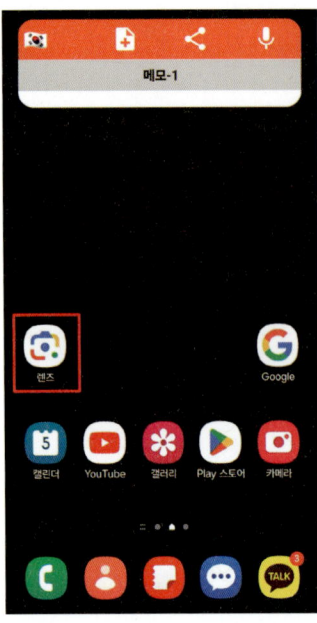 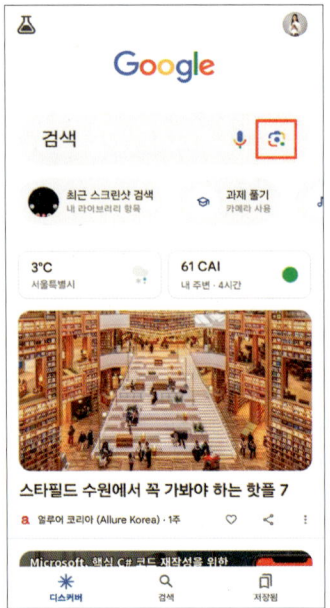 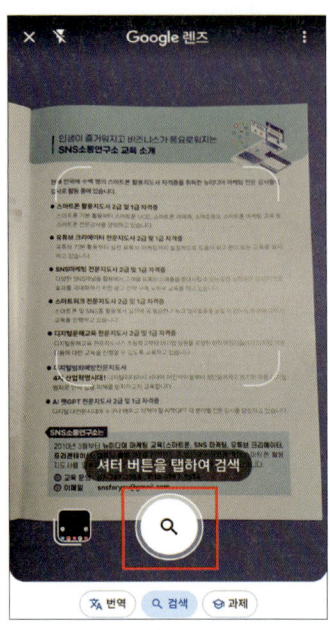

1️⃣ 구글 플레이 스토어에서 [구글 렌즈] 앱을 설치한 후 사용합니다. 2️⃣ 혹은 [구글 앱] 상단 검색창 오른쪽의 [렌즈] 아이콘을 터치하여 [구글 렌즈]를 실행합니다. 3️⃣ 검색을 위해 중앙의 [검색 버튼]을 터치하여 촬영합니다.

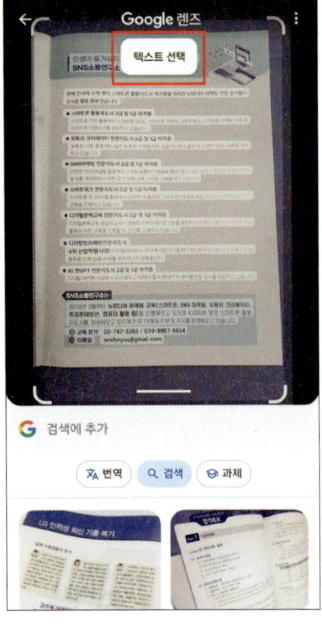 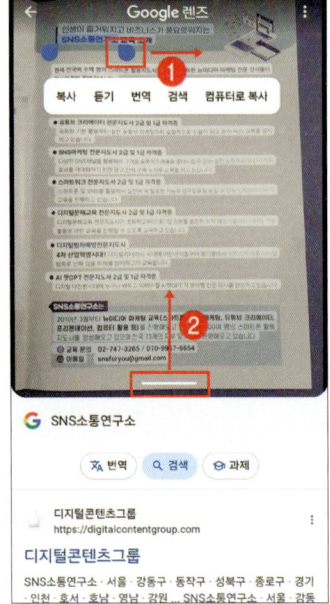 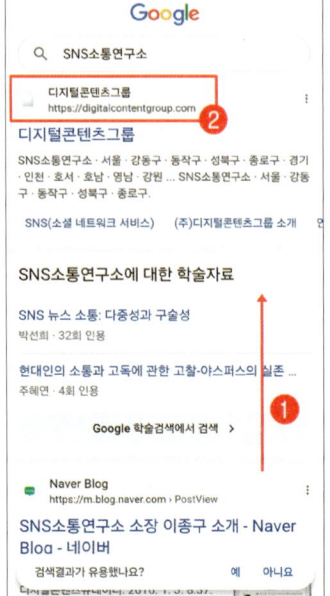

1️⃣ [텍스트 선택]을 터치합니다. 2️⃣ ① 텍스트 선택을 위해 물방울 아이콘을 드래그해서 블록을 설정합니다. ② 검색된 정보 확인을 위해 위쪽으로 드래그 합니다. 3️⃣ ① 위쪽으로 드래그하며 더 많은 정보를 확인합니다. ② [디지털콘텐츠그룹]을 터치하여 사이트를 방문할 수 있습니다.

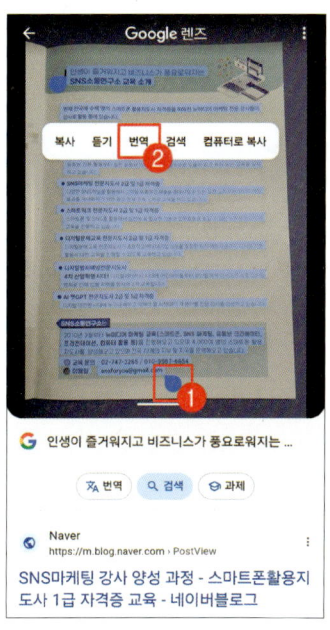 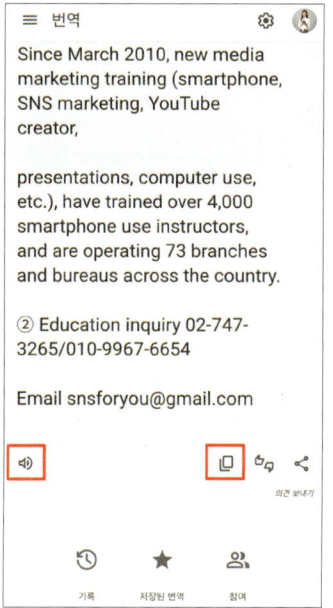 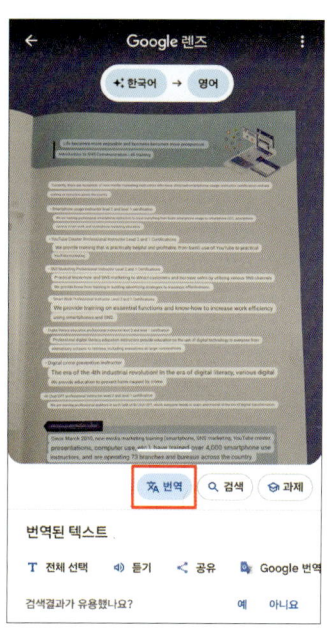

1 ① 블록을 설정하여 텍스트를 선택합니다. ② [번역]을 터치합니다. 2 선택한 텍스트가 번역되고 텍스트를 청취하거나 복사할 수 있습니다. 3 [구글렌즈] 하단에 있는 [번역]을 터치하면 원문 텍스트가 바로 번역되는 것을 확인할 수 있습니다.

 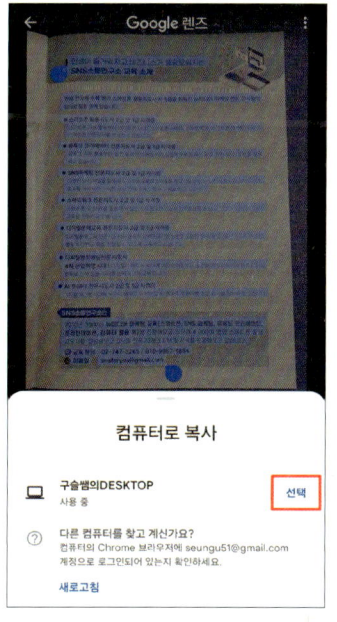 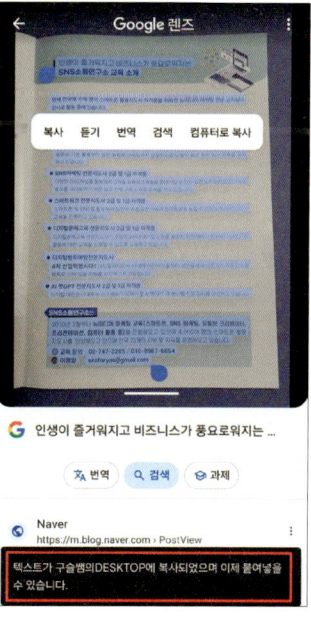

1 [컴퓨터로 복사]를 터치합니다. 2 주변의 컴퓨터가 검색되고 크롬 브라우저의 계정이 모바일과 같다면 바로 복사할 수 있습니다. [선택]을 터치합니다. 3 컴퓨터에 텍스트가 복사되어 [Ctrl+V]로 메모장이나 한글 파일에 붙여넣기 할 수 있습니다.

  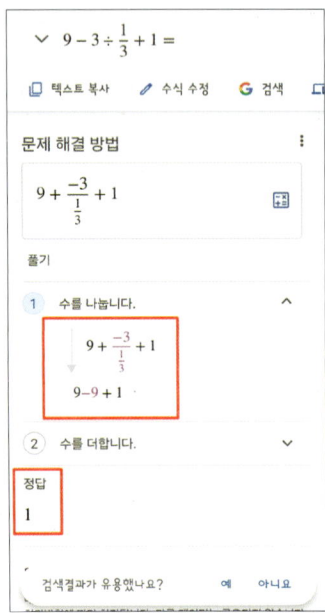

1️⃣ ① [과제]를 터치합니다. ② 갤러리에서 촬영해 놓은 이미지를 불러옵니다. 2️⃣ 과제로 인식시킬 부분을 네 모서리로 조정합니다. 3️⃣ 과제를 인식하고 과제 풀이와 정답을 알려줍니다.

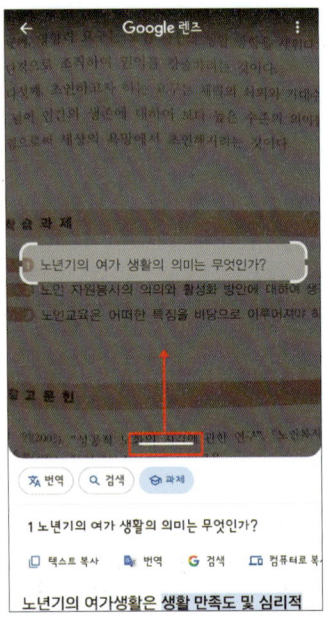  

1️⃣ 서술형 과제 풀이를 위해 과제를 촬영하고 영역을 지정합니다. 2️⃣ 촬영한 서술형 과제를 인식합니다. 과제와 관련된 자료와 논문을 확인할 수 있습니다. 검색된 [PDF] 파일을 터치합니다.

3️⃣ 다운로드 된 [PDF] 파일을 확인할 수 있습니다.

5강 구글 플레이스토어 활용 노하우

1. 구글 계정 만들기
: 같은 종류의 스마트폰인데 내 폰에만 앱이 보이지 않는 경우

구글 계정(Google Account)은 구글의 온라인 서비스에 접근 인증과 허가를 제공하는 사용자 계정입니다. 스마트폰(구글 안드로이드 스마트폰)을 사용하기 위해서는 지메일(Gmail) 계정이 있어야 합니다.

스마트폰에서 지메일 계정을 새로 만드는 방법과 이미 사용하고 있는 지메일 계정의 비밀번호를 변경하는 방법에 대해서 알아보겠습니다.

① 구글 앱을 실행합니다. 오른쪽 상단의 [계정]을 터치합니다.
② 더 많은 계정을 볼 수 있는 아이콘을 터치합니다. [다른 계정 추가]를 터치합니다.
③ [계정 만들기]를 터치합니다.

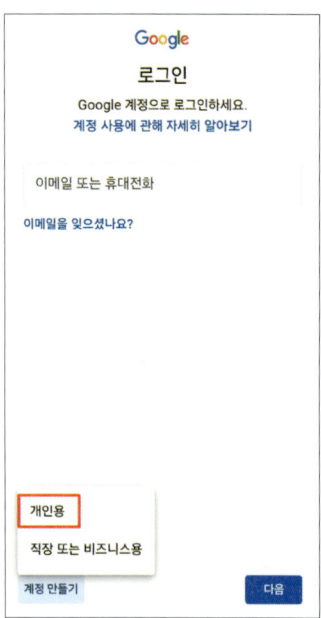 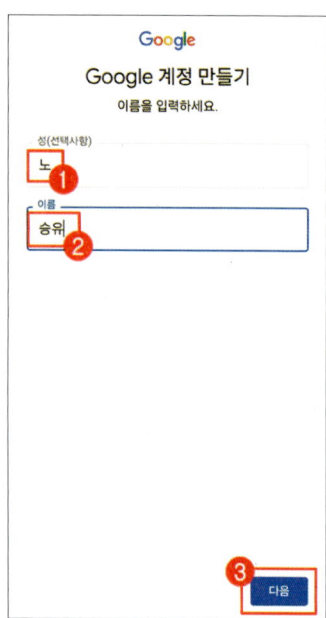 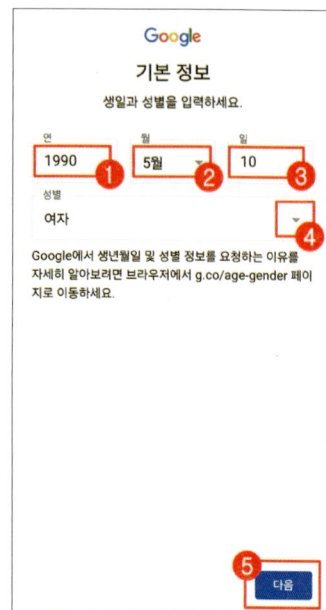

1 [개인용]을 터치합니다. **2** ① [성]과 ② [이름]을 입력하고 ③ [다음]을 터치합니다.
3 ① 출생연도 ② 태어난 달 ③ 태어난 날짜를 입력하고 ④ 성별을 선택한 후 ⑤ [다음]을 터치합니다.

 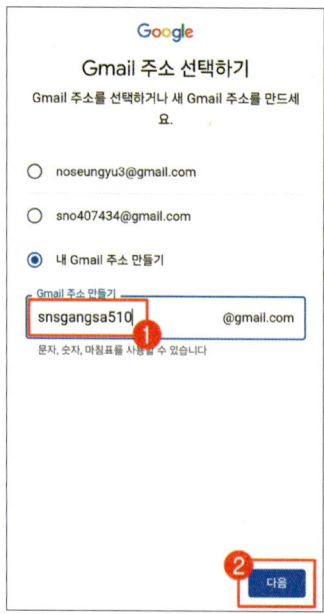 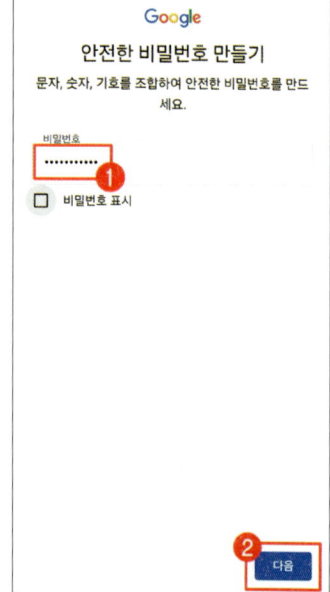

1 구글에서 추천해 주는 [Gmail 주소]를 선택할 수 있습니다.
2 ① 주소를 직접 만들기 위해 [Gmail 주소 만들기]를 터치하고 새로 만들 주소를 입력합니다. ② [다음]을 터치합니다. **3** ① 새로 생성할 계정의 비밀번호를 입력합니다. ② [다음]을 터치합니다.

1️⃣ 계정 정보를 확인하고 [다음]을 터치합니다. 2️⃣ [개인 정보 보호 및 약관]을 확인하고 아래에서 위쪽으로 스크롤 합니다. ① 약관 동의에 체크합니다. ② [계정 만들기]를 터치합니다.
3️⃣ ① 새 계정이 생성 되었습니다. ② 기존의 계정 비밀번호 변경을 위해 [Google 계정 관리]를 터치합니다.

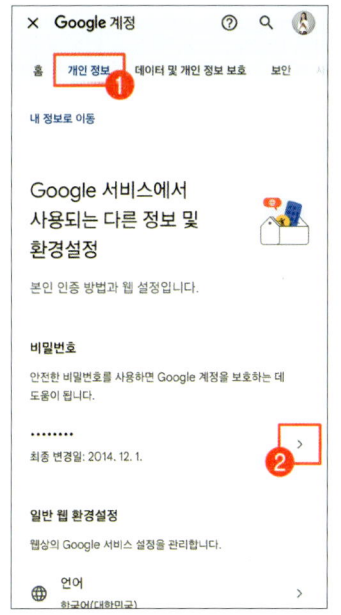 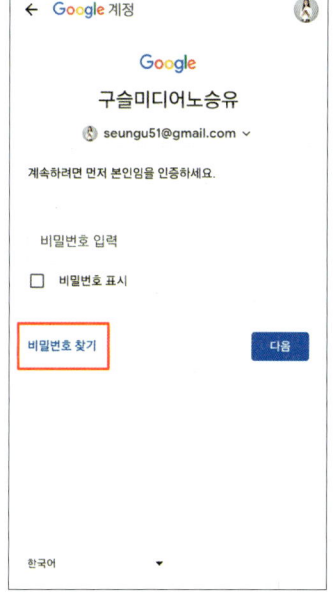 

1️⃣ ① [개인 정보]를 터치합니다. 비밀번호 변경을 위해 [②]를 터치합니다.
2️⃣ [비밀번호 찾기]를 터치합니다. 3️⃣ ① [새 비밀번호]를 터치해서 변경할 비밀번호를 입력합니다. ② [새 비밀번호 확인]을 터치해서 ①번과 동일한 비밀번호를 입력합니다. ③ [비밀번호 변경]을 터치하여 완료합니다.

2. 앱 삭제 및 구매 인증 요구

1️⃣ [Play 스토어] 홈 화면에서 [추천] 메뉴는 구글에서 추천해 주는 앱을 보여주며 테마별로 검색할 수 있습니다. 2️⃣ ① [인기차트]에서는 인기 있는 앱들을 검색할 수 있습니다. ② [카테고리] 별로 앱을 검색해 볼 수 있습니다. 3️⃣ 카테고리 목록에서 [교육]을 터치합니다.

  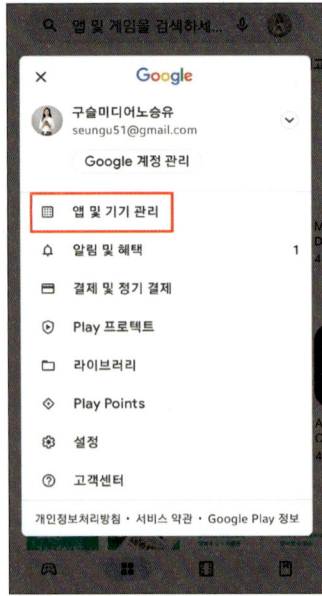

1️⃣ 교육에 관련된 앱을 인기순으로 검색해 줍니다. 2️⃣ [Play 스토어] 홈 화면 우측 상단에 있는 [계정]을 터치합니다. 3️⃣ [앱 및 기기 관리]를 터치합니다.

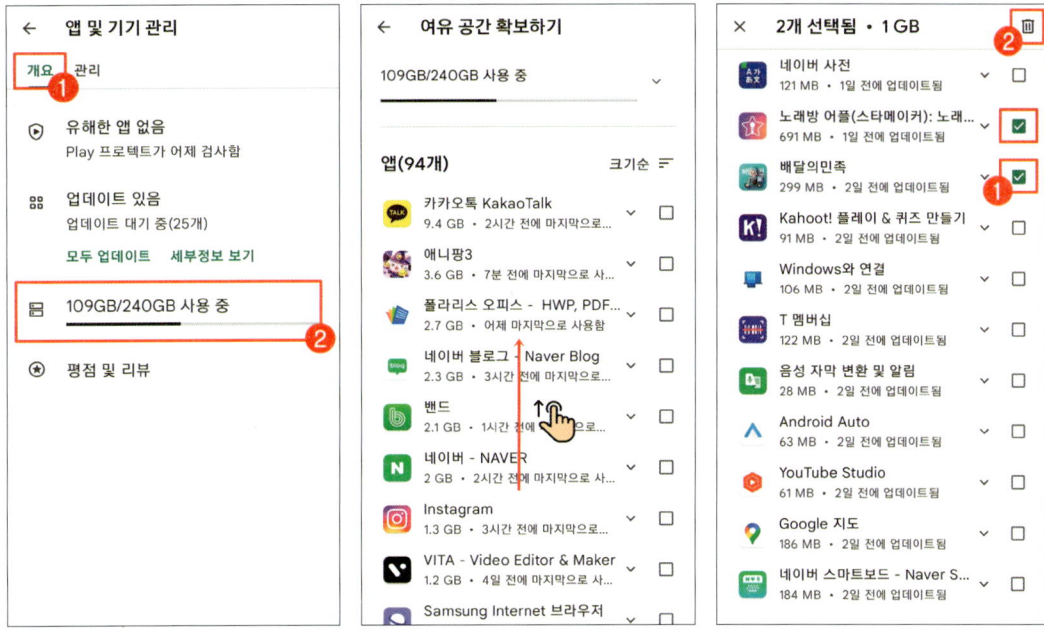

1 ① [개요]에서 ② 스마트폰의 총 저장용량 중 현재 저장된 용량을 보여줍니다. 저장공간 관리를 위해 터치합니다. 2 설치된 앱들을 드래그해서 확인할 수 있습니다. 3 ① 불필요한 앱을 체크합니다. 2개의 앱을 선택하니 1GB가 상단에 표시됩니다. ② 저장공간 확보를 위해 [삭제] 휴지통을 터치합니다.

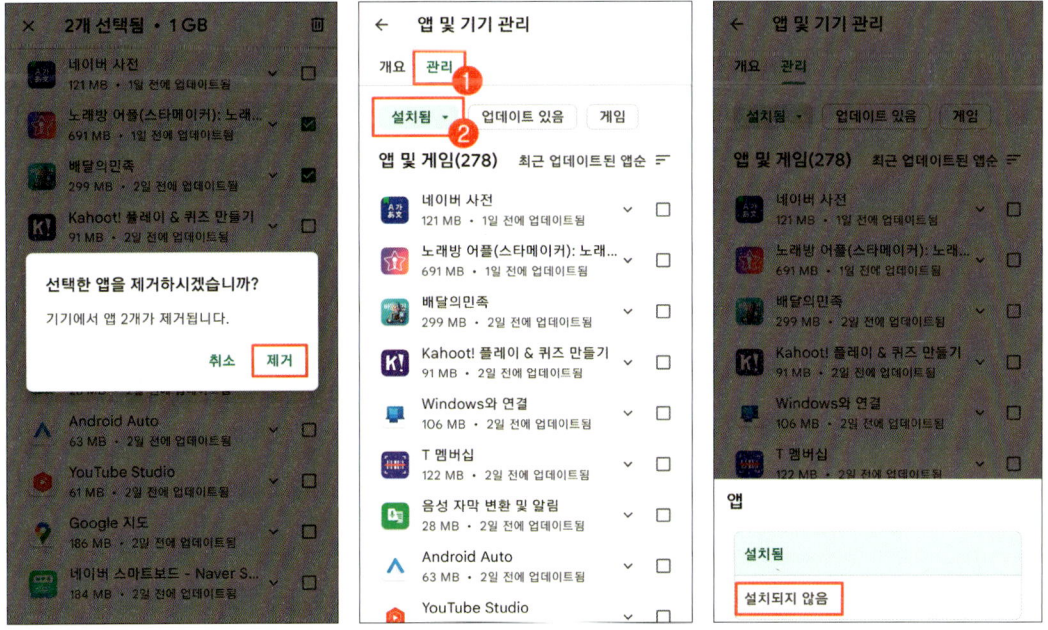

1 [제거]를 터치합니다. 2 [앱 및 기기 관리]에서 ① [관리]를 터치합니다. ② [설치됨]을 터치합니다. 3 [설치되지 않음]을 터치하면 스마트폰에 설치되었다가 삭제된 앱을 확인할 수 있습니다.

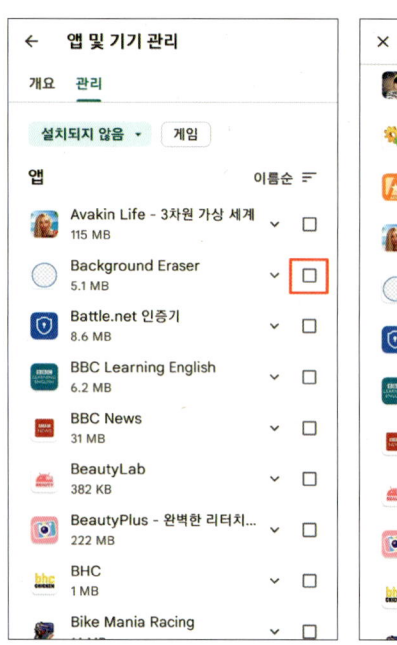 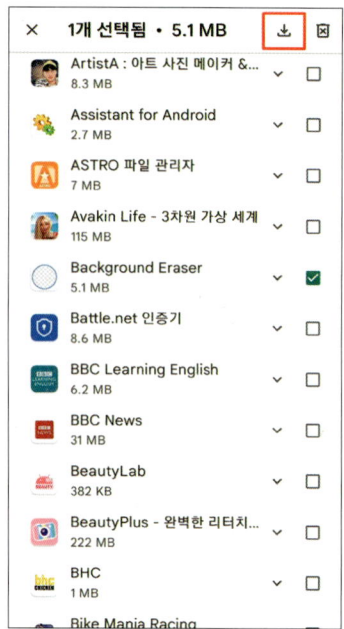 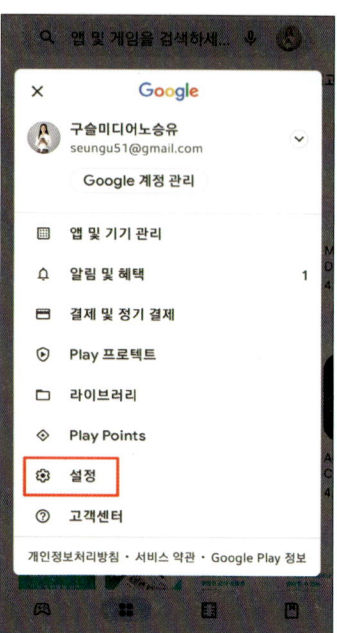

1️⃣ 다시 설치하고 싶은 앱이 있으면 [앱 체크박스]를 터치합니다. 2️⃣ 우측 상단의 [다운로드]를 터치합니다. 3️⃣ [Play 스토어] 홈 화면 우측 상단의 계정에서 [설정]을 터치합니다.

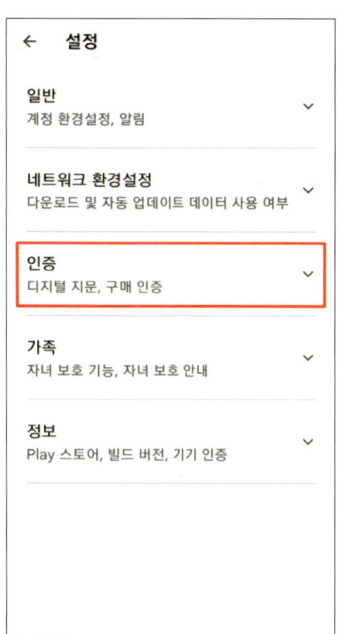  

1️⃣ 앱 구매 시 인증 확인을 위해 [인증]을 터치합니다. 2️⃣ 구매 시 인증 요구가 [확인 안 함]으로 되어 있는지 확인합니다. 앱을 결제할 때 인증 절차로 [구매 시 인증 요구]가 표시되어 있어야 앱을 실수로 결제하거나 무분별한 앱 결제를 막아주고 계정을 보호할 수 있습니다. 3️⃣ [구매할 때마다 인증]으로 체크합니다.

3. 구독 취소하기

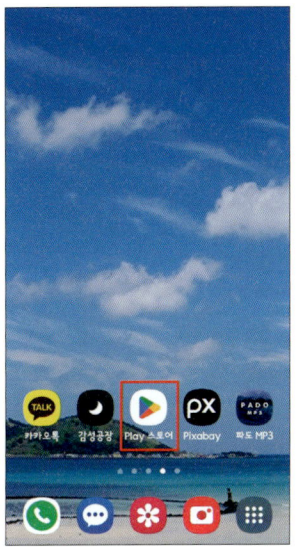  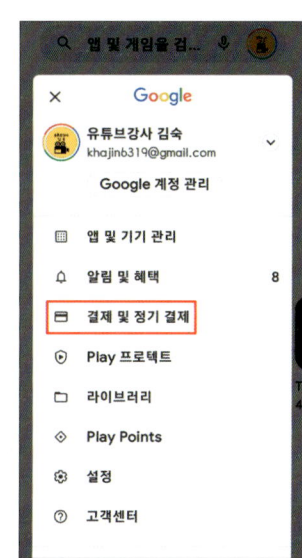

1 홈 화면에서 [Play 스토어]를 터치합니다.
2 [내 계정 아이콘]을 터치한 후
3 [결제 및 정기 결제]를 터치합니다.

1 [정기 결제]를 터치합니다.
2 [정기 결제하는 앱]목록이 나타나면 [구독 취소할 앱]을 선택합니다.
3 [구독 취소]를 터치합니다.

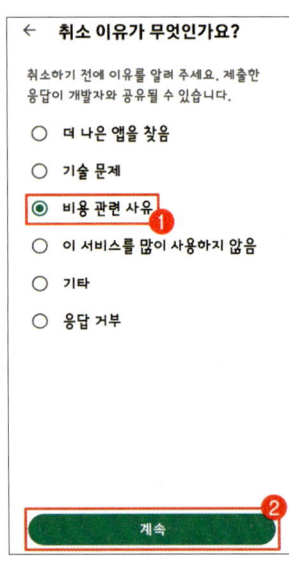 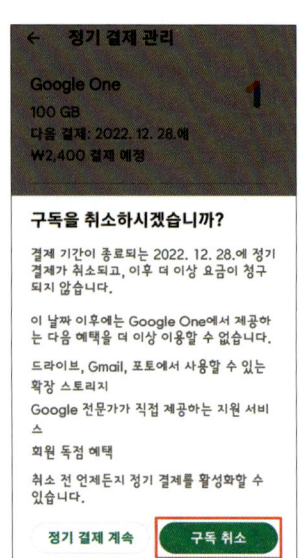 

1 ① 해당되는 [취소사유]를 선택한 후 ② [계속]을 터치합니다.

2 [구독 취소]를 터치합니다.

3 [구독]이 취소됩니다.

4. 앱 환불

[구글 Play 스토어]에서 실수로 [앱]을 구매한 경우 환불하는 방법에 대해 알아보겠습니다.
▶ PC에서 구글 플레이 스토어 홈페이지(https://play.google.com)에 접속합니다.
① 찾고 싶은 앱을 검색해 볼 수 있습니다. ② 우측상단의 [계정]을 터치합니다.

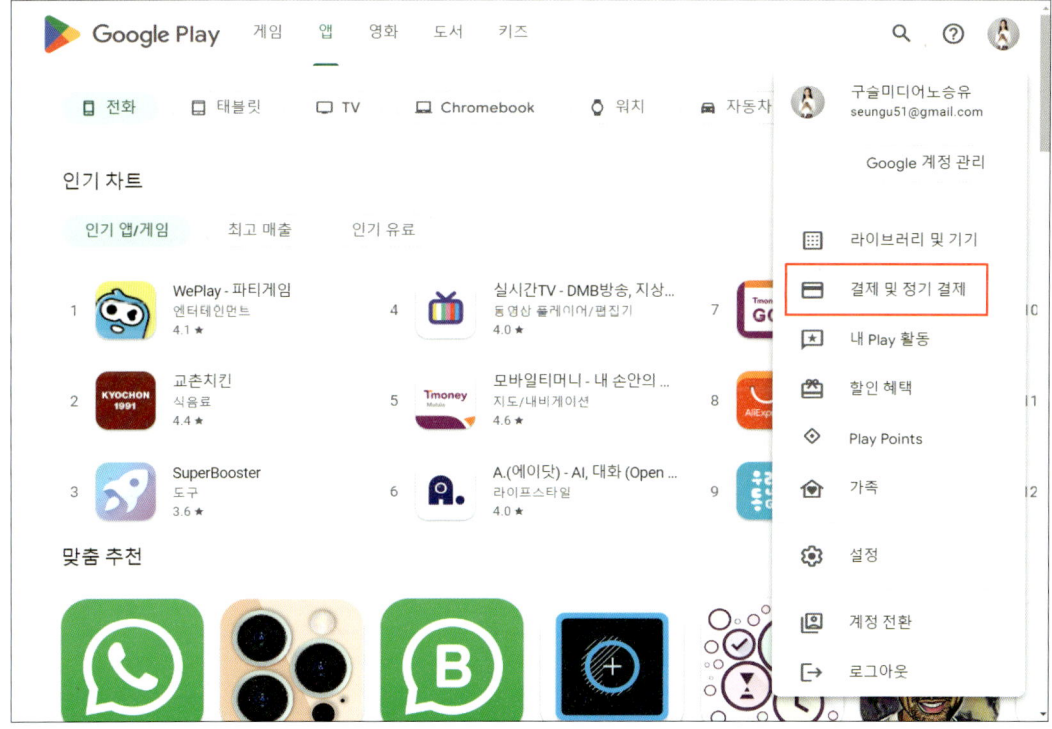

▶ 실수로 구매한 앱을 환불받거나 정기 결제를 취소하고 싶다면 [결제 및 정기 결제]를 터치합니다.

▶ ① [예산 및 주문 내역]을 터치합니다. 구입 취소를 희망하는 앱이 보이면 ② [문제 신고]를 클릭합니다.

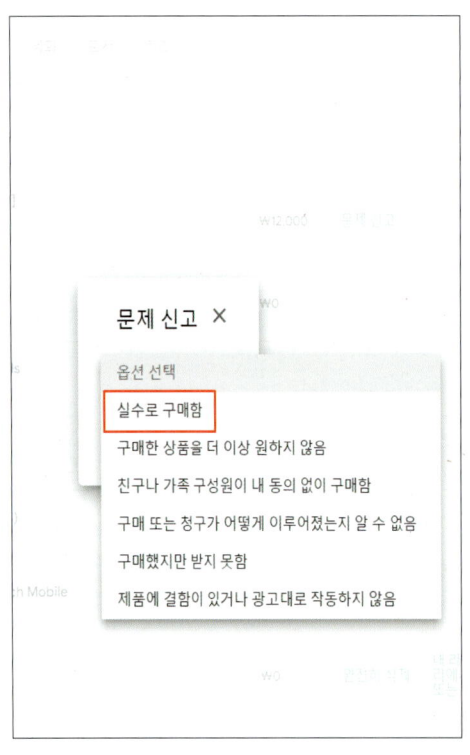
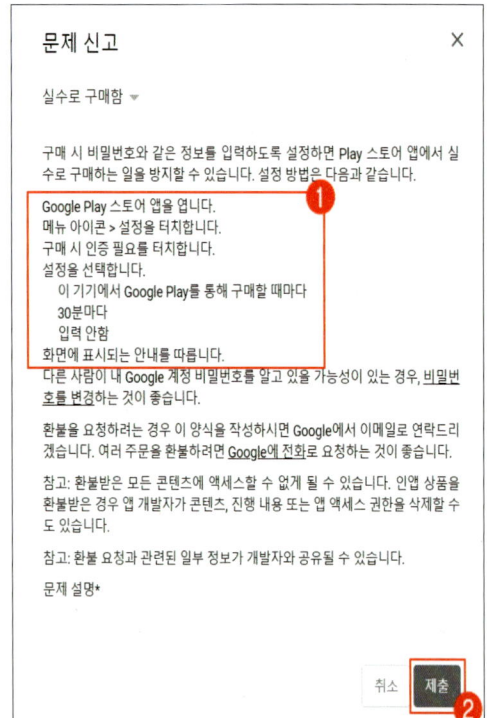

1 [문제 신고] → [옵션 선택]에서 취소사유에 해당하는 내용을 터치합니다.
2 ① 실수로 앱을 구매하지 않기 위한 방법에 대해 설명하고 있습니다. ② [제출] 버튼을 클릭하면 실수로 구매한 앱에 대해서 특별한 사유가 없는 한 다음날 바로 환불 처리됩니다.

5. 내 기기 찾기

▶ 내 기기가 무음으로 되어 있고 찾을 수 없을 때
　① PC에서 Google 홈페이지에서 [내 기기 찾기]를 검색합니다.
　② https://myaccount.google.com/find-your-phone [휴대전화 찾기]를 클릭합니다.

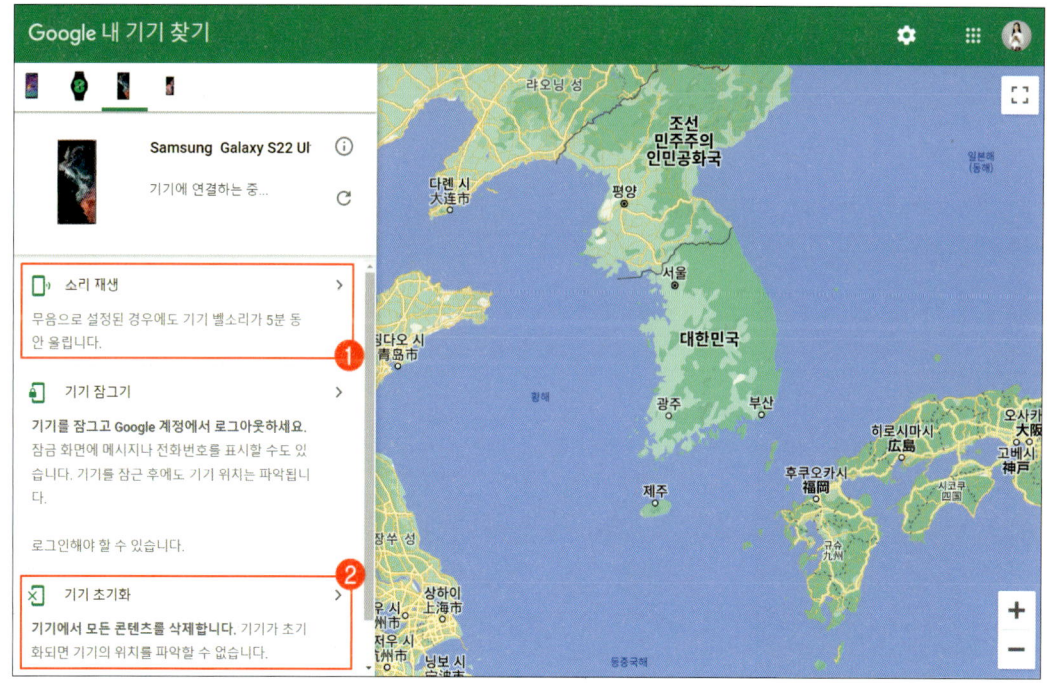

▶ 내 기기와 PC의 google 계정이 같아야 연동이 되며 내 기기의 위치를 찾을 수 있습니다.
　① [소리 재생]을 클릭하면 스마트폰이 무음으로 설정된 경우에도 기기 벨소리가 5분 동안 울리게 됩니다. ② 내 기기가 꺼져있다면 [기기 초기화]를 클릭하여 내 기기를 초기화해 줍니다. 꺼져있던 기기가 켜지는 순간 초기화가 진행됩니다.

▶ 모바일에서도 [Google 내 기기 찾기] 앱을 설치하고 [게스트로 로그인]을 터치해서 찾고자 하는 기기의 구글 계정을 입력하면 [소리 재생]과 [잠금 및 초기화 설정]을 할 수 있습니다.

6. 보안 폴더에 앱 숨기기 (나만 보고 싶은 앱이 있는 경우)

  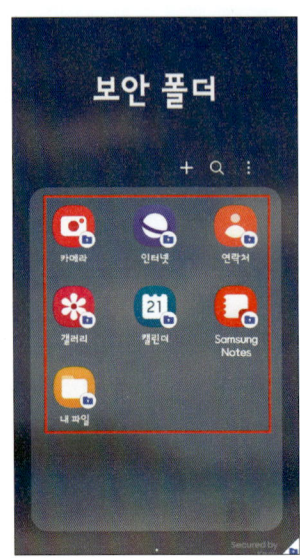

1. 홈 화면에서 [상태 알림줄]을 아래로 드래그합니다.
2. 빠른 실행 창에서 [보안 폴더]를 활성화합니다.
3. 보안 폴더 안에는 [기본 폴더]가 세팅되어 있습니다.

1. 보안 폴더에서 [+]표시를 터치하면 앱을 추가할 수 있습니다.
2. ① [Play 스토어나 Galaxy 스토어]에서 앱 검색 및 ② [휴대폰]에서 ③ [앱 추가]를 할 수 있습니다. 3. [돋보기]를 터치하면 보안 폴더 안에 있는 앱을 검색할 수 있습니다.

 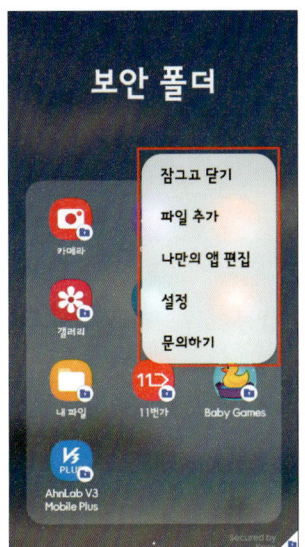 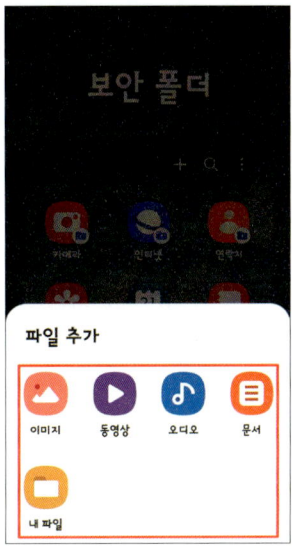

1️⃣ [더보기]를 터치하면 2️⃣ 주요 기능으로 파일 추가 및 설정 기능(잠금 형식)을 사용할 수 있습니다.

3️⃣ 파일 추가로 이미지, 동영상, 오디오, 문서 등을 추가할 수 있습니다. (해제 시는 보안 폴더에서 내보내기)

 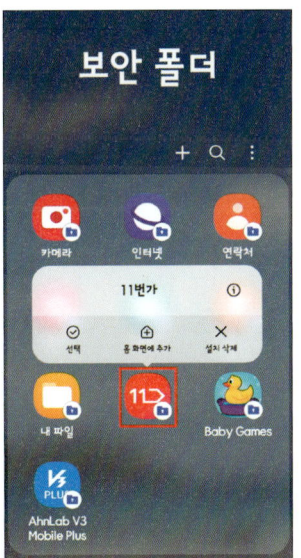

1️⃣ 설정에서는 사용자가 편리한 잠금 방식을 지정할 수 있습니다. (예시: 패턴, PIN 방식, 비밀번호, 지문) 2️⃣ 보안 폴더에서 앱을 설치 삭제하면 보안 폴더 안에서 사라집니다. (휴대폰에서는 남아있음)

 쉽고 간편한 업무시간을 90% 이상 줄여주는 웹사이트 소개

웜홀
wormhole.app

웜홀(Wormhole.app) 서비스는 **10GB 이상의 대용량도 빠른 속도로 전송이 가능한 무료 서비스**입니다. 별도의 설치가 필요하지 않은 웹 서비스로 아이폰(iOS), 안드로이드 스마트폰, 윈도우, 맥 등 구분이 없이 자유롭게 파일 전송이 가능합니다.

투컬러컴비네이션
2colors.colorion.co

파워포인트에서 슬라이드 화면에 사용할 이미지나 폰트 및 도형의 색채, 배색 생각만 해도 고민이라고 하시는 분들은, 간편하게 투컬러 컴비네이션을 사용해보시면 좋습니다.

리무브
remove.bg

Remove는 **개인이 무료로 사용할 수 있는 배경제거 사이트**입니다. 인공지능 기술을 활용하여 피사체를 인식하고, 배경을 깔끔하게 지워줍니다. 안드로이드폰은 구글 플레이스토어에서도 다운받아 사용할 수 있습니다. 캔바 CANVA 에디터를 활용해서 디자인을 만들 수도 있습니다.

클린업픽쳐스
cleanup.pictures

모두 사용 가능한 **인공지능 배경 제거 사이트**입니다. 클린업 픽쳐스는 **[인페인팅]이라는 인공지능 기술을 이용**하는 사이트로, '인페인팅'이란 이미지에서 손상된 부분을 채우거나, 누락된 부분을 복원하고 사진에서 원하지 않는 사물이나 인물 및 개체를 제거하는 기술입니다. '인페인팅'은 딥러닝 알고리즘을 활용하여 이미지의 특정 부분을 새로운 이미지로 변경도 가능한 기술입니다.

플레이스잇
placeit.net

실제 제품을 만들기 전, 디자인 검토를 위해 **실물과 비슷하게 시제품을 제작하는 작업의 과정을 '목업(Mockup)'**이라고 합니다. 머릿속으로 상상하는 것과 눈에 보이는 형태의 시제품으로 만들어서 작업을 진행하는 것은 정말 큰 차이가 있습니다. 디자이너가 아닌 이상(혹은 우리 팀에 디자이너가 없다면) 목업을 하는 과정이 너무 어렵습니다. 그럴 때 강력 추천하는 것이 **무료 목업 사이트를 활용하는 방법**입니다. 실제로 전자책을 만들 때 썸네일, 상세 페이지에 들어갈 입체적인 전자책 이미지를 만들기 위해 플레이스잇을 사용하면 쉽고 빠르게 만들 수 있습니다.

6강 스마트폰에서 내가 원하는 음악 및 동영상 무료로 다운받기

1. 음악다운

[음악다운] 앱은 회원가입 없이 무료로 음악 미리보기 및 다운로드가 가능하며, 검색한 음악으로 원하는 구간을 지정하여 벨소리로 만들 수 있는 기능을 가지고 있습니다.

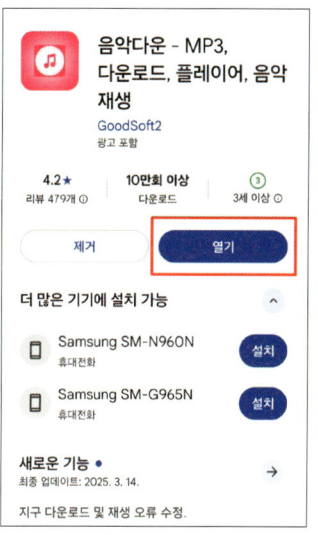 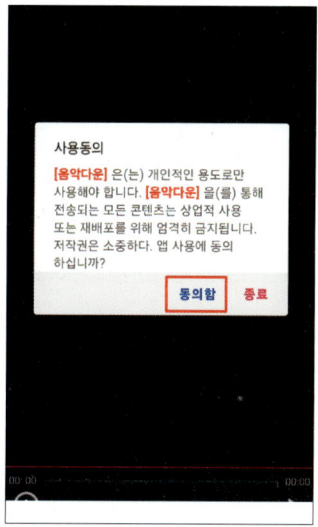 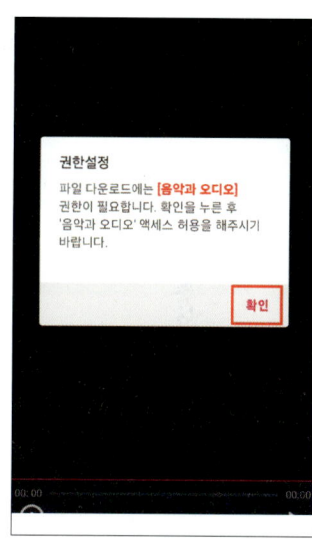

① [Play스토어]에서 [음악다운]을 검색하여 설치한 뒤 [열기]를 터치합니다. ② 사용동의에 [동의함]을 터치합니다. ③ 권한설정에 [확인]을 터치합니다.

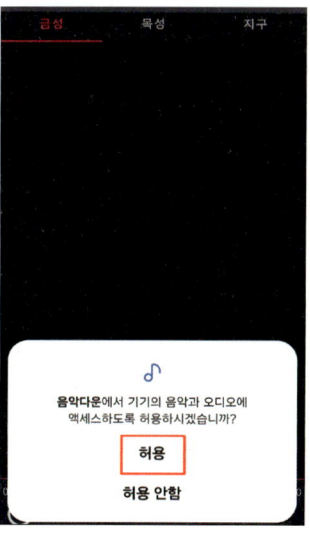  

① 엑세스에 [허용]을 터치합니다. ② 상단에 노래의 제목이나 가수명을 입력하고 검색합니다. ③ 금성, 목성, 지구 카테고리의 검색 결과 중, 하나의 ① 제목을 터치하면 음악이 재생됩니다. ② [화살표]를 터치하면 다운로드 팝업창이 뜹니다. ③ 선택한 음악의 제목과 재생 상황을 보여줍니다.

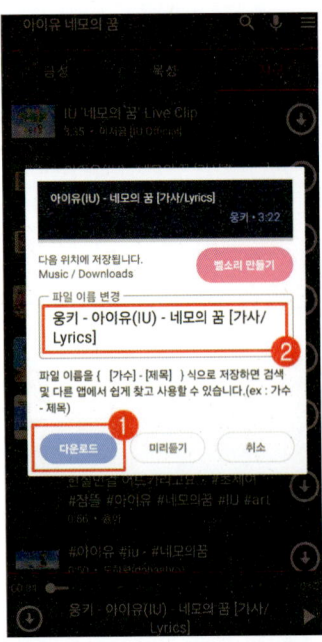 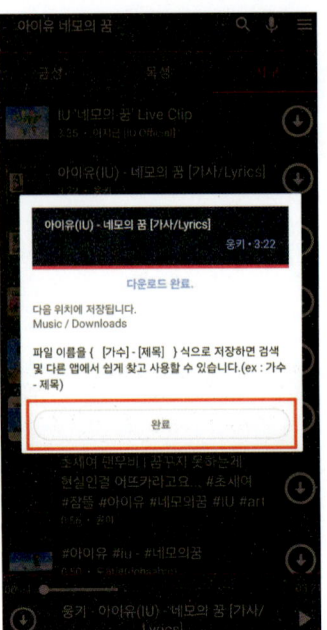

1 화살표 아이콘을 터치 후 ① [다운로드]를 터치합니다. ② [파일 이름 변경]을 터치하여 파일 이름을 변경할 수 있습니다.

2 [완료]를 터치하면 음악이 Music/Downloads 에 저장됩니다.

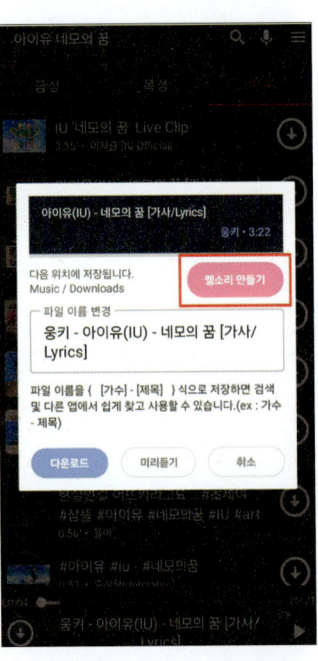 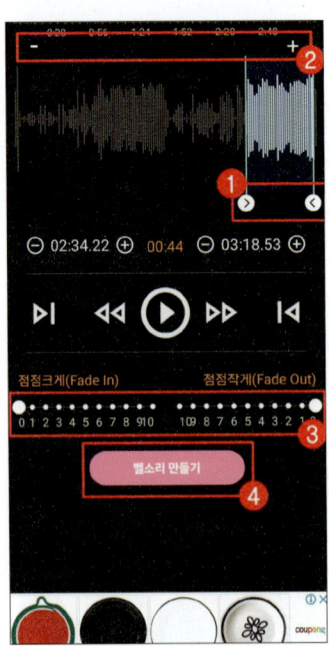 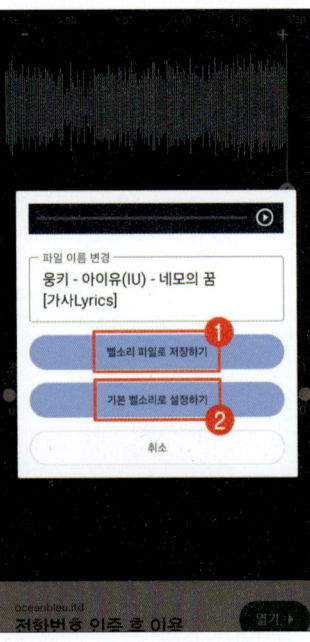

1 [벨소리 만들기]를 터치합니다. 2 ① 음악 중 벨소리로 사용될 영역을 지정합니다. ② 음악의 타임라인 영역을 확대, 축소할 수 있습니다. ③ 음악에 점점 작게, 점점 크게 효과를 몇초 전부터 적용할지 선택합니다. ④ 선택이 끝나면 [벨소리 만들기]를 터치합니다. 3 ① [벨소리 파일로 저장하기]를 터치하면 벨소리를 mp3 파일로 저장할 수 있으며 ② [기본 벨소리로 설정하기]를 터치하면 바로 벨소리로 설정이 완료됩니다.

2. 브레이브 브라우저 & Y2mate

[브레이브 브라우저]는 광고를 차단하는 애드블로커가 내장되어 있으며 개인정보 보호 기능과 보안 기능이 우수하고 백그라운드 재생을 지원하여 사용자가 편리하게 사용할 수 있는 앱입니다.

 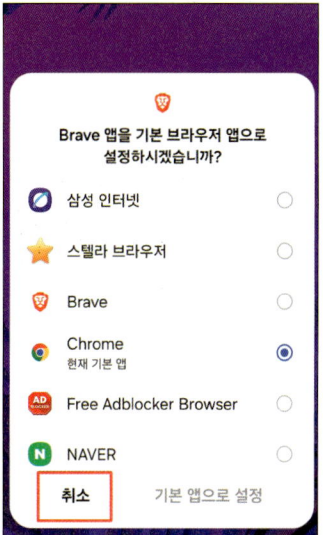 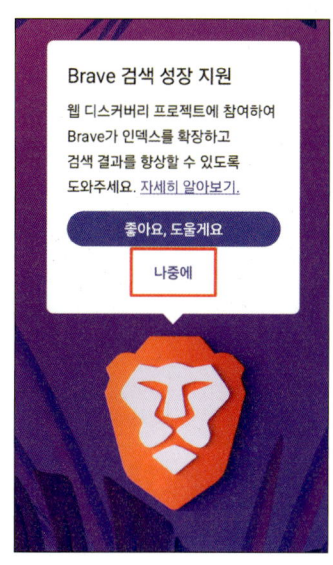

1️⃣ [Play스토어]에서 ① [돋보기]를 선택하고 ② [브레이브 브라우저]를 검색하고 설치합니다. ③ 설치 후 [열기]를 터치합니다. 2️⃣ 브레이브 앱을 기본 브라우저로 설정하는 질문에 [취소]를 터치합니다. 3️⃣ 검색 성장 지원에 대해 [나중에]를 터치합니다.

1️⃣ 개선 참여에 대해 [계속]을 터치합니다. 2️⃣ 설치가 완료되면 [돋보기]를 터치합니다.
3️⃣ ① 검색어 "**공부할 때 듣는 음악**"을 입력하면 하단에 여러가지 아이콘이 나타나게 됩니다. 그 중 ② [유튜브 아이콘]을 터치합니다.

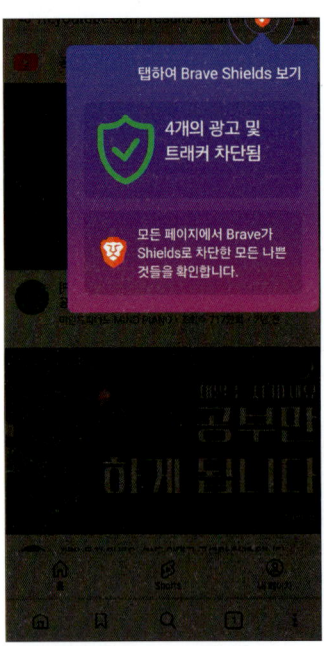 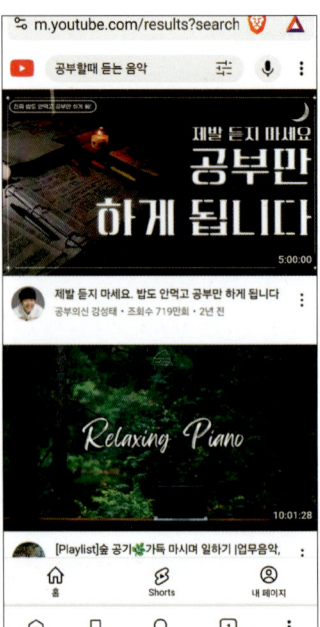 

1️⃣ 검색 결과와 함께 나타난 광고 차단 안내를 빈공간을 터치하여 닫습니다.
2️⃣ 유튜브 검색 결과가 나타나면 영상을 선택하여 광고 없이 시청합니다.
3️⃣ ① [내 페이지]를 터치하고 ② [로그인]을 터치하여 나의 유튜브 계정으로 로그인하면 나의 구독 채널과 알고리즘을 그대로 사용할 수 있습니다.

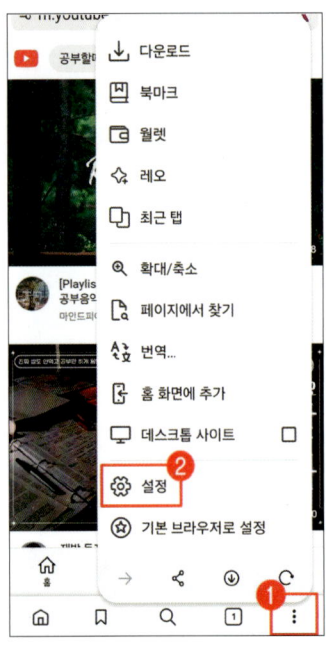 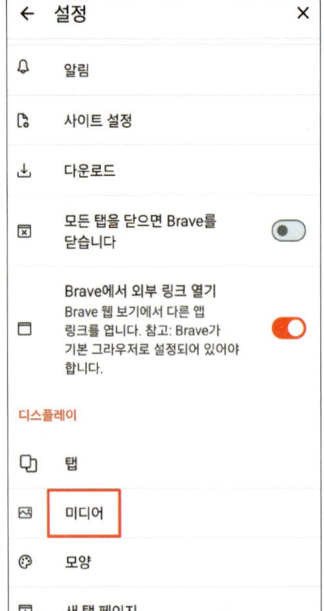 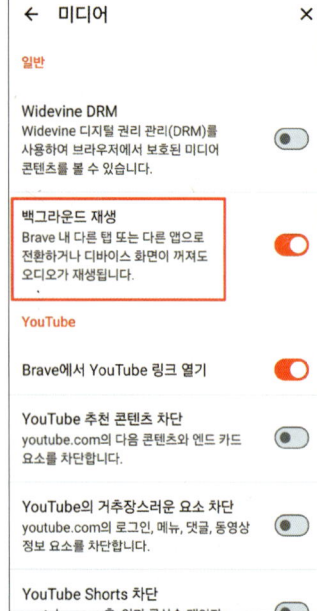

1️⃣ ① 우측 하단의 [점세개]를 터치한 후 ② [설정]을 터치합니다. 2️⃣ [미디어]를 터치합니다.
3️⃣ [백그라운드 재생]이 활성화되어 있으면 다른 앱을 사용하는 동안에도 음악이 재생됩니다.

■ Y2mate(유튜브에서 내가 원하는 음악 및 동영상 다운받기)

 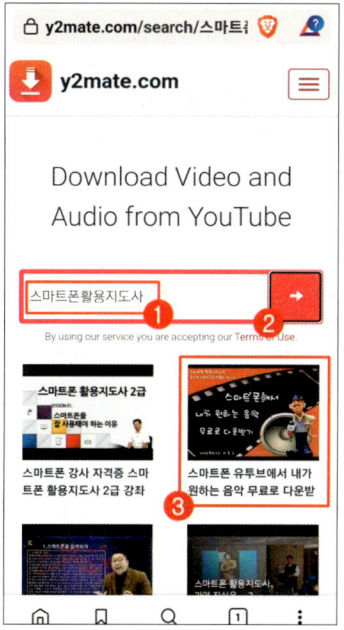 

1 유튜브에서 내가 원하는 음악 및 동영상 다운받기 위한 첫 번째 방법으로 브레이브 브라우저 검색창에 [y2mate.com]을 검색합니다. 2 ① 내가 원하는 키워드 [스마트폰활용지도사]로 입력 후 ② [→] 방향키를 터치하면 하단에 스마트폰활용지도사 영상이 나열됩니다. ③ 다운받고 싶은 영상을 선택합니다. 3 선택된 영상 화면 아래 ① 동영상을 다운받고 싶다면 [Video]를 터치 ② 소리만 받고 싶다면 [Audio]를 터치합니다. ③ 화면을 위로 드래그하여 진행합니다.

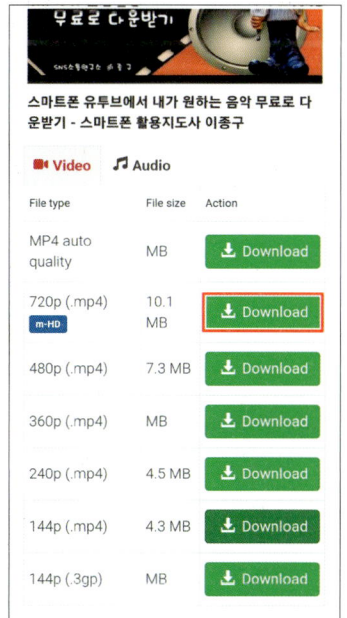 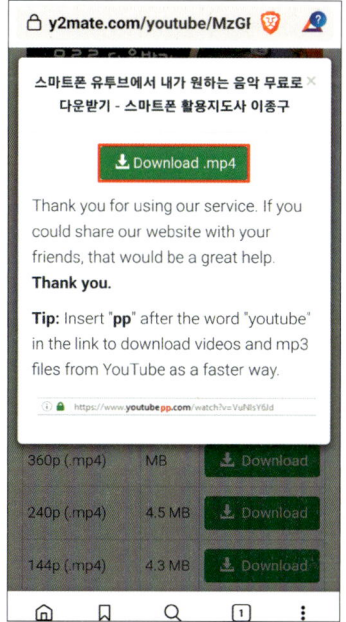 

1 원하는 파일 타입 및 크기로 선택 후 [Download]를 터치합니다. 2 다시 한번 파일 확인 후 [Download .mp4]를 터치합니다. 3 마지막으로 다운로드 위치 확인 후 [다운로드]를 터치하여 완료합니다.

 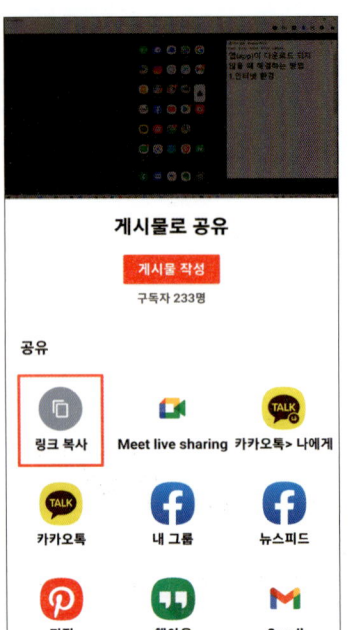 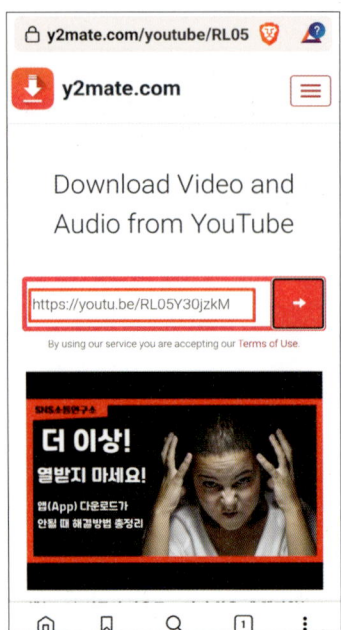

❶ 이번에는 유튜브에서 내가 원하는 음악 및 동영상 다운받기 위한 두 번째 방법으로 유튜브에서 원하는 영상을 재생시킨 후 영상 하단에 [공유]를 터치합니다.

❷ [링크 복사]를 터치합니다. ❸ y2mate.com 검색창에 복사한 링크를 [붙여넣기] 하면 다운로드하고 싶은 영상이 나옵니다.

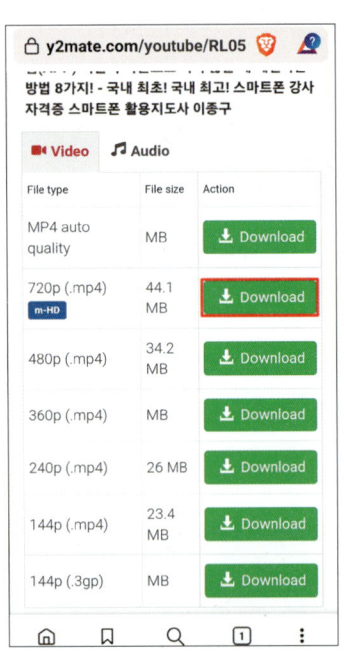 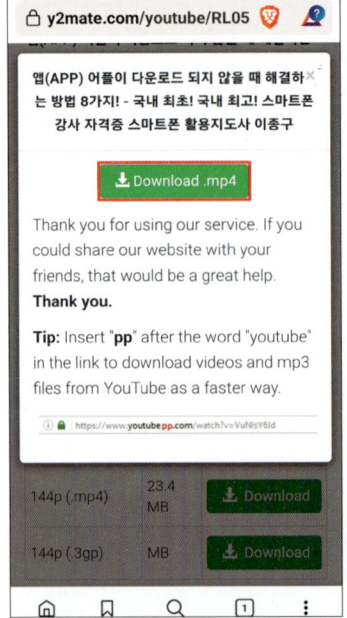 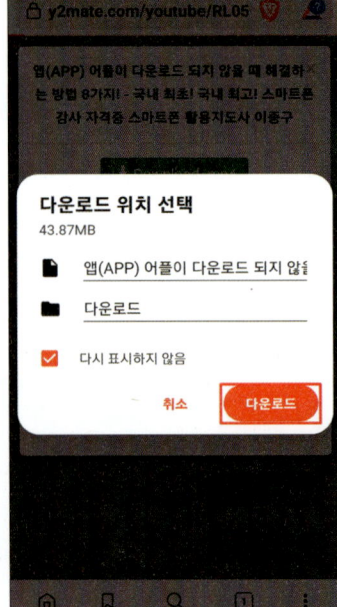

❶ 원하는 파일 타입 및 크기로 선택 후 [Download]를 터치합니다.

❷ 다시 한번 파일 확인 후 [Download .mp4]를 터치합니다.

❸ 마지막으로 다운로드 위치 확인 후 [다운로드]를 터치하여 완료합니다.

3. 스텔라 브라우저

[스텔라 브라우저] 앱(APP) 소개

- 스텔라 브라우저는 빠르고 강력한 사용성을 갖춘 다운로드 전용 웹 브라우저입니다.
- 다른 추가 설치 없이 스텔라 브라우저 단 하나로 유튜브, 페이스북, 데일리모션, 인스타그램, 카카오, 네이버, 다음 등에서 동영상을 쾌적하게 다운로드할 수 있습니다.
- 스텔라 브라우저는 초고속 다운로드로 시간과 데이터 요금을 아껴줍니다.
- 스텔라 브라우저는 어떠한 악성코드와 바이러스로부터 안전하며 민감한 사용자 권한과 정보를 요구하지 않습니다.
- 스마트폰이 꺼지더라도 다운 중인 파일은 놓치지 않고 그대로 이어받아 다운됩니다.
- 네이버, 카카오, 다음의 고화질 영상을 보면서 동시에 다운로드할 수 있습니다.

[원스토어 앱이 스마트폰에서 검색되지 않는 경우]

1. 스마트폰 [설정]의 [애플리케이션]에서 [원스토어]를 검색하고 [사용 중지] 되어 있는지 확인하고 [사용]으로 변경해 줍니다.
2. 스마트폰 [설정]의 [애플리케이션]에서도 확인이 안 되는 경우 네이버에서 [원스토어] or [스텔라 브라우저]를 검색해서 [원스토어 APK] 파일을 다운받아 설치해 줍니다.
3. 구글에서 [업투다운]을 검색하고 [Uptodown App Store]를 터치해서 우측 상단의 돋보기 검색을 터치해서 [stellar browser]를 입력하고 [최신 버전]으로 다운받아 줍니다.
4. 상단의 QR코드를 스캔하면 [스텔라 브라우저]를 쉽게 다운로드할 수 있습니다.

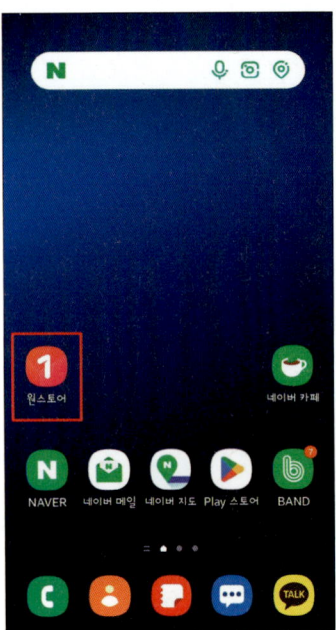  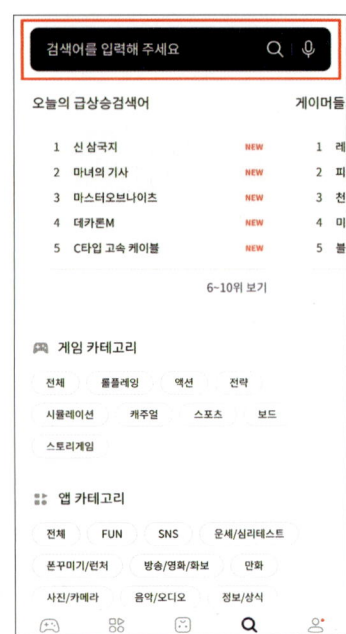

1 홈 화면 또는 앱스화면에서 [원스토어]를 터치합니다.
2 하단 메뉴 중 [검색]을 터치합니다.
3 상단 검색창에 [스텔라 브라우저]를 입력합니다.

  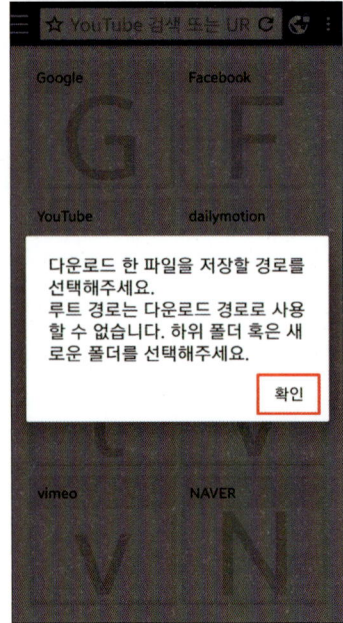

1 스텔라 브라우저 [다운로드]를 터치합니다.
2 스텔라 브라우저가 설치되었다면 하단의 [실행]을 터치합니다.
3 다운로드 한 파일을 저장할 경로를 선택할 수 있는 [확인]을 터치합니다.

 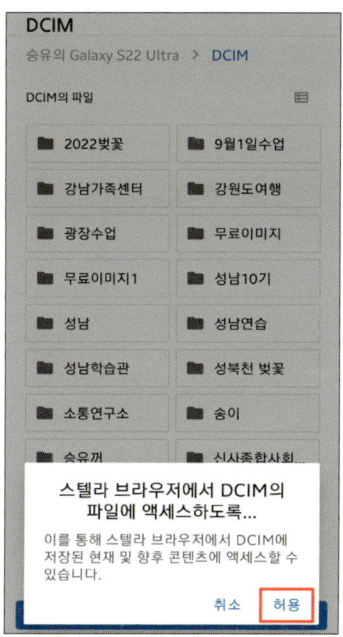 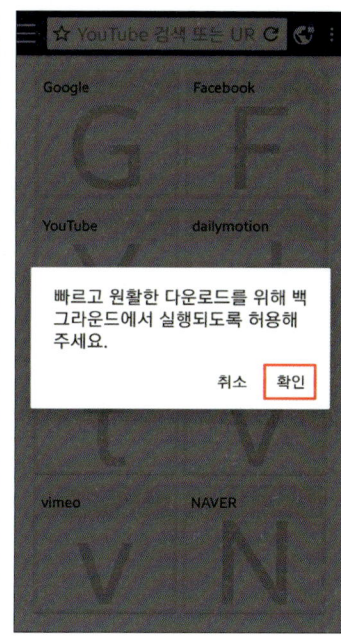

1️⃣ 내 기기 내부저장소의 [DCIM] 파일을 선택하고 [이 폴더 사용]을 터치합니다.
2️⃣ DCIM 파일에 저장된 콘텐츠에 액세스할 수 있는 [허용]을 터치합니다.
3️⃣ 백그라운드 실행을 위해 [확인]을 터치합니다.

 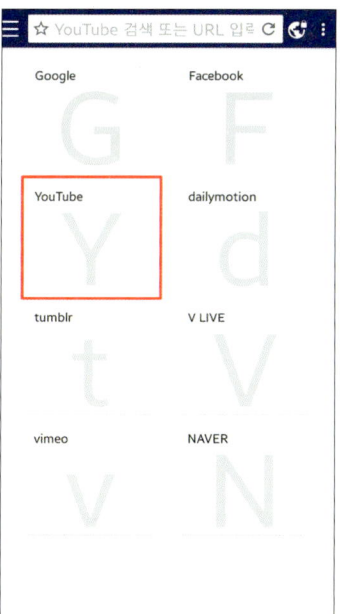 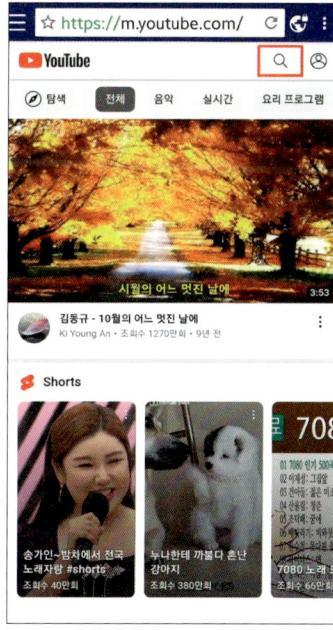

1️⃣ 배터리 사용량 최적화 중지를 위해 [허용]을 터치합니다.
2️⃣ 스텔라 브라우저 첫 화면에서 [유튜브 아이콘]을 터치합니다. 상단의 검색창에 검색할 수도 있습니다. 3️⃣ 유튜브 화면에서 [검색]을 터치하여 다운받을 [노래 제목]이나 [가수]를 입력합니다.

  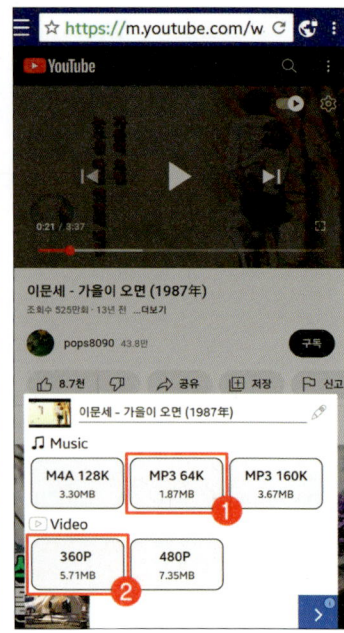

1 ① 검색창에 [이문세 가을]을 입력하고 ② 검색된 [영상]을 터치합니다.
2 검색된 영상을 다운로드하려면 우측 하단의 화살표 모양의 [다운로드 아이콘]을 터치합니다. **3** 하단의 팝업창에서 ① 음원만 다운로드하려면 [MP3]를 터치합니다. ② 동영상을 다운로드하려면 [360P]를 터치합니다.

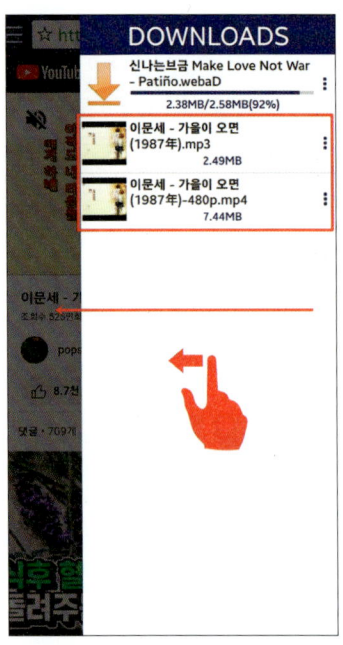  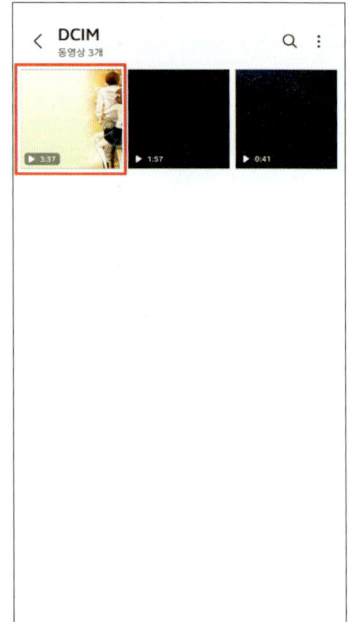

1 다운로드된 음원과 동영상은 스텔라 브라우저 화면 우측 끝을 [좌측으로] 드래그하면 다운로드된 리스트가 보입니다. **2** 다운로드된 음원은 [삼성뮤직] 또는 [음악 플레이어]에 저장됩니다.
3 다운로드된 동영상은 갤러리 앨범 [DCIM]에 저장됩니다.

■ 무료 배경음악과 무료 영상소스 다운받기

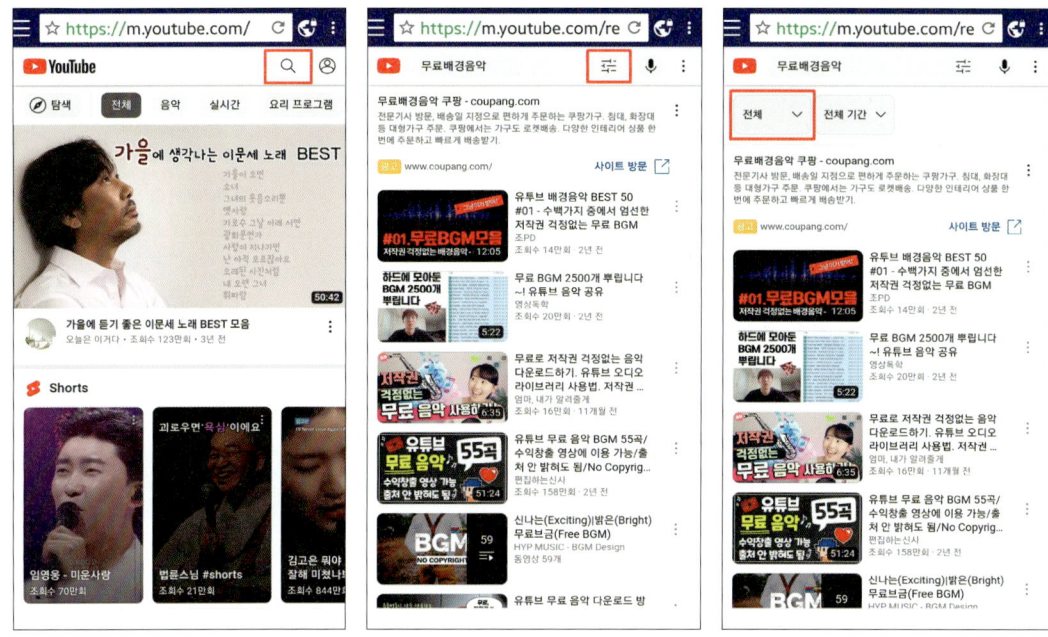

1 스텔라 브라우저 유튜브에서 [검색]을 터치합니다. 2 [무료배경음악]을 입력하고 검색창 오른쪽의 [필터 아이콘]을 터치합니다. 3 [전체]를 터치합니다.

1 팝업 메뉴에서 [재생목록]을 터치합니다. 2 다운받을 [재생목록]을 터치합니다.
3 재생목록에서 영상을 하나씩 다운받을 수도 있지만 재생목록 전체 다운로드를 위해 우측 하단의 [화살표 아이콘]을 터치합니다.

 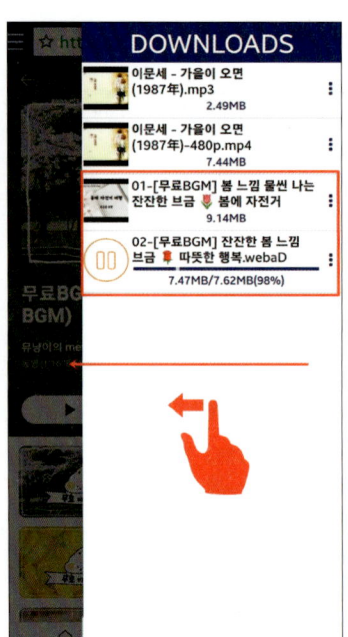 

1️⃣ [파일 이름 앞에 순서대로 번호 붙이기]를 체크하고 [MP3]를 터치합니다.
2️⃣ 스텔라 브라우저 화면 오른쪽을 [좌측으로] 밀면 다운로드되는 것을 확인할 수 있습니다.
3️⃣ 다운로드된 음원은 [삼성뮤직] 또는 [음악 플레이어]에 저장됩니다.

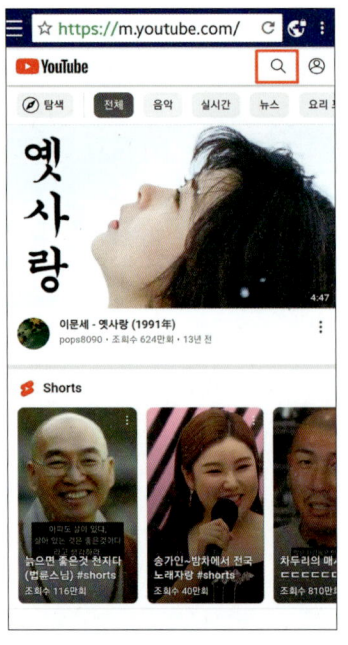  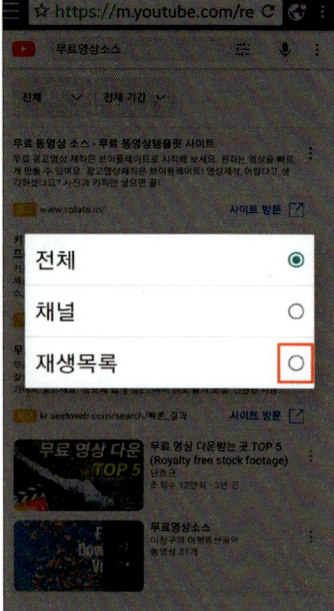

1️⃣ 스텔라 브라우저 유튜브에서 [검색]을 터치합니다. 2️⃣ [무료영상소스]를 입력하고 검색창 오른쪽의 [필터 아이콘]을 터치합니다. [전체]를 터치합니다. 3️⃣ 팝업 메뉴에서 [재생목록]을 터치합니다.

❶ 다운받을 [재생목록]을 터치합니다. ❷ 재생목록에서 다운받을 영상을 터치합니다.
❸ 동영상 다운로드를 위해 우측 하단의 [화살표 아이콘]을 터치합니다.

  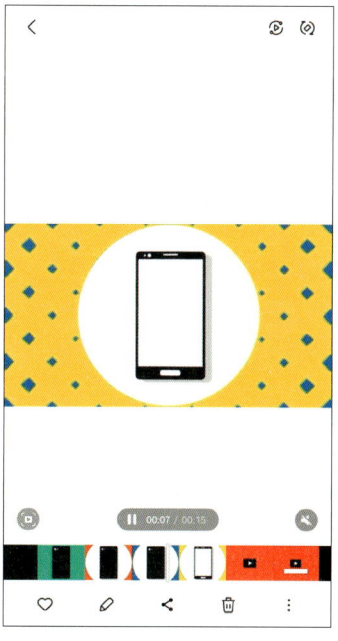

❶ 동영상 다운로드를 위해 [360P]를 터치합니다. ❷ 스텔라 브라우저 화면을 [좌측으로] 밀면 다운로드된 것을 확인할 수 있습니다. ❸ 다운로드된 동영상은 갤러리 앨범 [DCIM]에 저장됩니다.

■ 유튜브에서 음악 & 동영상 다운받기

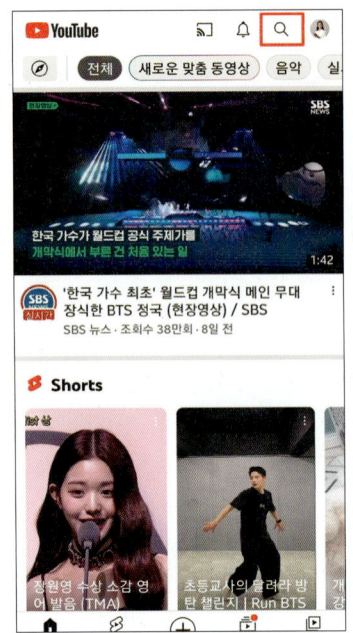  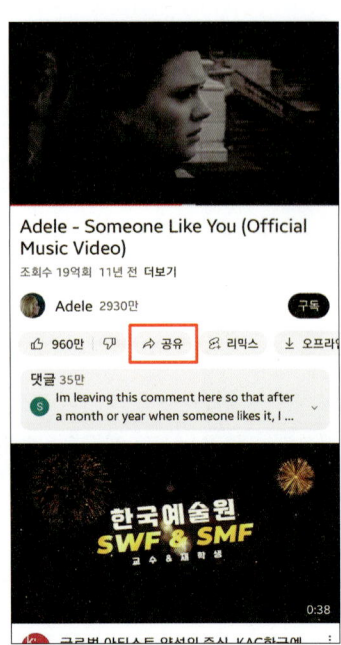

1 유튜브 앱을 열어 우측 상단의 [검색]을 터치합니다. 2 ① 상단 검색창에 다운로드하고 싶은 노래 [someone like you]를 입력합니다. ② 검색된 영상 [이미지나 제목]을 터치합니다. 3 영상 하단의 [공유]를 터치합니다.

  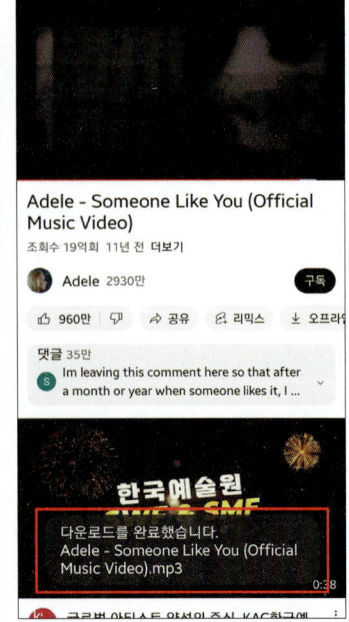

1 [스텔라 다운로더]를 터치합니다. 2 팝업창이 열리고 음원 다운로드를 위해 [MP3]를 터치합니다. 3 다운로드 완료 팝업창이 뜨면 다운받은 음원은 [삼성뮤직] 또는 [음악 플레이어]에 저장됩니다.

7강 스마트폰 하나면 나도 사진작가다

1. 사진 촬영의 기본 개념
■ 사진의 3요소 (초점, 구도, 노출)

사진에서 '**초점(Focus)**'이 맞는다는 것은 피사체가 렌즈를 통해 이미지 센서에 선명하게 맺히는 상태를 말하며, 이는 사진의 선명도와 품질을 결정하는 중요한 요소입니다.

초점을 맞추는 방법에는 수동 초점과 자동 초점이 있으며, 수동 초점은 사용자가 직접 조절하는 방식으로 정확도가 높지만 숙련이 필요하고, 자동 초점은 카메라가 알아서 맞춰주는 방식으로 빠르고 편리하지만 경우에 따라 부정확할 수 있습니다. 초점이 맞지 않으면 사진이 흐릿하게 나타나기 때문에, 촬영 시 초점을 정확하게 맞추는 것이 매우 중요합니다.

사진의 '**구도**'는 프레임 안에 피사체를 어떻게 배치하느냐를 의미하며, 미술 시간에 배운 황금분할처럼 조형 표현에서 중요한 역할을 합니다. 구도의 핵심은 균형과 조화지만, 사람마다 느끼는 감성은 매우 주관적이므로 구도가 절대적인 평가 기준이 될 수는 없습니다.

때로는 완벽한 구도가 오히려 답답하게 느껴지거나 창의성을 떨어뜨릴 수도 있습니다. 선의 형태에 따라 다양한 구도 인상이 생기는데, 삼각형 구도는 안정감을, 수평선은 평온함을, 수직선은 권위를, 대각선은 역동성을, 원형은 시선을 집중시키는 효과를, 곡선은 우아한 느낌을 줍니다.

사진은 가로와 세로 방향으로 모두 촬영할 수 있습니다. 가로 사진은 안정적이고 자연스럽지만 평범해 보일 수 있으며, 세로 사진은 원근감을 표현하기에 유리하고 새로운 시각을 제공하지만 약간 불안정한 인상을 줄 수 있습니다.

'**노출**'은 사진에서 빛을 받아들이는 양을 의미하며, 조리개(f 값), 셔터 속도, ISO 감도 세 가지 요소를 조절하여 밝기와 선명도를 결정합니다.

조리개는 빛이 들어오는 구멍으로, 값이 작을 수록 많이 열려 더 많은 빛을 받아들이고, 값이 클수록 덜 열려 빛이 적게 들어옵니다. 셔터 속도는 셔터가 열려 있는 시간으로, 느릴수록 더 많은 빛을 받아들입니다.

ISO는 센서의 빛 감도이며, 값이 높을수록 밝지만 노이즈가 생기기 쉽습니다. 노출이 부족하면 사진이 어둡고, 과하면 지나치게 밝아지기 때문에 적절한 노출이 중요합니다.

측광 방식에는 다분할 측광, 중앙집중 측광, 스팟 측광이 있으며, 어떤 방식을 택하느냐에 따라 사진의 밝기가 달라질 수 있습니다. 참고로, 스마트폰에서는 조리개 조절이 자동으로 이루어지며 사용자는 ISO와 셔터 속도 등을 통해 노출을 조절하게 됩니다.

적정 노출

과다 노출

노출 부족

때에 따라서는 적정 노출보다 노출 부족, 과다 노출로 사진을 촬영할 수도 있습니다.

셔터 속도는 카메라 셔터가 열려 있는 시간으로, 빛을 받아들이는 시간을 조절합니다. 셔터 속도가 빠를수록 빛을 적게 받아들이고, 느릴수록 빛을 많이 받아들이는데 셔터 속도는 피사체의 움직임을 어떻게 표현할지 결정하는 Movement의 요인이 됩니다.

ISO는 이미지센서의 민감도를 나타내는 값으로, 숫자가 높을수록 센서가 민감해져 빛을 더 많이 받아들이는데 '사진은 빛으로 그리는 그림이다.' 말하듯이 사진을 잘 촬영하기 위해서는 풍부한 빛이 무엇보다 중요한데 빛의 양이 적다면 충분한 양의 빛을 카메라에 넣기 위해서 셔터 속도를 느리게 하는데 그 결과로 카메라가 흔들려 좋은 사진을 촬영할 수 없습니다.
이때 ISO 값을 높이면 빛에 반응하는 정도가 커지기 때문에 적은 빛으로도 빠른 셔터 속도를 확보하여 떨림 없이 사진을 촬영할 수 있지만 노이즈로 인해 사진의 화질은 다소 떨어지게 됩니다.

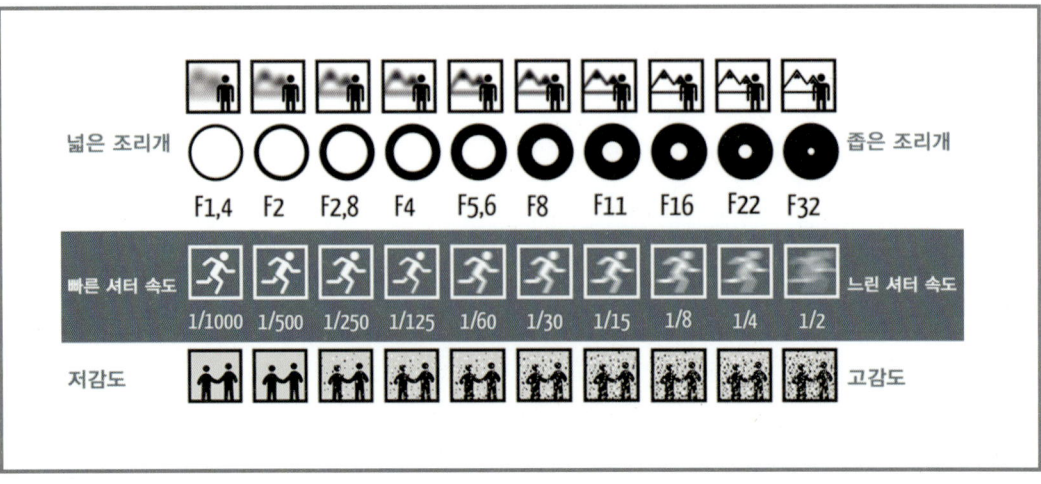

■ 스마트폰 카메라 설정 알아보기

• 촬영 구도 추천

[촬영 구도 추천] 기능은 촬영할 때 최적의 구도를 추천해 주는 기능으로 이 기능을 활성화하면 카메라가 피사체의 위치와 구도를 분석하여 가장 좋은 사진을 촬영할 수 있도록 도와줍니다.

• 장면별 최적 촬영

 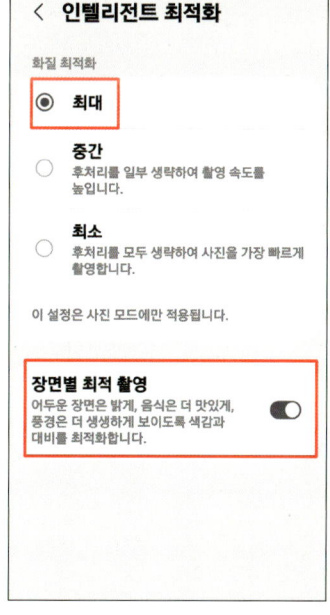

[화질 최적화] 는 선택 옵션마다 저장공간의 차이가 있습니다.

- **최대**: 최고의 화질로 사진 촬영, 가장 높은 해상도와 디테일 제공
- **중간**: 중간 화질로 사진 촬영, 중간 정도 해상도와 디테일 제공
- **최소**: 가장 낮은 화질로 사진 촬영, 낮은 해상도와 디테일을 제공하나 저장공간 절약

1 [인텔리전트 최적화]는 사진을 촬영할 때 자동으로 최적의 설정을 적용해 주는 기능입니다.
2 [장면별 최적 촬영] 기능은 카메라가 자동으로 장면에 맞게 설정을 조정하는 기능입니다.

• 프로 모드 사진 형식

 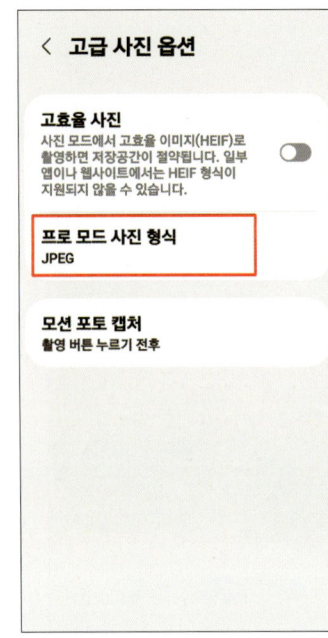 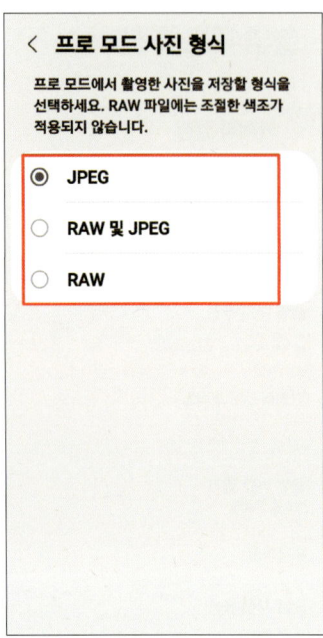

1️⃣ 프로 모드로 사진을 촬영할 때, 이미지를 어떤 형식으로 저장할지 선택할 경우 [고급 사진 옵션]을 터치합니다. 2️⃣ [프로 모드 사진 형식]을 터치합니다. 3️⃣ 파일 형식을 선택합니다.

• 대상 추적 AF(Auto Focus)

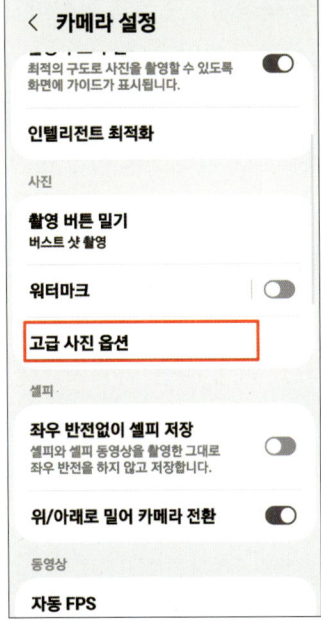 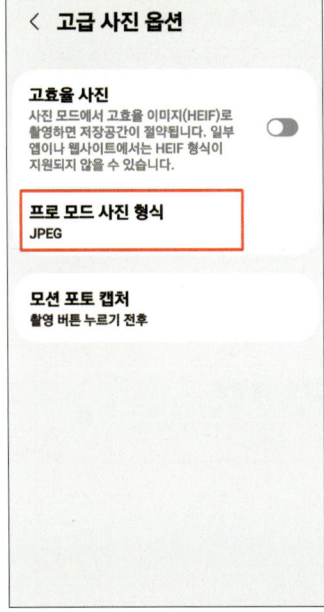 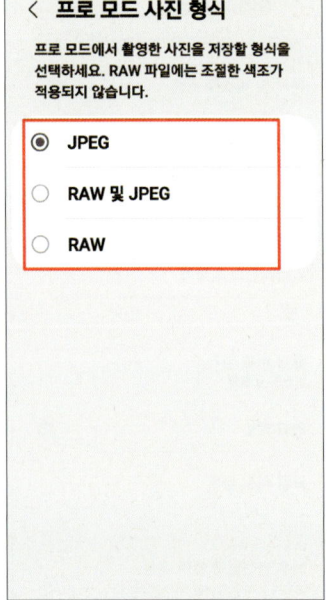

1️⃣ [대상 추적 AF]은 프레임 내 움직이는 피사체를 자동적으로 추적해 초점을 맞추는 기능입니다. 2️⃣ 움직이는 피사체를 터치하면 노란색 정사각형이 나타납니다. 3️⃣ 움직이는 피사체를 따라 노란색 정사각형도 피사체를 따라 같이 이동합니다.

- **촬영 가이드(수직/수평 안내선)**

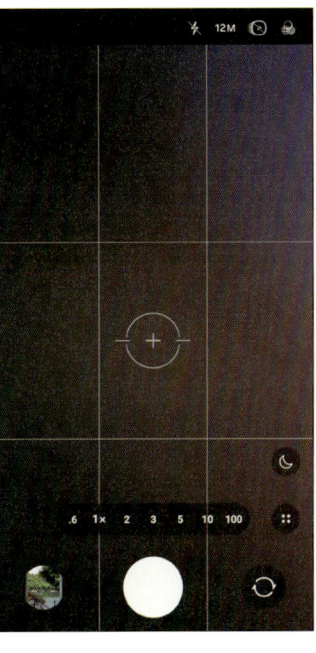

1 [촬영 가이드] 는 사진 촬영할 때 수직과 수평을 맞추는 것을 도와주는 기능으로 활성화시키면 3X3 가상의 안내선이 카메라 화면에 나타납니다.

2 세로와 가로의 수직/수평 안내선을 기준으로 피사체의 수직과 수평을 쉽게 맞출 수 있습니다.

- **촬영 방법**

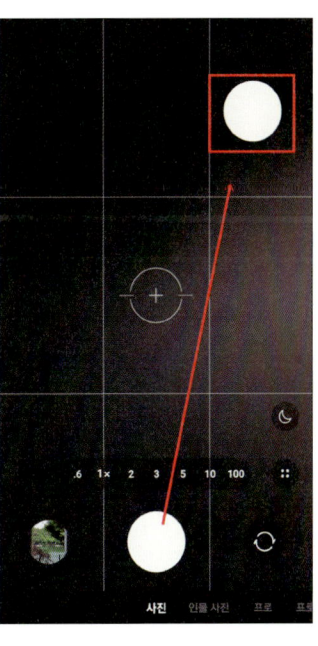

1 스마트폰으로 사진을 촬영할 때 셔터 작동 방법은 여러 가지가 있습니다. [촬영 방법]을 터치합니다. 2 ① [음성 명령]은 "스마일" 등으로 말을 하면 사진이 촬영되는데 셔터 버튼을 터치할 때 카메라의 흔들림을 방지하는데 도움이 됩니다. ② [플로팅 촬영 버튼] 기능은 화면 위에 자유롭게 이동 가능한 셔터 버튼을 추가하고 이 버튼을 이용하여 사진을 촬영할 수 있습니다. ③ [손바닥 내밀기] 기능은 셀피 촬영을 할 때 카메라를 향해 손바닥을 내밀어 촬영을 합니다.

3 [플로팅 촬영 버튼]

- **위치 태그**

❶ [위치 태그]는 사진 촬영할 때 해당 사진의 촬영 위치 정보를 함께 저장하는 기능입니다.

❷ 이 옵션을 활성화하면 나중에 사진을 볼 때 어디서 사진을 촬영했는지 확인할 수 있습니다. 여행 중에 촬영한 사진이나 특정 장소에서 촬영한 사진의 추억을 기록할 때 유용하게 사용됩니다.

MEMO

2. 스마트폰 카메라 앱의 촬영 모드

스마트폰카메라에는 인물사진, 프로 등 여러 가지 촬영모드가 있는데 사용자는 촬영 상황에 맞게 적정한 모드를 선택하여 촬영하여야 합니다.

■ 스마트폰카메라 촬영모드 설치

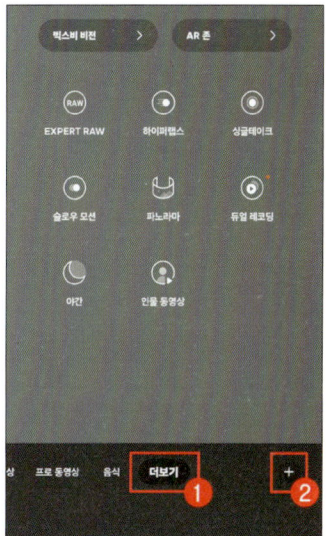 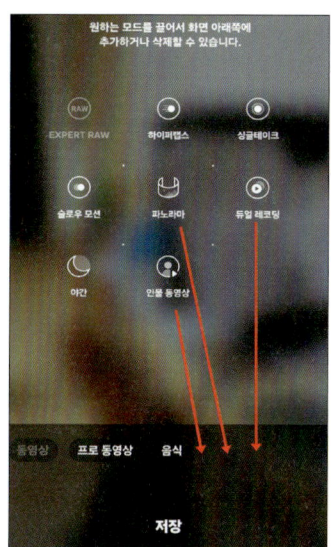 

1 ① [더 보기]를 선택하고 ② [+]를 터치합니다. **2** 촬영 모드를 밑으로 내립니다.
3 ① 촬영 모드의 배열 순서를 조정하여 배치합니다. ② [저장] 버튼을 터치하여 저장합니다.

■ 사진 모드

① 렌즈 선택 버튼

`0.6×  1  2  3  5  10  100`

화각을 결정하는 광각렌즈, 표준렌즈, 망원렌즈를 선택
- 0.6의 화각은 11mm, 1은 24mm, 2는 50mm, 3은 70mm,
  5는 135mm, 10은 300mm 렌즈의 화각과 비슷합니다.

② 카메라 설정

③ 플래시 (꺼짐, 자동, 켜짐)

④ **촬영 타이머**

네 가지 타이머 기능이 있는데 타이머 옆에 있는 숫자만큼의 시간이 흐른 뒤 사진이 촬영됩니다.

⑤ **화면 비율**

3:4, 9:16, 1:1, 화면 전체 Full 비율이 있는데 용도에 맞춰 화면 비율을 선택하여 촬영가능 합니다.

⑥ **해상도**

촬영 사진의 해상도 크기를 선택하는 버튼으로 사용자가 사진의 용도에 따라 선택가능 합니다.

⑦ **모션포토 켜짐, 꺼짐**: 모션포토 활성화 시 촬영 전 몇 초간의 장면까지 촬영해서 저장합니다.

⑧ **필터 버튼**을 터치하여 카메라 앱에서 제공하는 여러 가지 필터 중에서 상황에 맞게 선택하여 사용할 수 있습니다.

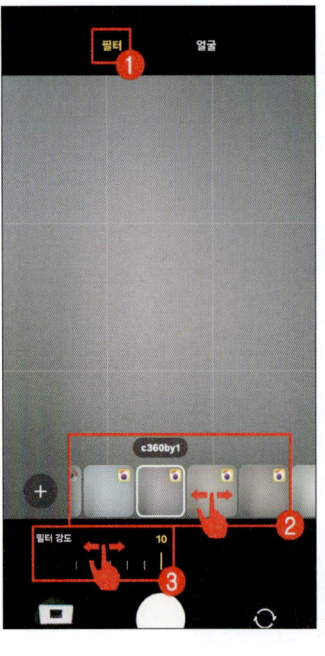

1 ① [필터]를 터치합니다. ② 좌우로 드래그하여 원하는 필터를 선택합니다. ③ 좌우로 드래그하여 필터의 강도를 설정합니다. **2** ① [얼굴]을 터치합니다. ② 얼굴 필터 적용 모드를 [끄고, 켜는] 버튼입니다. ③ [눈] 설정 버튼 ④ [턱선] 설정 버튼 ⑤ [피부 색조] 설정 버튼 ⑥ 얼굴의 피부 색조를 [부드럽게] 해주는 버튼 ⑦ 각 설정 버튼을 터치하면 강도를 조절하는 조절바가 나오는데 드래그하여 강도를 설정합니다.

■ 인물사진 모드

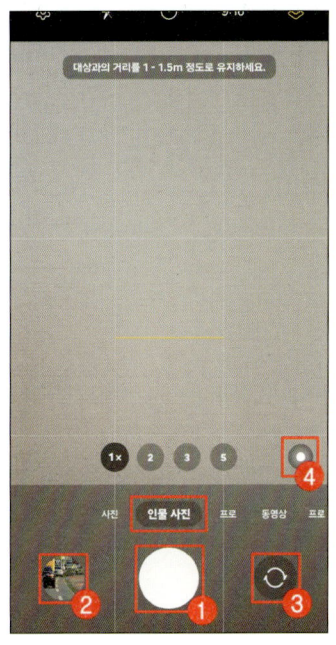

[**인물사진**] 모드는 심도가 얕은 아웃 포커싱 사진 촬영에 적합한 모드입니다. 또한 사진을 촬영하고 난 후에 갤러리에 있는 사진의 초점을 조절할 수 있습니다.

① 촬영 셔터 버튼
② 갤러리 바로가기 버튼
③ 카메라 전·후면 전환 버튼
④ 효과 옵션 버튼

- 피사체와의 거리를 1~1.5m 정도 유지를 하면 '**준비되었어요**' 라는 메시지가 뜨면 주 피사체를 꾹 눌러 초점을 맞추고 측광하여 **블러, 스튜디오, 하이키 모노, 로우키모노, 컬러 배경, 컬러 포인트** 효과를 주어 촬영하면 됩니다.

① **블러**: 피사체와 배경을 분리하고 배경에 흐림 효과를 적용
② **스튜디오**: Studio Style의 기본 조명 효과
③ **하이키 모노**: 전체적으로 밝고 경쾌한 분위기를 주는 조명 효과
④ **로우키 모노**: 얼굴의 Shadow를 강조한 조명 효과
⑤ **컬러 배경**: 인물의 옷 색감을 추출하여 배경 색상으로 활용한 효과 (단, 무채색인 경우 랜덤으로 색상 제공)
⑥ **컬러 포인트**: 기존 제공하던 블러 효과 + 조명을 통해 인물을 화사하고 돋보이게 표현하는 효과
⑦ 효과 강도 조정 바
⑧ 명암 조정 버튼

■ 인물사진 모드로 촬영한 사진 보정

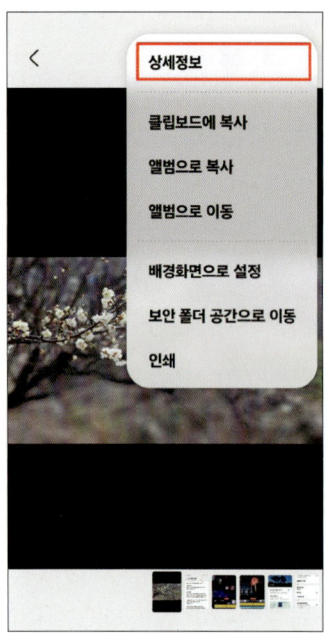  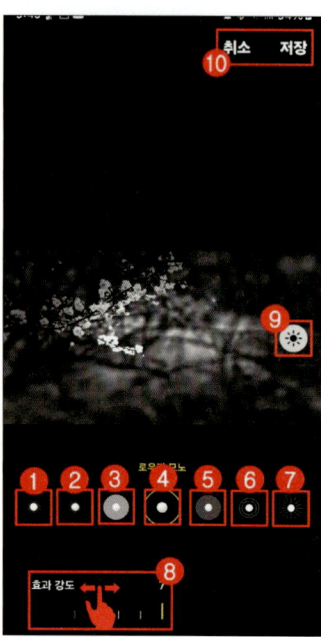

1️⃣ [⋮]를 터치하여 상세정보를 선택합니다. 2️⃣ [배경효과]를 터치합니다. 3️⃣ ① [블러] ② [스튜디오] ③ [하이키 모노] ④ [로우키 모노] ⑤ [컬러 배경] ⑥ [컬러 포인트] ⑦ [스핀] 옵션이며 ⑧ 각 옵션의 효과강도를 조절하는 바이며 ⑨ 터치하여 명암을 조절할 수 있으며 ⑩ 보정한 사항을 취소하거나 저장할 때 터치합니다.

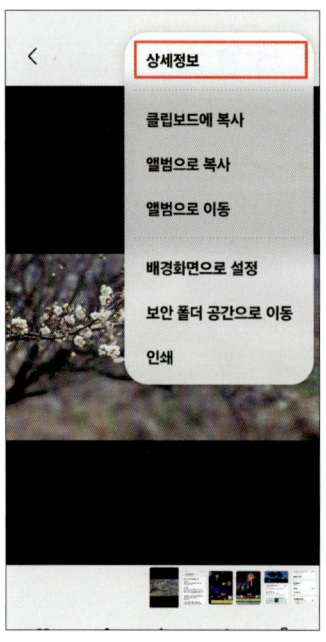 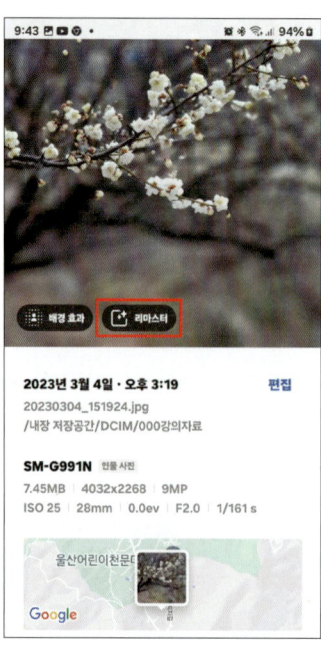 

1️⃣ [⋮]를 터치하여 상세정보를 선택합니다. 2️⃣ [리마스터]를 터치합니다.
3️⃣ ① 리마스터 선을 좌 우로 이동시켜 리마스터 시킵니다. ② [공유] 버튼 ③ [저장] 버튼
④ [더 보기]를 터치하여 다른 이름으로 저장할 수 있습니다.

■ 프로모드

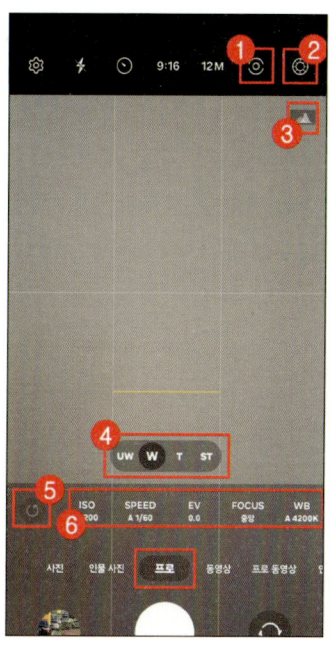

[프로모드]는 전문가 수준의 사진을 촬영할 수 있도록 도와주는 기능입니다. 이 모드에서는 사용자가 수동으로 색감, 초점, 셔터 속도, 빛의 양, 화이트밸런스, 노이즈(ISO) 등 카메라 설정을 조정할 수 있습니다.

① 측광 방법 변경 버튼
② 색조 조정 버튼
③ 히스토그램
④ 렌즈 선택
⑤ 프로기능 메뉴 초기화 버튼
⑥ 프로기능 메뉴
  - 노이즈(ISO), 셔터 속도, 명암, 초점, 색온도(WB)

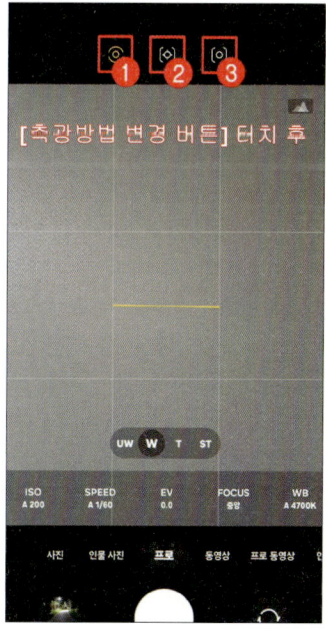 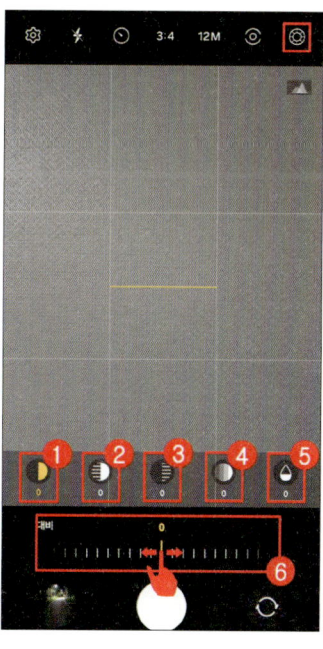 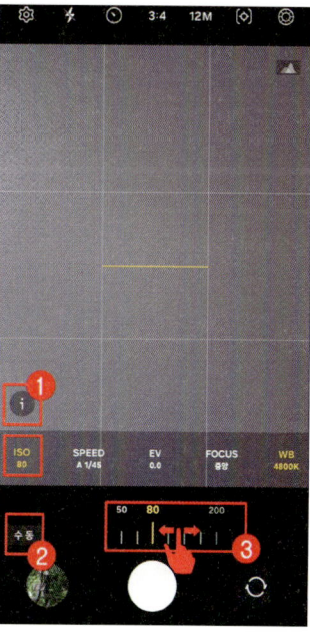

1️⃣ ① 상황에 맞게 [중앙 집중 측광] ② [다분할 측광] ③ [스팟 측광]을 선택합니다. 2️⃣ 상단의 [색조변경 버튼]을 터치 후 ① [대비] ② [하이라이트] ③ [그림자] ④ [채도] ⑤ [틴트] 버튼을 터치하여 ⑥ 조절 바를 좌·우로 이동하면서 각 옵션의 강도를 조정합니다.

3️⃣ ① 터치하면 ISO 옵션에 대한 설명이 나타납니다. ② [자동·수동] 변경 버튼 ③ 조절 바를 좌·우로 움직여 값을 선택합니다.

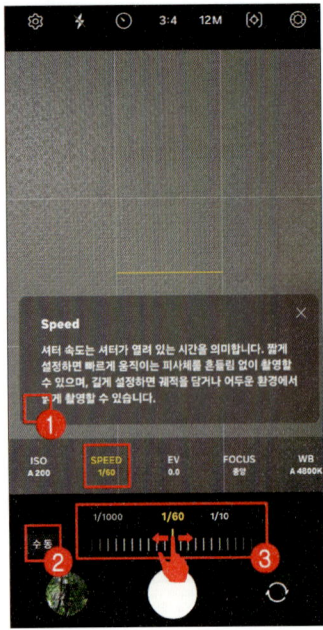 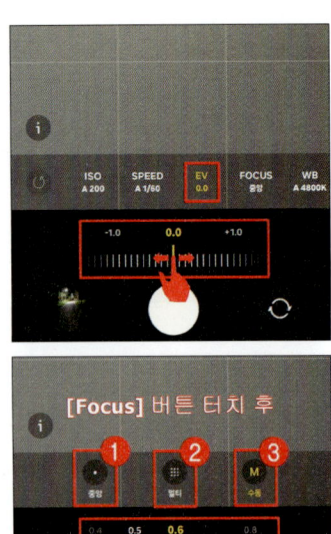 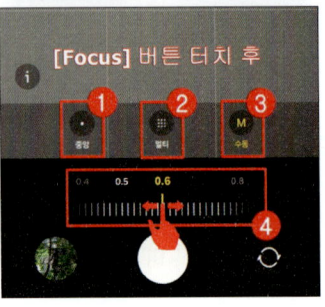 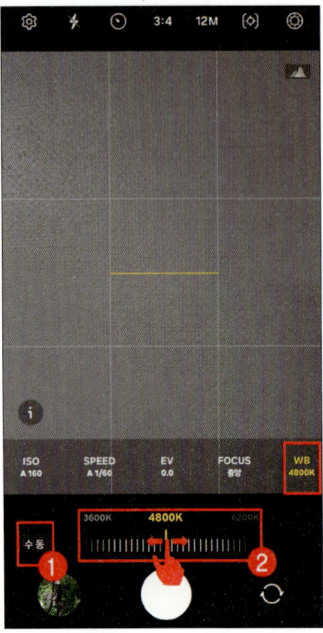

① [스피드]를 터치한 후 ① [정보] 버튼을 터치하면 스피드 옵션에 대한 설명이 나타납니다. ② [자동 수동] 변경 버튼 ③ 조절 바를 좌·우로 움직여 값을 선택합니다. ② 명암을 조정합니다. ① 자동 중앙 중점 ② 자동 멀티 ③ 수동을 터치하여 ④ 조절 바를 움직여 주 피사체에 초점을 맞춥니다. ③ ① 화이트밸런스 조정을 자동·수동으로 할 수 있으며, ② 조정 바를 좌·우로 움직여 화이트밸런스를 맞춥니다.

● **화이트밸런스**(색온도) 란?

보색관계에 있는 2개의 색이 같이 있으면 매우 화려하고 강렬한 느낌이 있으며, **보색관계에 있는 2개의 색을 섞으면 색이 없어집니다.** 태양, 형광등, 백열등 등에서 나오는 빛은 방출되는 파장과 형태에 따라 각각의 다른 색을 가지고 있는데 그 색을 숫자로 표시한 것을 **색온도**라 합니다.

색온도가 낮으면 주황색(따뜻한 색)이, 높으면 푸른색(차가운 색)이 나타나는데 새벽의 빛은 색온도가 높기 때문에 새벽에 촬영한 사진은 약간 푸른색이 나타납니다.

사람의 눈은 어떤 빛이든지 모든 색을 제대로 보고 느낄 수 있지만, **카메라는 색온도에 의한 광원의 색을 그대로 사진에 표현** (백열등 밑에서 흰 종이를 촬영하면 흰 종이가 약간 노랗게 나타남)해 주는데 이러한 색을 제거키 위해 보색의 원리를 이용한 화이트밸런스를 설정합니다.

■ EXPERT RAW 모드

Expert Raw는 삼성 갤럭시 스마트폰에서 제공하는 전문가 수준의 사진 촬영을 가능하게 해주는 앱으로 일반 카메라 앱과 달리 사진의 모든 정보를 담고 있는 Raw 파일을 저장하여 더욱 자유롭고 정밀한 후처리가 가능하게 하고 있습니다.

Expert Raw의 특징
- **Raw 파일 저장**: JPEG 파일과 달리 Raw 파일은 카메라 센서에서 얻은 순수한 이미지 데이터를 그대로 저장하여, 노출, 화이트 밸런스, 색온도 등을 더욱 자유롭게 조절할 수 있습니다.
- **전문적인 설정**: ISO, 셔터 속도, 화이트 밸런스 등을 수동으로 조절하여 다양한 환경에서 최적의 사진을 촬영할 수 있습니다.
- **다양한 기능**: HDR, 노이즈 감소 등의 고급 기능을 통해 더욱 풍부하고 디테일한 사진을 얻을 수 있습니다.
- **후처리 편의성**: Adobe Lightroom, Capture One 등 전문적인 사진 편집 프로그램과 호환되어 더욱 심도 있는 편집이 가능합니다.

Expert Raw 사용 시 주의 사항
- Raw 파일은 JPEG 파일보다 훨씬 큰 용량을 차지하므로 저장 공간을 충분히 확보해야 합니다.
- Raw 파일을 편집하는 데는 JPEG 파일보다 더 많은 시간이 소요될 수 있습니다.
- Raw 파일을 효과적으로 편집하기 위해서는 사진 편집에 대한 기본적인 지식이 필요합니다.

• 다중 노출 촬영

다중 노출 사진 촬영은 한 프레임 안에 여러 장의 사진을 겹쳐 독특한 효과를 만들어내는 촬영 방식으로, 창의적인 표현 기법으로 활용되어 다양한 예술 작품에서도 자주 볼 수 있습니다.

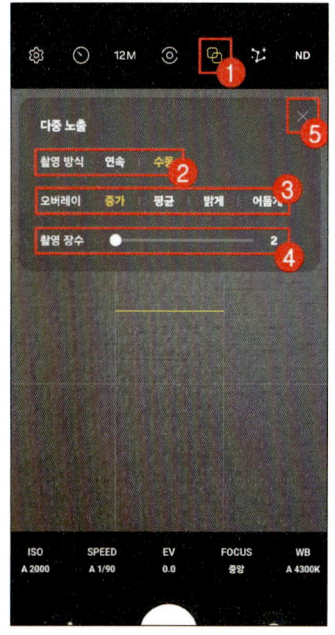

① [다중 노출] 옵션 선택 시 왼쪽 그림과 같이 창이 열립니다.
② [촬영 방식] 메뉴 중 연속이나 수동 옵션을 선택합니다.
※ 연속촬영 방식은 여러 장의 사진을 빠르게 촬영한 후 한 프레임 안에서 합성하는 방식으로 움직이는 대상이나 순간적인 장면을 포착할 때 사용하며, 수동 촬영 방식은 셔터를 여러 번 눌러 각각의 사진을 촬영한 후 한 프레임 안에서 합성하는 방식으로 정적인 대상이나 시간의 흐름을 표현할 때 사용합니다.
③ [오버레이] 메뉴 중 하나의 옵션을 선택합니다.
※ 단순 가산, 가중 평균 가산, 밝은 부분만 합성, 어두운 부분만 합성 총 4가지 옵션 중 선택할 수 있습니다.
④ [촬영 장수] 메뉴바를 움직여 2장~9장 중 촬영 매수를 선택합니다.
⑤ 옵션 선택을 끝내고 [×] 버튼을 터치합니다.

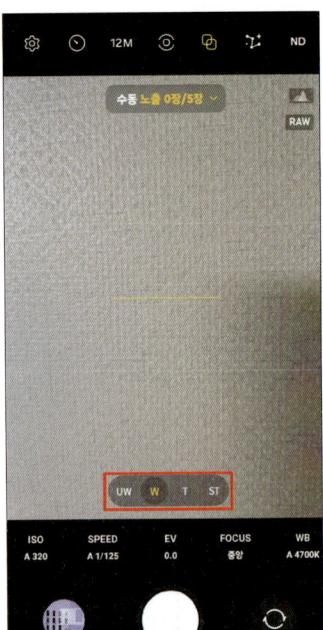  

1 화각에 맞는 적당한 [렌즈 줌]을 선택합니다.
2 ISO, 셔터 속도, 포커스, 화이트 밸런스를 조정하고 셔터 버튼을 터치하여 1장을 촬영합니다.
3 ① [렌즈 줌]을 꾹 누르면 줌 렌즈 메뉴와 줌 조정 바가 나타나는데 ② 이 중 화각에 맞는 하나의 옵션을 선택합니다.

1 다시 ISO, 셔터 속도, 포커스, 화이트 밸런스를 조정하고 셔터 버튼을 터치해 사진을 촬영합니다.
2 촬영 장수 메뉴에서 정한 컷 수만큼 사진을 촬영하면 갤러리에 사진이 저장됩니다.(카메라 상세 설정 ▶ 사진 저장 형식에서 RAW 및 JPEG 형식을 설정하면 갤러리에 RAW 파일도 같이 저장됩니다. 3 다중노출로 촬영한 결과물입니다.

- **천체사진 촬영**

천체 사진 모드에서는 최대 10분까지 장시간 노출이 가능하여 스마트폰에 지구 자전으로 인해 별이 움직이는 것을 보정하는 <u>적도의</u> 기능이 있어 별이 흐르지 않고 은하수와 같은 천체를 선명하게 촬영할 수 있습니다. 또한 셔터 속도, 초점 등의 카메라 설정을 사용자가 직접 조정할 수 있어 촬영 환경에 따라 최적의 사진을 얻을 수 있으며, 후편집을 통해 더욱 높은 퀄리티의 사진을 얻을 수 있습니다.

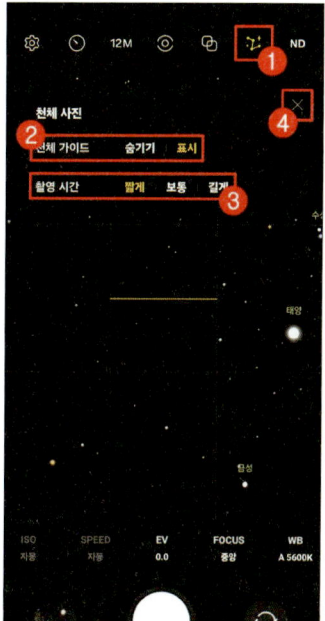 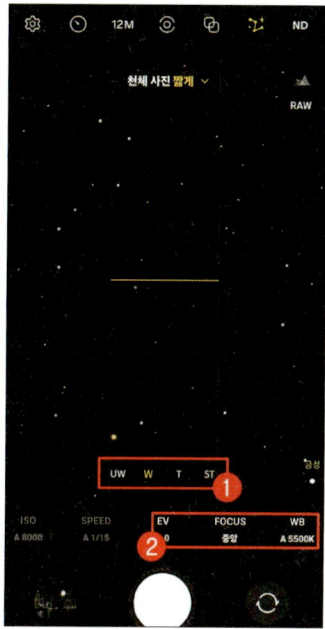 

1 ① [천체사진] 옵션을 터치합니다 ② [천체 가이드] 메뉴 중 숨기기나 표시 옵션을 선택합니다. ③ [촬영 시간] 메뉴 중 하나의 옵션을 선택합니다. ④ 옵션 선택을 끝내고 [×] 버튼을 터치합니다. **2** ① 화각에 맞는 줌 렌즈를 선택합니다. ② WB, 명암, 초점을 조정하고 촬영합니다. **3** 북두칠성을 촬영한 사진입니다.

은하수를 담은 사진

• 장노출 사진 촬영

ND 필터는 렌즈로 들어오는 빛의 양을 줄여주는 역할을 하며, 이를 활용하면 밝은 낮에도 장노출 촬영이 가능해져 물의 흐름이나 구름의 움직임 등을 더욱 부드럽게 표현할 수 있습니다.

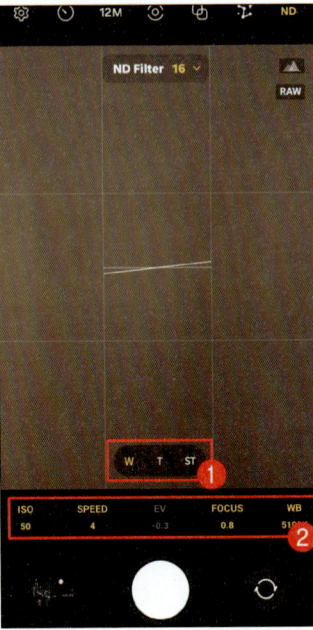

1 ① [ND 필터] 옵션을 터치합니다. ② 조절 바를 움직여 ND 필터 강도를 설정합니다. ③ [×]버튼을 터치합니다.

2 ① 화각에 맞는 줌 렌즈를 선택합니다. ② ISO, WB, 셔터 속도, 초점을 조정하고 촬영합니다.

물의 흐름을 담은 사진

3. 갤러리 포토에디터 활용

• 이미지 보정

스마트폰 갤러리에 저장되어 있는 이미지를 포토에디터를 이용하여 내 마음에 들게 간단히 보정할 수 있습니다.

 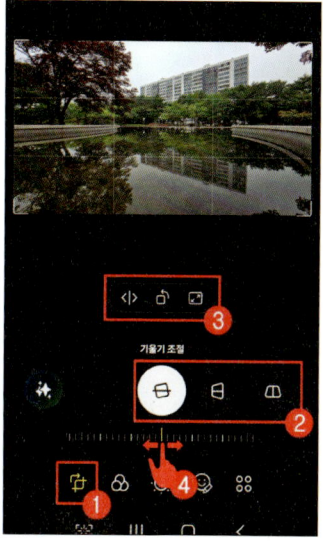 

1 갤러리에서 보정할 이미지를 터치합니다. **2** ① [조절 아이콘]을 터치합니다. ② 보정할 이미지에 맞게 [기울기 조절, 수평, 수직]을 선택합니다. ③ 기울기 조절을 선택할 경우 나타나는 옵션(좌우 반전, 회전, 프레임 조정) ④ 기울기 조절, 수평, 수직 메뉴의 조절 바 **3** 프레임 조정 옵션을 나타나는 창으로 ① [세로] ② [9:16] 프레임을 선택하였습니다.

  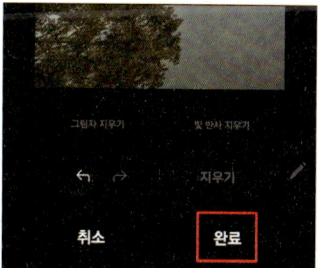

1 ① [도구 아이콘]을 터치합니다. ② [AI지우개]를 선택합니다. **2** ① 지우고자 하는 대상을 선택하거나 테두리를 그린 후 ② [지우기]를 터치합니다. **3** [완료]를 터치하면 보정이 완료되며, ① [저장]을 터치하거나 ② [더보기]를 터치하여 다른 이름으로 이미지를 갤러리에 저장합니다.

1 ① [필터 아이콘]을 터치합니다. ② 필터를 선택합니다. ③ 필터의 색조를 조절합니다.
2 ① [아이콘]을 터치합니다. ② 색조의 종류를 선택합니다. ③ 각 색조를 조절합니다.
3 ① [데코 아이콘]을 터치합니다. ② [그리기]를 선택합니다. ③ 그릴 도구를 선택합니다.
  ④ 도구의 색상 등 기능을 정합니다.

1 [스티커]를 선택합니다.
2 ① 스티커 종류를 선택합니다. ② 나타난 스티커 중 삽입할 스티커를 터치합니다.
3 스티커가 삽입된 이미지를 볼 수 있습니다.

1 [텍스트]를 선택합니다.
2 글자체, 색상 등을 지정하고 문자를 입력합니다.
3 문자 입력을 종료하고 적당한 위치로 문자를 이동시켜 배치합니다.

• 인물사진 보정

1 갤러리에서 인물사진을 불러와 [편집 아이콘]을 터치한 후 나타난 창에서 ① [도구]를 터치한 후 ② [얼굴 리터칭]을 선택합니다. 2 ① 인물사진 보정에 활용할 각 옵션(부드럽게, 톤, 턱선, 눈, 잡티보정, 배경 흐리기, 적목 보정) 적용 및 ② 강도 조정을 합니다. 3 보정을 완료하고 갤러리에 저장합니다.

- **리마스터**

[리마스터]는 터치 한 번으로 사진의 밝기, 노이즈, 선명도 등을 수정해 주는 AI 사진보정 기능입니다.

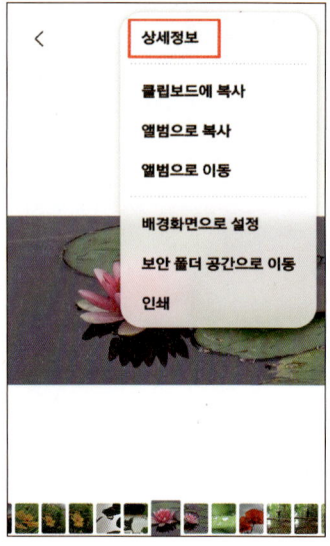

1 갤러리에서 사진을 불러와 [더보기]를 터치합니다.
2 [상세정보]를 터치합니다.
3 [리마스터]를 터치합니다.

1 [리마스터]를 터치하고 나면 사진 리마스터 중이라는 메시지가 나타납니다. 2 리마스터된 사진과 원본 사진을 좌우로 움직이면서 사진을 비교해 볼 수 있습니다. 3 ① [저장]을 터치하여 리마스터된 사진을 원본사진에 덮어서 저장하거나 ② [더보기]를 터치하여 다른 이름으로 저장합니다.

 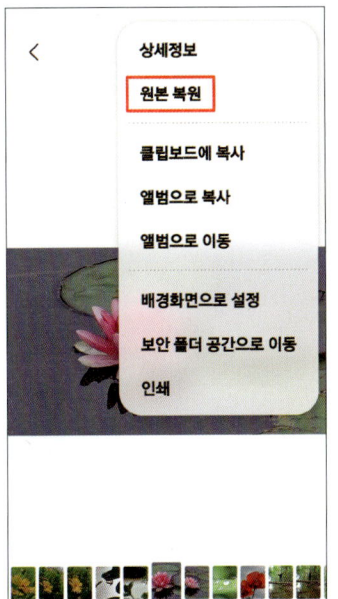 

1 만약 리마스터된 사진을 복원하려면 [더보기]를 터치한 후
2 [원본 복원]을 터치합니다.
3 "원본으로 복원 되었어요" 라는 메시지가 나타나며 원본으로 복원됩니다.

8강 전문 디자이너 부럽지 않은 이미지 보정 어플 활용하기

1. EPIK

 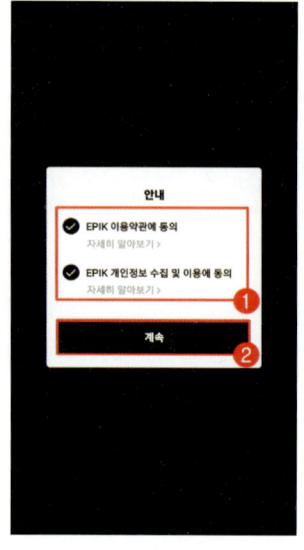 

1 ① [Play스토어]에서 [에픽]을 검색합니다. ② 설치 후 [열기]를 터치합니다. **2** ① 이용약관에 동의에 [체크] 합니다. ② [계속]을 터치합니다. **3** ① 왼쪽 하단의 [편집] 화면을 터치합니다. ② 로그인 후 나만의 템플릿으로 저장하여 사용할 수 있습니다. ③ [EPIK]에서 추천하는 [편집 메뉴]입니다. ④ [편집 시작]을 터치하여 진행합니다.

1 [EPIK]에서 기기의 사진 및 미디어에 액세스하도록 [허용]을 터치합니다.
2 ① [월페이퍼]는 에픽에서 지원하는 배경사진입니다. ② 좌측으로 드래그하면 사용자 갤러리 전체 및 앨범별로 보실 수 있습니다. ③ 갤러리에서 편집하고자 하는 이미지를 선택합니다.
3 ① 선택한 이미지에 [이펙트] 효과 중 ② [Blur] 메뉴에서 ③ [Radial] 효과를 적용합니다.

1️⃣ [Radial] 효과가 적용된 이미지입니다. 적용된 효과를 다시 터치합니다. 2️⃣ ① 효과의 강도, 인물의 선명도, 가장자리 효과를 조절할 수 있습니다. ② 완성된 사진을 저장합니다.
3️⃣ ① 다른 사진으로 바로 사진편집을 할 수 있습니다. ② 완성된 사진에서 계속 이어서 편집할 수 있습니다. ③ 편집한 사진을 여러 장 가져와 레이아웃 편집을 할 수 있습니다.

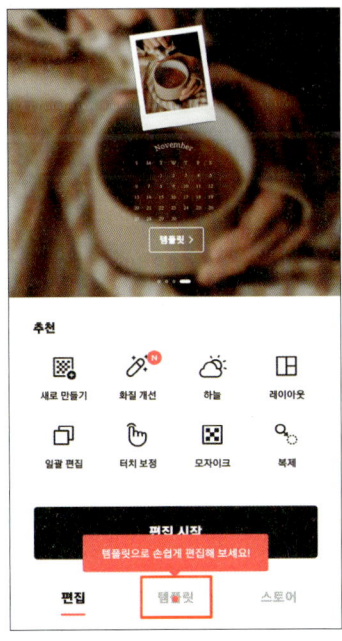  

1️⃣ 에픽에서 지원하는 기본 [템플릿]을 터치합니다. 2️⃣ ① 상단 메뉴바에서 사용자가 원하는 템플릿을 선택하거나 ② 화면을 위, 아래로 드래그하여 원하는 템플릿을 선택할 수 있습니다.
3️⃣ [사용하기]를 터치하여 진행합니다.

  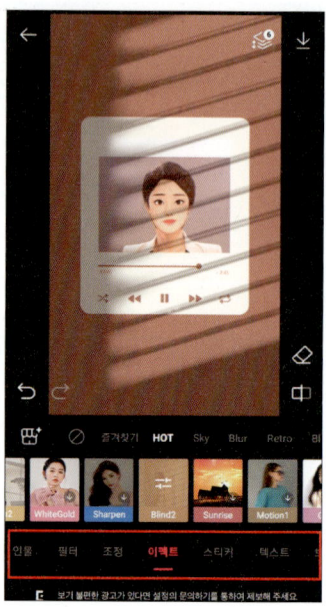

1 ① 상단바에서 앨범별로 이미지를 보실 수 있습니다. ② 템플릿에 적용할 이미지를 선택합니다. **2** ① 효과 적용 전과 후를 비교해 볼 수 있습니다. ② 하단 메뉴 중 원하는 효과를 선택합니다. ③ [다음]을 터치합니다. **3** 하단 메뉴에서 다른 효과를 추가로 적용할 수 있습니다. 예시로 [이펙트] 효과를 적용했습니다.

 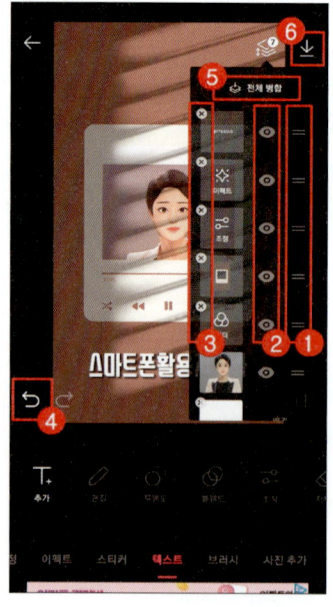 

1 ① [텍스트]도 추가해 봅니다. ② [레이어]를 터치합니다. **2** 사용자가 추가한 효과를 확인할 수 있습니다. ① 레이어 순서를 바꿀 수 있습니다. ② 적용한 효과를 숨길 수 있습니다. ③ 적용한 효과를 삭제할 수 있습니다. ④ 단계를 취소할 수 있습니다. ⑤ 원하는 효과가 다 적용되었는지 확인 후 효과를 병합시킵니다. 병합 후 편집은 할 수 없습니다. ⑥ 다운로드할 수 있습니다. **3** ① 다른 사진으로 편집 가능합니다. ② 완성된 사진으로 이어서 편집 가능합니다. ③ 편집한 사진을 레이아웃 편집을 할 수 있습니다. ④ 다른 사이트로 공유할 수 있습니다. ⑤ 첫 화면으로 이동합니다.

1 ① 편집 화면에서 ② 인물 보정에 특화된 [터치 보정]을 터치합니다. **2** ① 상단바에서 사용자 앨범을 선택합니다. ② 보정할 이미지를 선택합니다. **3** ① 보정 아이콘의 크기를 조정 후 손가락으로 자유롭게 편집할 수 있습니다. ② [V]를 터치하여 진행합니다.

1 수정된 이미지입니다. ① 단계별 취소 버튼입니다. ② 효과 적용 전과 후를 비교할 수 있습니다. ③ [V]를 터치하여 진행합니다. **2** ① 하단 효과 메뉴에서 사진 추가를 터치합니다. ② [추가] 아이콘을 터치합니다. **3** ① 사용자 앨범을 선택 후 ② 추가할 이미지를 선택합니다.

1 추가된 사진의 배경을 지우기 위해 [오려내기]를 터치합니다. **2** ① AI, 윤곽선, 브러시 아이콘을 이용하여 남길 부분을 선택해줍니다. ② 단계별 취소 가능합니다. ③ 배경을 삭제한 화면을 미리보기 할 수 있습니다. ④ [V]를 터치하여 진행합니다. **3** ① 하단 메뉴에서 추가적인 효과를 넣을 수 있습니다. ② [저장] 아이콘을 터치합니다.

① 다른 사진으로 편집 가능합니다.
② 완성된 사진으로 이어서 편집 가능합니다.
③ 편집한 사진에 레이아웃을 넣을 수 있습니다.
④ 다른 사이트로 공유할 수 있습니다.

2. 스냅시드

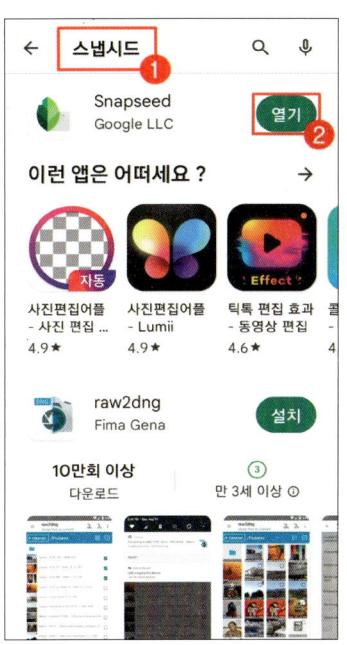  

1️⃣ ① [Play스토어]에서 [스냅시드]을 검색합니다. ② 설치 후 [열기]를 터치합니다.
2️⃣ 화면 아무 곳이나 터치합니다. 3️⃣ 스냅시드에서 기기의 사진, 미디어, 파일에 액세스하도록 [허용]를 터치합니다.

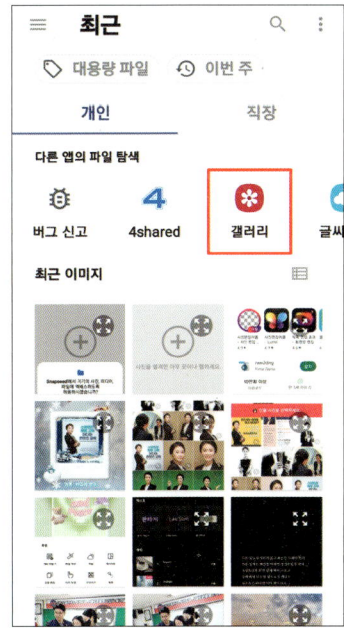  

1️⃣ 사용자 앨범의 최근 사진이 보이며 [갤러리]를 터치하여 원하는 앨범으로 이동합니다.
2️⃣ 편집할 사진을 선택합니다. 3️⃣ ① 사진을 교체하고 싶다면 [열기]를 터치합니다. ② 원터치로 사진에 바로 효과를 적용할 수 있습니다. ③ 화면을 좌우로 드래그하여 원하는 효과를 선택합니다.

 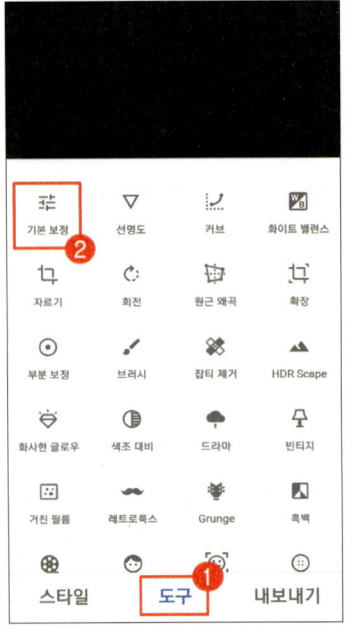 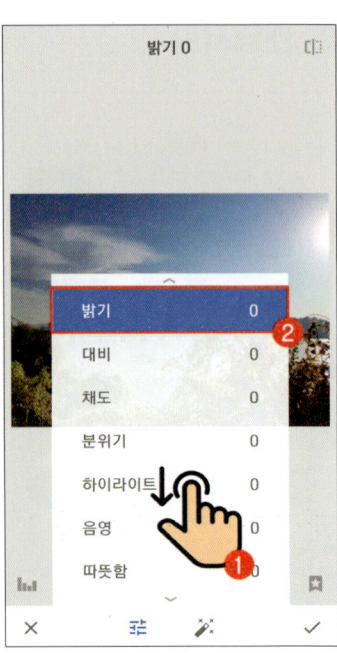

1 ① [Bright] 효과를 적용한 화면입니다. ② 스타일 효과를 원치 않는다면 [X], ③ 효과를 적용하려면 [V]를 터치합니다. **2** ① 다양한 편집 도구 화면입니다. ② 도구 메뉴에서 [기본 보정]을 터치합니다. **3** ① 화면을 손가락으로 위로 아래로 드래그하면 메뉴가 나옵니다. ② 메뉴를 위 아래로 드래그하여 [청색 바]로 적용할 메뉴를 선택합니다.

  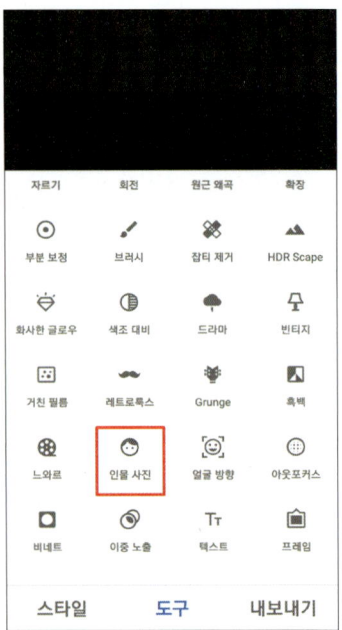

1 밝기를 선택한 화면입니다. ① 손가락을 좌우로 드래그하여 상단 끝에 밝기 정도를 조절할 수 있습니다. ② 밝기 적용 전후를 비교해 볼 수 있습니다. ③ 자동 편집 기능입니다. ④ 편집이 끝나면 [V]를 터치하여 저장합니다. **2** ① [열기]를 터치하여 인물사진을 선택합니다. ② 하단 카테고리 중 [도구]를 선택합니다. **3** 도구 카테고리 안에 다양한 편집 메뉴 중 [인물사진]을 터치합니다.

 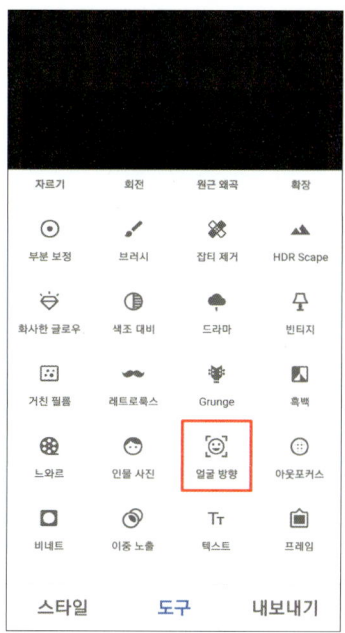 

1 ① 손가락을 위아래로 드래그하여 [피부 보정] 메뉴를 선택합니다. ② 손가락을 좌우로 드래그하여 피부 보정 정도를 조절할 수 있습니다. ③ 피부색을 조절할 수 있습니다. ④ 기본 설정된 템플릿으로 인물 보정을 할 수 있습니다. ⑤ 보정이 끝났다면 [V]를 터치하여 저장합니다.
2 도구 카테고리 안의 메뉴 중 [얼굴 방향]을 터치합니다. **3** 손가락을 이용해 상하좌우 얼굴 방향을 설정할 수 있습니다.

 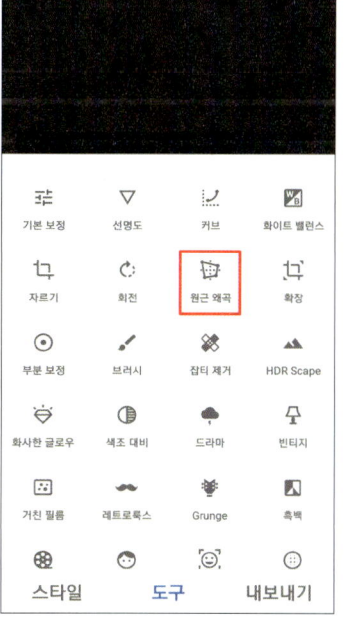 

1 ① 얼굴 방향 기본 모드에서 ② 손가락을 위아래로 드래그하여 [눈동자 크기]를 선택합니다. ③ 손가락을 좌우로 드래그하여 상단 끝에 눈동자 크기를 조절할 수 있습니다. ④ [V]를 터치하여 저장합니다. **2** 도구 카테고리 안에 메뉴 중 [원근 왜곡]을 터치합니다. **3** [기울이기]를 터치하여 상하좌우 화살표 방향으로 기울이기 할 수 있습니다.

  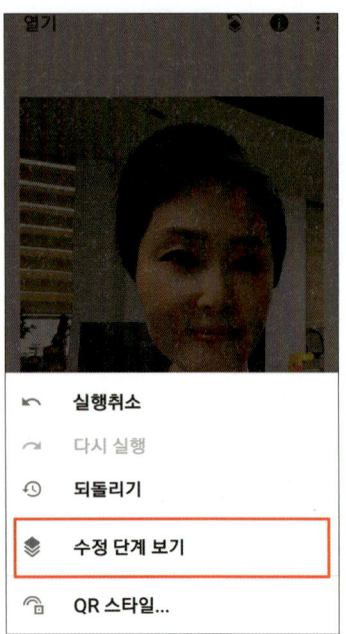

1 ① 기울이기를 적용하면 생기는 여백의 색상을 설정할 수 있습니다. ② 검정색 바탕으로 설정한 화면입니다. ③ 설정이 끝나면 [V]를 터치하여 저장합니다. **2** 실행취소 및 되돌리기 할 수 있는 화면으로 진행합니다. **3** [수정 단계 보기]를 터치하여 진행합니다.

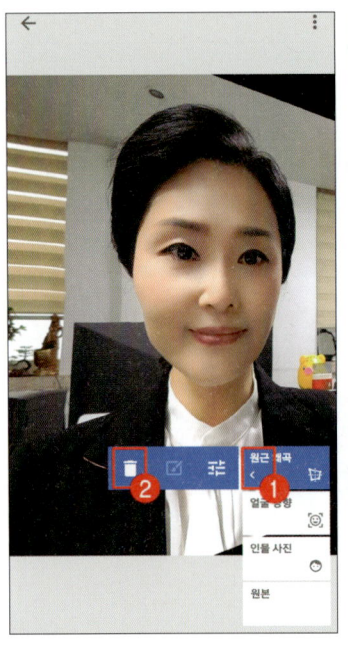  

1 앞서서 적용시킨 효과가 전부 표시됩니다. ① [<]를 터치합니다. ② 적용한 효과가 마음에 들지 않는다면 삭제할 수 있습니다. **2** ① 원본 사진으로 돌리고 싶다면 터치합니다. ② 터치하여 수정 단계 보기 전 화면으로 이동합니다. **3** ① 수정 단계 보기 아이콘을 터치합니다. ② [QR 스타일 생성]을 터치합니다.

1️⃣ ① 사용자가 멋지게 적용한 효과를 QR 코드로 생성할 수 있습니다. ② QR 코드를 스캔할 수 있는 화면으로 이동합니다. 2️⃣ ① 생성된 QR 코드입니다. ② 생성된 코드를 직접 스캔할 수도 있고 다른 사이트로 공유할 수 있습니다. 3️⃣ 완성된 이미지를 저장하기 위해 [내보내기]를 터치합니다.

▶ ① 완성된 이미지를 다른 사이트로 공유할 수 있습니다. ② 완성된 이미지를 저장할 수 있습니다. ③ 화면 우측 상단에 점 세 개를 터치하여 설정 메뉴에서 이미지 크기를 수정하여 내보내기 할 수 있습니다. ④ 사용자가 지정한 다른 폴더로 저장할 수 있습니다.

1 ① [열기]를 터치하여 풍경 사진을 선택합니다. ② 점 세 개 [더보기] 아이콘을 터치합니다. **2** [가이드]를 터치합니다. **3** 화면을 위로 드래그하여 사진작가들이 자신들만의 감성으로 제작해 놓은 가이드를 사용자가 자유롭게 활용할 수 있습니다. [빈티지 엽서]를 선택합니다.

 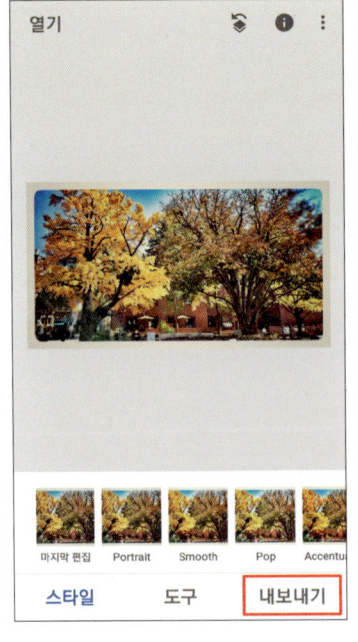 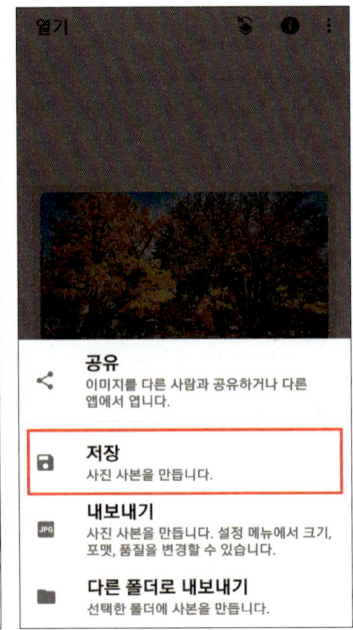

1 드라마, 프레임, 빈티지 효과를 적용한 작품의 설명을 자세히 볼 수 있습니다. 이 작품의 효과를 내 이미지에 적용하고 싶다면 [사용해 보기]를 터치합니다.
2 적용된 이미지 화면입니다. 저장하려면 [내보내기]를 터치합니다.
3 [저장]을 터치하여 완료합니다.

9강 이미지 합성 제대로 알면 소통이 원활해지고 인생이 즐거워진다

1. 포토랩

[포토랩]은 900개 이상의 재미있는 AI 필터, 애니메이션 효과로 사진을 편집해 주는 앱입니다.

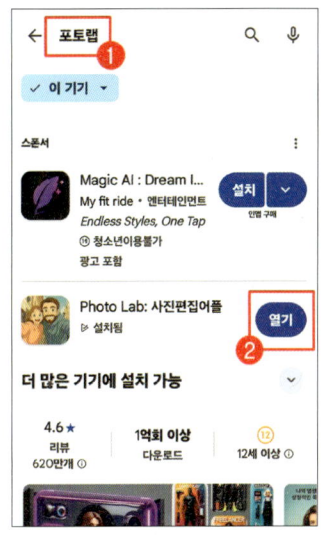  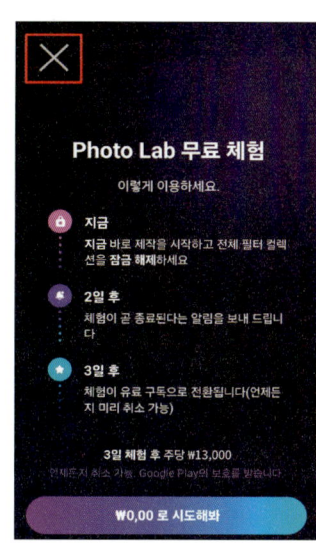

1 [Play스토어]에서 ① [포토랩]을 검색하여 설치한 뒤 ② [열기]를 터치합니다. 2 이용약관에 ① [체크] 하고 ② [수락 및 계속하기]를 터치합니다. 3 무료 체험 안내가 뜨면 왼쪽 상단에 나타나는 [X]를 터치하여 닫습니다.

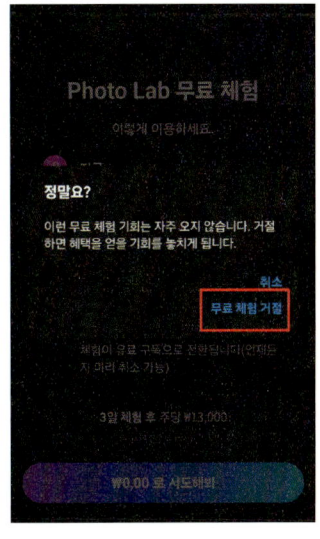  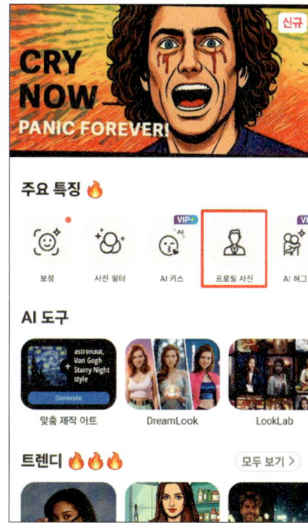

1 [무료 체험 거절]을 터치합니다.

2 알림을 [허용] 합니다.

3 [프로필 사진 만들기] 포토랩의 홈 화면에서 [프로필 사진]을 터치합니다.

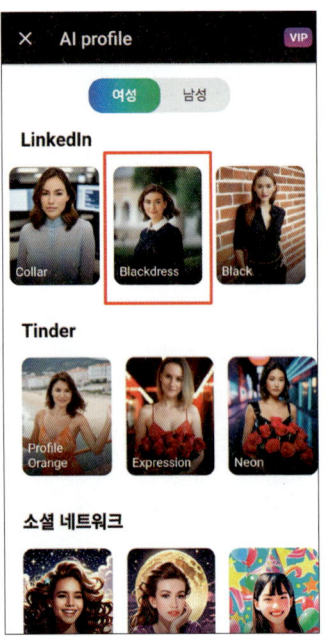  

1️⃣ 홈에서 [LinkdeIn]의 [Blackdress]를 선택합니다.
2️⃣ 사진 선택에서 여성 인물사진을 터치합니다.
3️⃣ ① 한번에 3장의 프로필 사진이 생성됩니다. ② [다운로드]를 터치해서 사진을 저장합니다.
   ③ [사진 변경]을 터치해서 다른 인물 사진을 선택할 수 있습니다.

1️⃣ 여성 프로필 효과에서 사진 변경을 남자 사진으로 선택하면 주의 안내가 나옵니다. 2️⃣ 사진이 저장되면 [왓츠앱, 인스타그램]에 바로 공유할 수 있습니다. 3️⃣ 무료 버전에서는 포토랩 [워터마크]와 함께 사진이 저장됩니다.

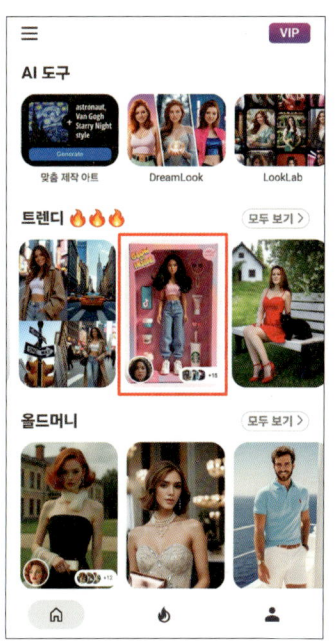  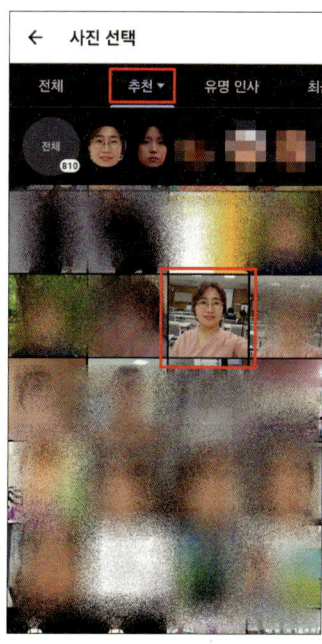

1️⃣ [룩랩효과] 카테고리 중 트렌디에서 [LookLab] 필터 중 하나를 터치합니다.
2️⃣ [사진에 적용]을 터치합니다.
3️⃣ 갤러리에서 [인물 사진] 하나를 선택합니다. 상단의 [추천항목]에는 나의 갤러리에 있는 인물을 보여줍니다.

1️⃣ 이미지 생성에 수 초의 시간이 소요됩니다. 2️⃣ 한번에 8개의 사진이 생성되고 사진을 좌우로 스와이프하면 다음 사진으로 넘어갑니다. ① [다운로드]를 터치하면 한장의 이미지가 저장됩니다. ② [휴지통]을 터치하면 이 사진은 삭제됩니다. ③ [연필]을 터치하면 효과를 변경할 수 있는 하위 메뉴가 나타납니다. 3️⃣ ① [사진]을 변경할 수 있습니다. ② [헤어 스타일]을 변경할 수 있습니다. ③ [나이]를 변경할 수 있습니다. ④ [성별]을 변경할 수 있습니다.

  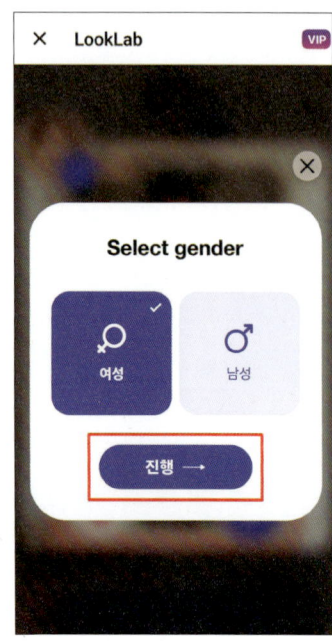

1 헤어의 색깔과 스타일을 선택하고 [진행]을 터치하면 다시 효과가 적용됩니다.
2 연령대를 선택하고 [진행]을 터치하면 연령에 맞는 이미지로 다시 생성이 됩니다.
3 여성, 남성을 다시 선택하고 [진행]을 터치하면 다시 이미지 생성이 됩니다.

 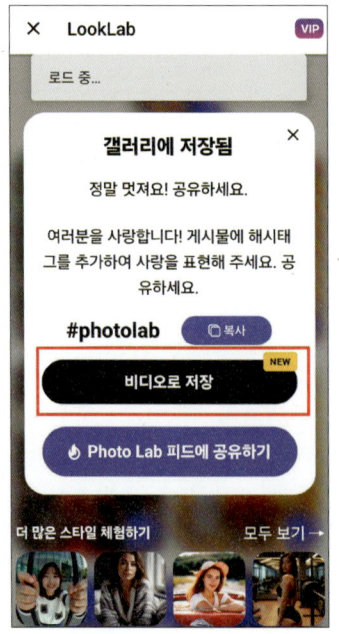 

1 8개의 이미지를 모두 확인하면 [전체 팩 다운로드]가 나타나고, 이 버튼을 터치해서 모두 저장합니다. 2 이미지가 저장된 후에 [비디오로 저장]을 터치합니다. 3 생성된 이미지들로 장면 전환 효과가 적용된 영상이 갤러리에 저장됩니다.

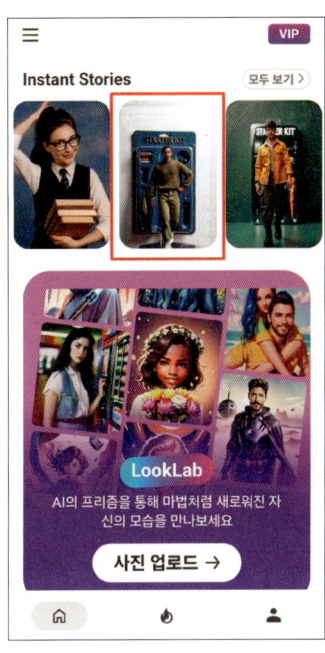 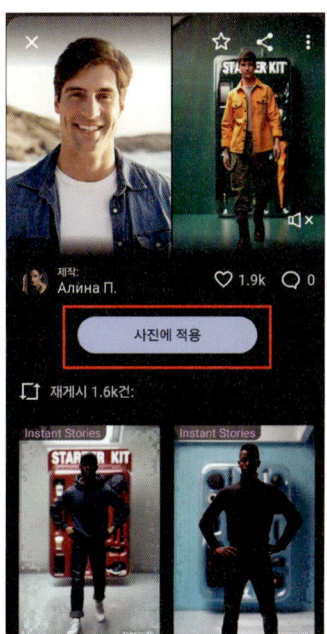 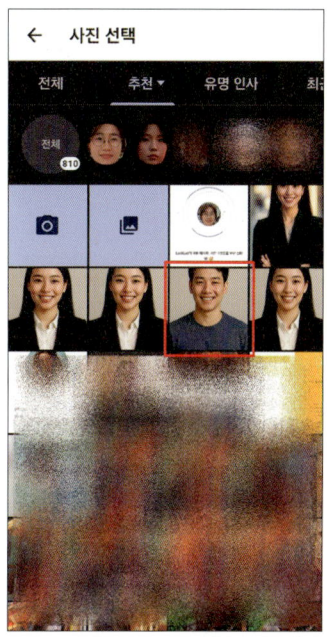

1️⃣ [Instant Stories] 스토리 효과 중 하나를 터치합니다.
2️⃣ [사진에 적용]을 터치합니다.
3️⃣ 인물 사진을 한장 선택합니다. 남성 필터에는 남성 사진을, 여성 필터에는 여성 사진을 선택해야 합니다.

1️⃣ 이미지 생성에 수 초의 시간이 소요됩니다. 2️⃣ 영상이 생성되면 오른쪽 하단의 [다운로드] 버튼을 터치합니다. 3️⃣ 갤러리에 영상이 저장되고 [SNS 아이콘]을 터치하면 바로 공유할 수 있습니다.

2. 포토퍼니아

QR코드를 스캔하시면 [포토퍼니아 이미지합성 사진만들기] 유튜브 영상을 보실 수 있습니다 영상보시면서따라하시면 더욱 쉽게 하실 수 있 습니다

1 [Play스토어]에서 ①[포토퍼니아]를 검색합니다. 설치 완료 후 ②[열기]를 터치하여 실행합니다.
2 포토퍼니아 첫 화면에서 좌측 상단에 위치한 가이드 메뉴 중 ③[카테고리]를 터치합니다.
3 카테고리 화면을 위로 드래그 하여 ④[갤러리]를 터치합니다.

 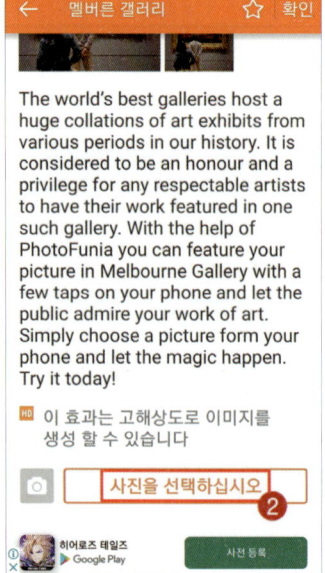 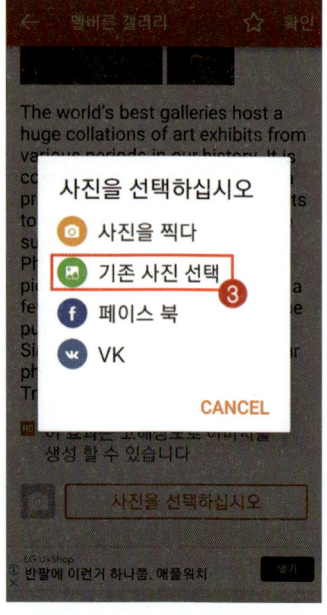

1 갤러리 효과 중 ①[멜버른 갤러리]를 터치합니다 2 멜버른 갤러리 화면이 나오면 ②[사진을 선택 하십시오]를 터치합니다. 3 ③[기존 사진 선택]을 클릭하여 갤러리에서 합성하고 싶은 이미지를 불러옵니다.

 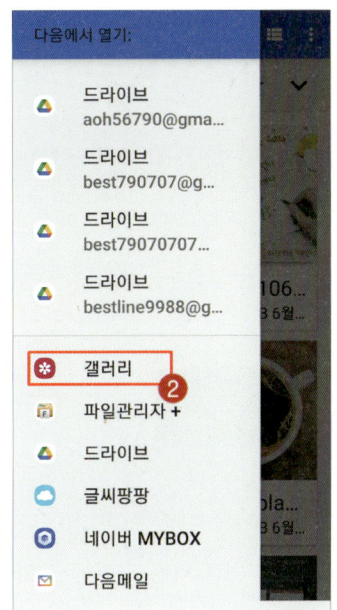 

1 최근 사진이 보입니다. 더 많은 사진을 보기 위해 좌측 상단에 ①[삼선]아이콘을 터치합니다.
2 ②[갤러리]를 터치하여 합성에 필요한 사진을 가져옵니다.
3 ③[확인]을 터치하여 다음으로 진행합니다.

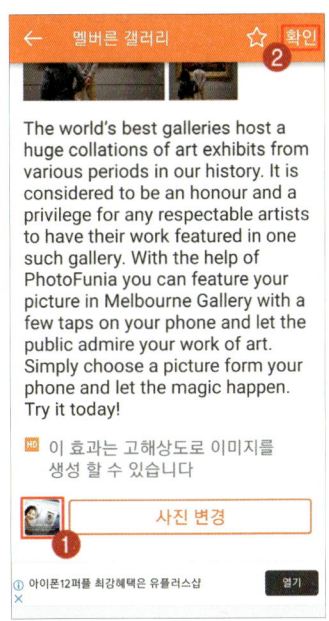 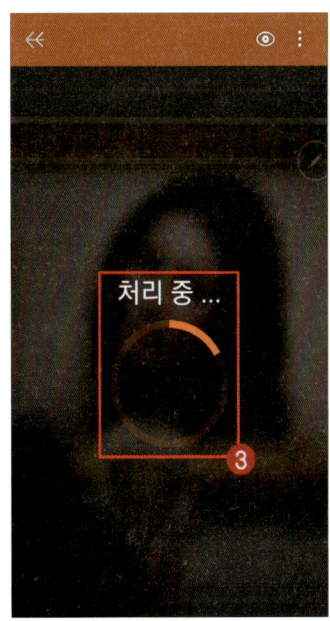 

1 합성하고자 하는 사진이 ①에 첨부되었는지 확인 후 ②[확인]을 터치합니다. **2** ③이미지 합성을 하기 위해서 다운로드 중입니다. **3** ④사이즈를 선택하고 ⑤를 터치하면 갤러리에 저장이 됩니다. ⑥을 터치하면 다른 곳으로 공유할 수 있습니다.

10강 다이내믹하고 임팩트한 카드뉴스 만들기

1. 이미지에 텍스트를 추가

▶ 간단한 조작으로 사용하기 쉬운 디자인을 만들 수 있습니다.
▶ 무료 이미지 리소스 검색 기능과 찾은 이미지를 다운로드하여 직접 편집할 수 있습니다.
▶ YouTube의 썸네일과 Instagram, Twitter 등의 SNS 게시물용 이미지 만들기에 아주 유용합니다.

■ [이미지에 텍스트를 추가] 설치하기

1 스마트폰 홈 화면 [PLAY 스토어]를 터치합니다. **2** [PLAY 스토어] 검색창에 ① [이미지에 텍스트를 추가]를 검색하여 ② [설치]한 후 ③ [열기]를 터치합니다. **3** [이미지에 텍스트를 추가] 홈 화면의 ① [이미지를로드하는]을 터치하면 갤러리에 있는 사진을 가져올 수 있습니다. ② [이미지 소재 검색]를 터치합니다.

  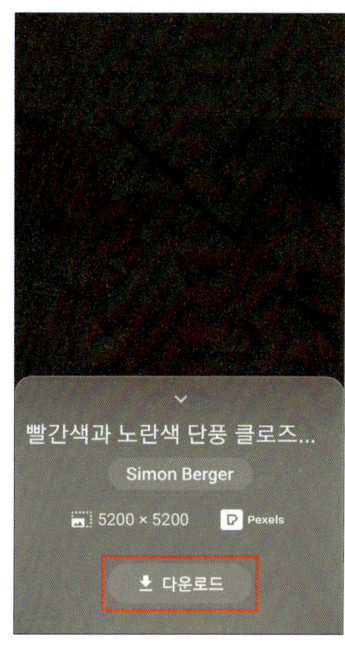

1️⃣ 이미지 소재 검색창에 ① [가을] 을 입력하여 마음에 드는 ② [이미지] 하나를 선택합니다.
2️⃣ [이미지] 하단의 [^]를 터치합니다. 3️⃣ [이미지]의 상세정보가 보이며 하단 [다운로드] 를 터치합니다.

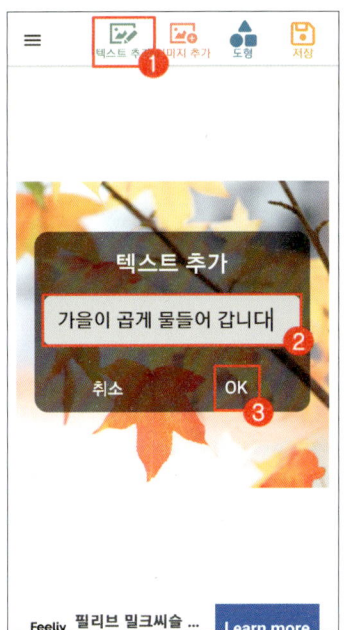  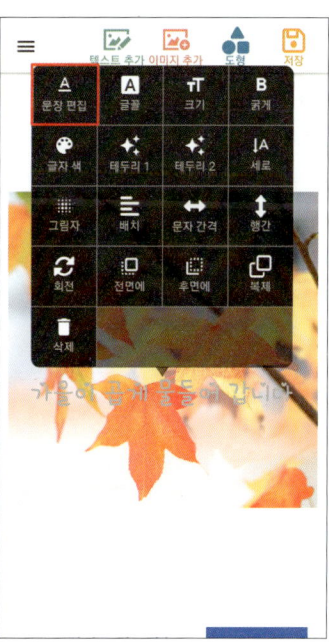

1️⃣ 상단의 ① [텍스트 추가] 메뉴를 터치합니다. 텍스트 추가에 ② [가을이 곱게 물들어 갑니다] 글을 입력한 다음 ③ [OK]를 터치합니다. 2️⃣ ① [가을이 곱게 물들어 갑니다] 글을 터치하면 ② [글 편집 도구] 상자가 나옵니다. 3️⃣ 글 편집 도구의 [문장 편집]을 터치하면 글을 수정할 수 있습니다.

 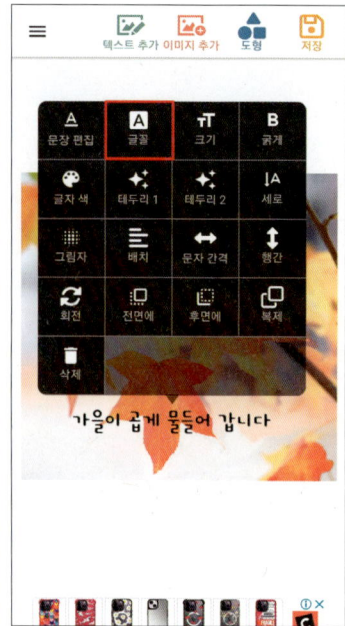 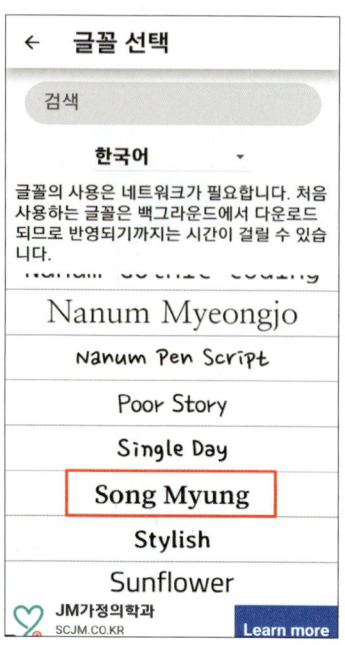

1 텍스트 편집에서 ① [글을 수정]한 다음 ② [OK]를 터치합니다. **2** 글 편집 도구의 [글꼴]을 터치합니다. **3** 글꼴 선택 창에서 [Song Myung]을 터치하면 글꼴이 바뀝니다.

1 글 편집 도구의 [크기]를 터치합니다. **2** 하얀 [원] 조절점을 손가락으로 좌우로 움직여 글의 크기를 조절합니다. **3** 글 편집 도구의 [글자 색]을 터치합니다.

1️⃣ 글자 색 단색의 ① [검정색]을 터치하면 ② 글자 색이 [검정]으로 바뀝니다.
2️⃣ 그라데이션의 ① [두 번째 색]을 터치하면 ② 글자 색이 그라데이션으로 바뀝니다.
3️⃣ 글 편집 도구의 [세로]를 터치합니다.

1️⃣ [글이 세로]로 바뀝니다. 2️⃣ 글 편집 도구의 [그림자]를 터치합니다. 3️⃣ 그림자를 넣을 색 ① [흰색]을 터치한 다음 ② 그림자의 [흐림, 위치]를 확인 후 손가락으로 [조절점]을 좌우로 움직여 그림자를 적당히 넣어줍니다.

1 상단 메뉴 [이미지 추가]를 터치하면 기존 이미지 위에 이미지를 넣을 수 있습니다.
2 [갤러리]를 터치합니다. 3 갤러리에서 [이미지] 하나를 선택하여 가져옵니다.

1 갤러리에서 가져온 ① [이미지]를 터치하면 ② [편집할 도구]들이 보이는데 그 중 ③ [잘라 내기]를 터치합니다. 2 ① [자르기의 크기]를 선택하고 ② [잘라 내기]를 터치하면 이미지가 잘라집니다. 3 상단 메뉴 [저장]을 터치하면 저장과 공유 메뉴가 나오는데 [저장]을 터치하면 갤러리에 저장되고, [공유]를 터치하면 완성된 이미지를 친구들과 공유할 수 있습니다.

2. 감성공장 - 자신만의 캘리/그림을 사진과 합성해 감성 넘치는 작품을 만드는 앱

1 [감성공장]은 이미지와 캘리그라피 또는 텍스트와 합성해서 카드를 만들 수 있는 앱입니다. [play 스토어]에서 ① [감성공장]을 설치한 후 ② [열기]를 터치합니다. **2** ① [만들기]를 터치하고 ② 모드에서 [캘리그라피]를 선택하고 ③ [배경사진 선택]을 터치합니다. **3** 갤러리에서 사진을 선택 할수도 있고, 주어진 사진에서 주제별로 검색하여 선택할 수도 있습니다.

 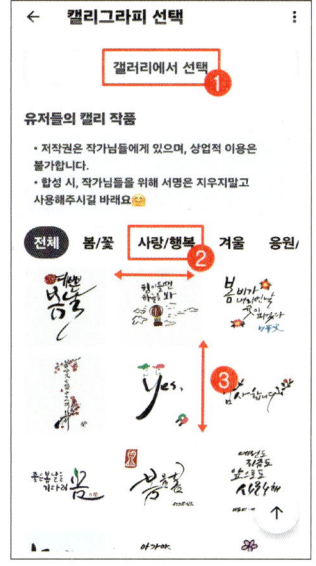 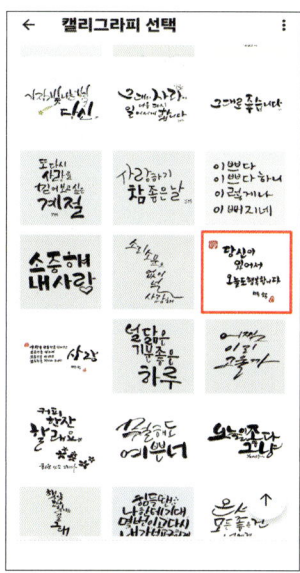

1 [캘리그라피 선택]을 터치합니다. **2** ① 갤러리에서 선택할 수도 앗고 ② 주어진 캘리그라피에서 주제별로 선택해서 ③ 화면을 위아래로 드래그하여 검색할 수 있습니다. **3** 원하는 캘리그라피를 터치합니다.

  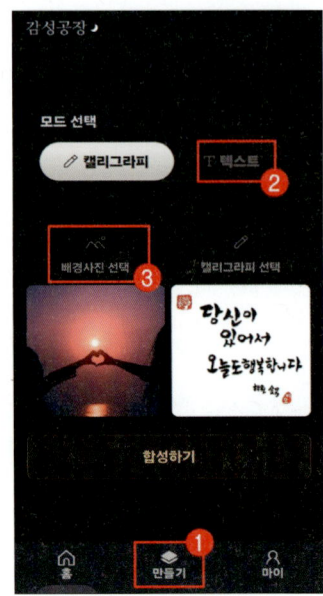

1️⃣ [합성하기]를 터치합니다. 2️⃣ ① [지우개]를 터치해서 문구의 내용을 지울수 있으며 ② 문구의 색상을 하양이나 컬러로 바꿀수 있습니다. ③ 손으로 문구를 확대,축소 하거나 위치를 조정합니다. ④ 상단의 체크 표시를 터치해서 갤러리에 저장합니다. 3️⃣ 이제 텍스트 모드로 만들어 보겠습니다. ① [만들기]를 터치하고 ② 모드에서 [텍스트]를 선택하고 ③ [배경사진 선택]을 터치합니다.

1️⃣ 갤러리에서 선택할수도 있고, 주어진 테마를 선택해서 원하는 사진을 검색해서 터치합니다.
2️⃣ [텍스트 입력하기]를 터치합니다. 3️⃣ [터치하여 문구를 입력하세요]를 터치합니다.

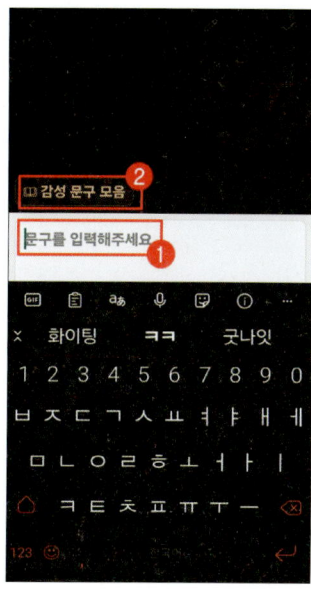 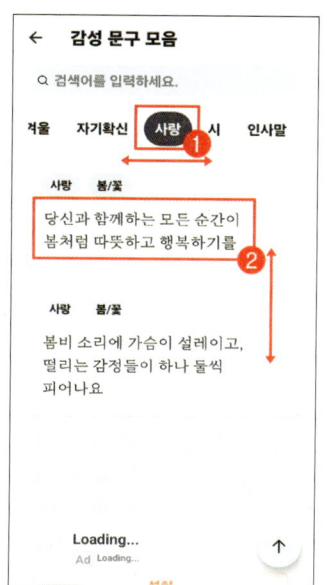 

1 ① 문구를 직접 입력하거나 ② 주어진 [감성문구 모음]에서 선택할수도 있습니다. 터치를 합니다. 2 주어진 테마에서 주제를 선택하고 화면을 위아래로 드래그해서 원하는 문구를 찾아서 터치합니다. 3 ① 글꼴,색상을 변경할 수 있고,문구의 정렬과 간격, 글자의 크기를 조절합니다. ② 손으로 드래그하여 문구의 위치를 조절합니다.갤러리에 저장하기 위해 ③ 상단의 체크표시를 터치합니다.

1 다음은 텍스트를 직접 입력하여 만들기를 해보겠습니다. ① [만들기]를 터치하고 ② [텍스트]를 터치합니다. ③ [배경사진 선택]을 터치합니다. 2 원하는 주제에 맞게 배경사진을 선택하여 터치합니다. 3 [텍스트 입력하기]를 터치합니다.

1 ① [터치하여 문구를 입력하세요]를 터치합니다. **2** 원하는 문구를 입력하고 하단의 체크표시를 터치합니다. **3** [글꼴]을 바꾸기위해 터치합니다

1 ① 폰트 좌우로 움직여서 ② 원하는 글씨체를 터치하고 ③ 하단의 체크표시를 터치합니다. **2** [색상]을 터치하여 원하는 색을 선택하고 ② 문구를 배경사진의 원하는 위치에 배치합니다. ③ 파란원을 좌우로 움직여서 글자의 크기를 조절합니다. **3** ① 좌우로 움직여 원하는 스타일을 선택하고 ② 저장을 하기위해 상단의 체크표시를 터치합니다.

3. 미리캔버스 - 내 스마트폰 사진으로 감성이 넘치는 시화 작품 만들기

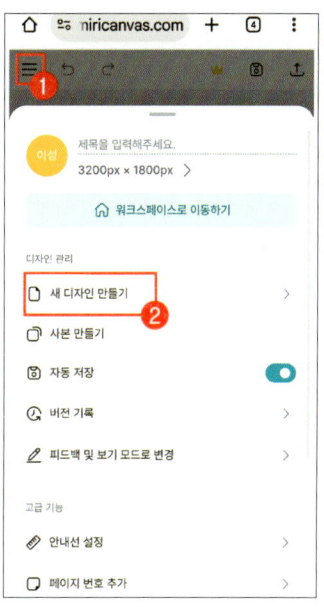  

1 ① 좌측 상단 [삼선모양]을 터치합니다. ② [새 디자인 만들기]를 터치합니다. **2** [직접 크기 설정]을 터치합니다. **3** ① 종이 크기를 입력합니다. ② [적용하기]를 터치하여 배경을 설정 합니다.

 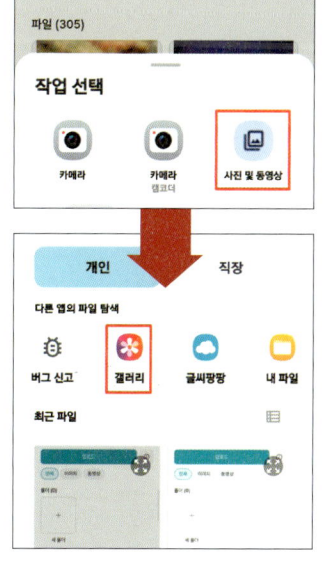 

1 내 스마트폰속 사진을 가져오기 위해 ① [업로드] 터치 후 ② 상단 [업로드]를 터치합니다.
2 [사진 및 동영상]을 터치 후 [갤러리]를 터치합니다. **3** ① 가져오려는 사진을 선택합니다.
② [완료]를 터치합니다.

  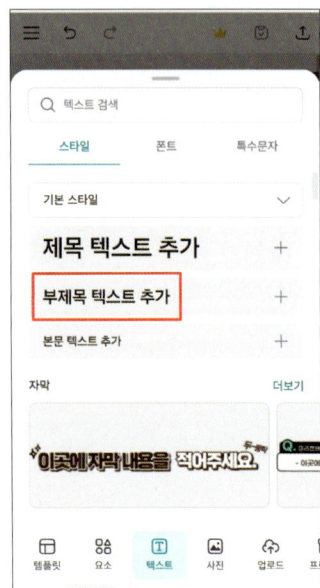

1 ① 업로드된 이미지를 이용하기 위해 [업로드]를 터치하고 ② [해당 이미지]를 터치합니다.
2 ① 이미지 크기를 조정하고 ② [텍스트]를 터치합니다.
3 적정한 [텍스트 추가]를 터치 합니다.

1 ① 텍스트를 입력하고 ② [글꼴], [글자 크기], [글자색]을 적정히 선택합니다.
2 전체적인 구성을 맞추기 위해 [반전] 메뉴를 터치하여 이미지를 변경시킵니다.
3 [불투명도]를 조정할 수 있습니다.

1️⃣ [효과] 메뉴를 선택합니다. 2️⃣ [그라데이션 마스크] 옵션을 이용 텍스트의 가독성이 있게끔 이미지를 조정합니다. 3️⃣ 그라데이션 마스크로 효과의 방향과 범위조정이 가능합니다.

1️⃣ ① ② ③ 다운로드 받기 위하여 순차적으로 진행합니다. 2️⃣ 갤러리의 다운로드 폴더를 검색합니다. 3️⃣ 편집이 완료된 시화작품을 볼 수 있습니다.

이 밖에도 미리캔버스에서는 제공된 템플릿과 여러가지 요소들을 이용하여 다양한 카드뉴스를 제작할 수 있습니다.

11강 스마트폰 하나면 나도 UCC 전문가다

1. 슬라이드메시지

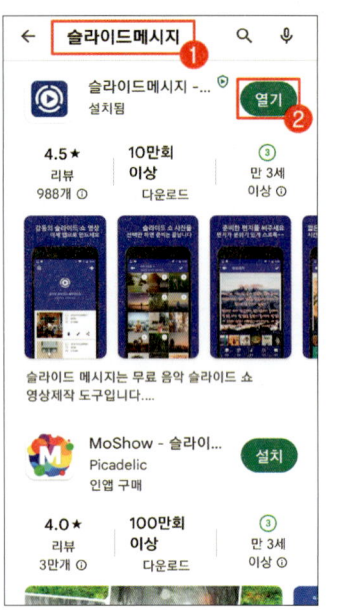  

1 ① [Play스토어]에서 [슬라이드메시지]를 검색합니다. ② 설치 후 [열기]를 터치합니다.
2 [허용]을 터치합니다. 3 [+]을 터치하여 진행합니다.

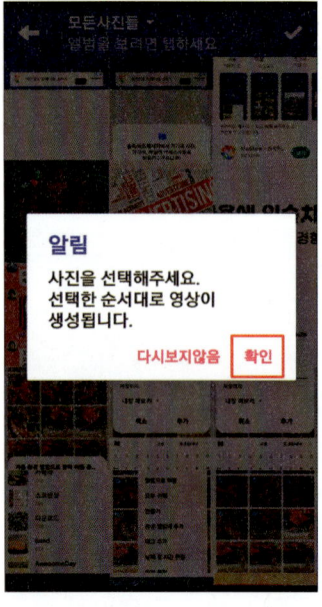 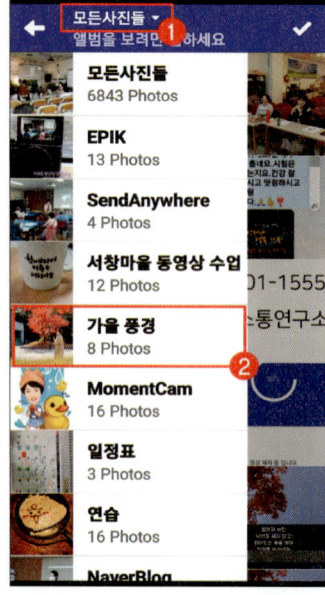 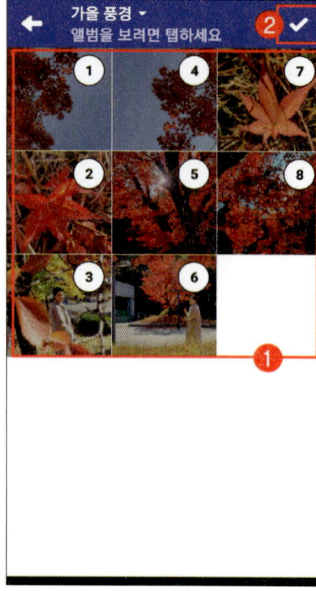

1 [확인]을 터치하여 갤러리로 이동합니다. 2 최근 사진이 순서대로 보입니다. ① 더 많은 사진을 보려면 상단의 [모든사진들]을 터치합니다. ② 앨범 폴더별로 사진을 찾을 수 있습니다.
3 ① 동영상에 사용할 사진을 선택합니다. ② [V]를 터치하여 진행합니다.

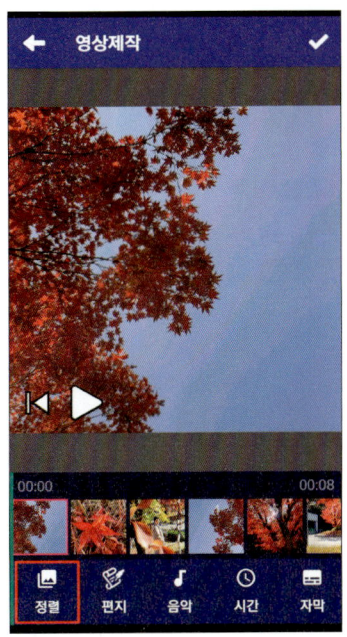  

1️⃣ 사진이 추가된 동영상 편집 첫 화면입니다. 하단 메뉴 중에 [정렬]을 터치합니다. 2️⃣ ① 필요 없는 사진은 [X]를 터치하여 삭제합니다. ② 사진을 새로 추가하려면 터치합니다. ③ 크기가 다른 사진이라도 동일하게 화면을 채울 수 있습니다. ④ [V]를 터치하여 진행합니다. 3️⃣ 다음 메뉴인 [편지]를 터치하여 진행합니다.

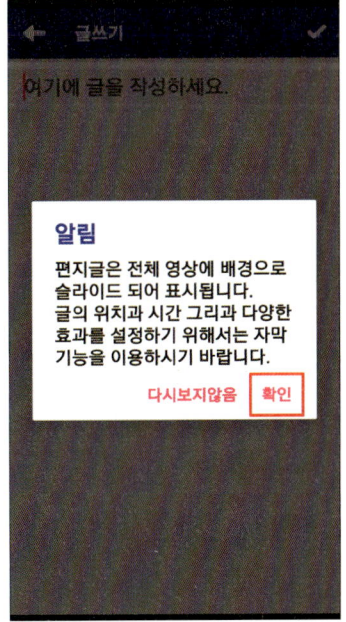 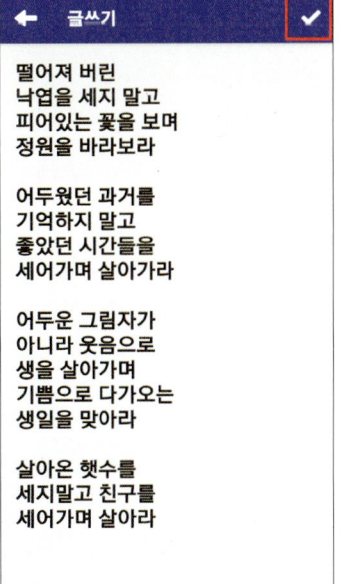 

1️⃣ [확인]을 터치하여 글쓰기로 이동합니다. 2️⃣ 글쓰기 창을 터치하여 영상에 넣을 글을 입력 후 [V]를 터치합니다. 3️⃣ ① 미리보기 화면에 글이 보이며 ② 하단에 글에 대한 편집 메뉴가 보입니다. 글 삭제, 편집, 정렬, 글이 올라가는 속도를 설정할 수 있습니다. ③ 화살표 방향으로 드래그하여 다음 사진을 확인할 수 있습니다.

  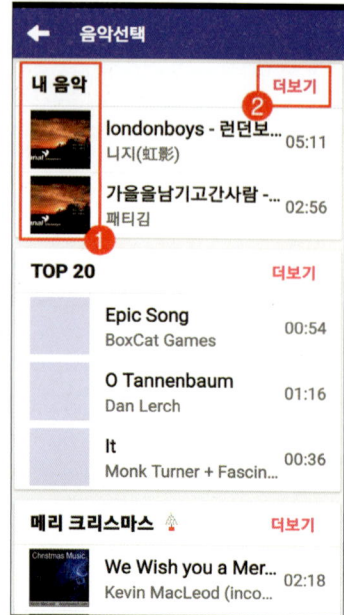

1 ① 글의 모양, 글의 크기, 글의 색상을 편집할 수 있습니다. ② 편집이 모두 끝나면 [V]를 터치합니다. **2** 다음 메뉴인 [음악]을 터치합니다. **3** ① 사용자 음악 파일이 보입니다. ② 더 많은 음악을 보려면 [더보기]를 터치합니다.

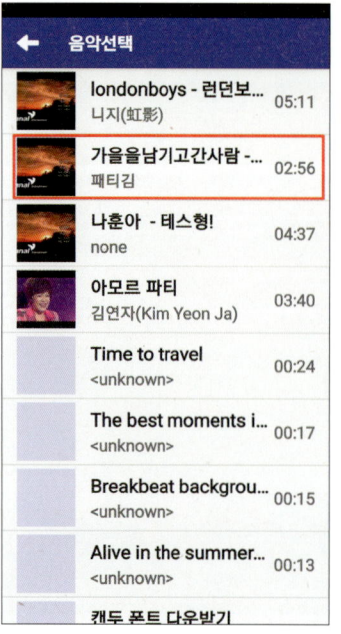 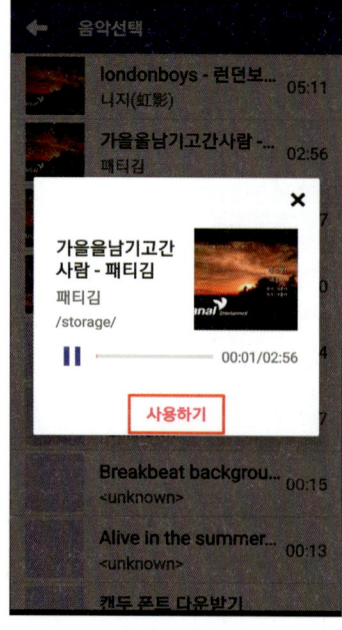 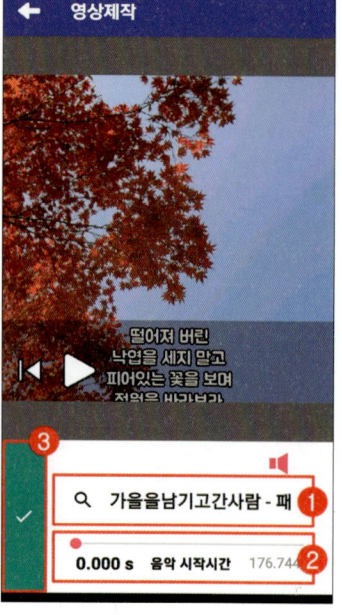

1 동영상에 추가할 음악을 선택합니다. **2** [사용하기]를 터치하여 진행합니다. **3** ① 다른 음악으로 교체하고 싶다면 터치하여 편집할 수 있습니다. ② 음악의 전주 부분을 빨간 점을 움직여서 편집할 수 있습니다. ③ 음악 설정이 끝났다면 [V]를 터치합니다.

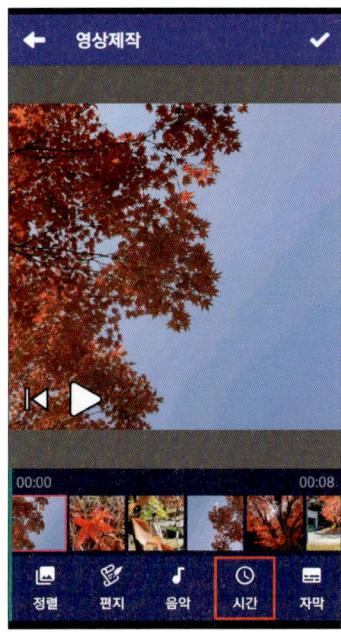  

1 메뉴 중 [시간]을 터치합니다. 2 ① 동영상 시간을 선택할 수 있으며 ② 동영상 시간을 자유롭게 조절할 수 있습니다. ③ 동영상 시간을 세밀하게 조절할 수 있습니다. ④ 동영상 시간을 확정했다면 [V]를 터치합니다. 3 메뉴 중 ① 추가 자막, 배경, 테두리, 화면전환, 필터, 스티커 등 추가 기능을 편집할 수 있습니다. ② [미리보기 플레이어]를 터치하여 영상의 시간과 글이 올라가는 속도가 맞는지 확인하며 재조정합니다. ③ [V]를 터치하여 영상 편집을 완료합니다.

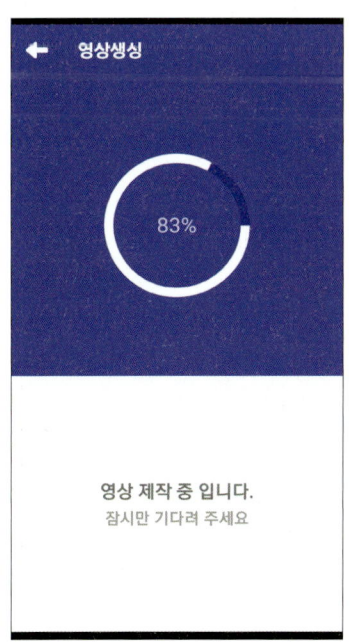 

1 동영상 제작 중인 화면입니다. 2 완성된 동영상은 사용자 갤러리에 자동 저장되며 동영상을 다른 사이트로 공유할 수 있습니다.

2. 캡컷 (Capcut)

[CapCut]은 짧은 영상(Short-form) 편집에 최적화된 무료 동영상 편집 앱입니다. TikTok을 운영하는 바이트댄스(ByteDance)에서 개발했으며, 쉽고 직관적인 인터페이스로 초보자도 쉽게 활용할 수 있습니다. 기본적인 컷 편집부터 다양한 필터, 효과, 자막, 음향 효과까지 제공하여 완성도 높은 영상을 제작할 수 있습니다.

PC에서는 [CapCut.com]을 검색합니다. 웹(온라인)에서 바로 작업을 하려면 [Open CapCut in your browser]를 클릭해서 바로 웹상에서 작업할 수 있습니다. 로그인하면 다른 PC에서도 작업할 수 있습니다.

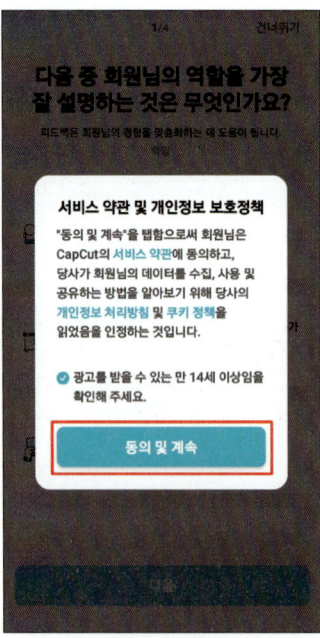
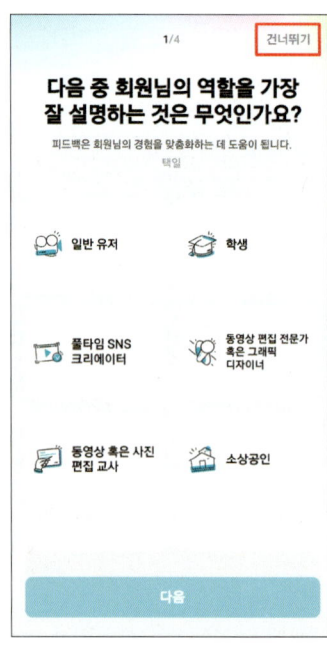

1 ① [Play스토어] 또는 [앱 스토어]에서 [캡컷]을 검색하여 설치 후 ② [열기]를 터치합니다. **2** 서비스 약관 및 개인정보 보호정책에 [동의 및 계속]을 터치합니다. **3** 회원 맞춤 설정을 [건너뛰기]합니다.

 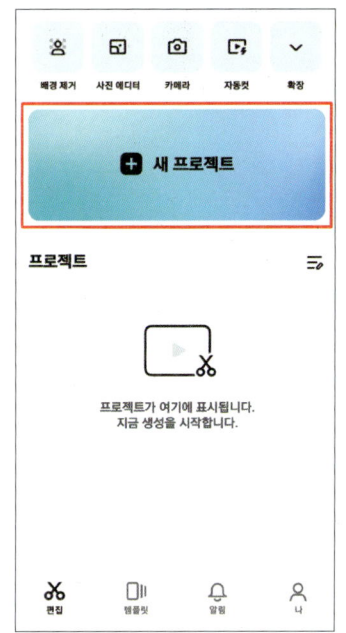 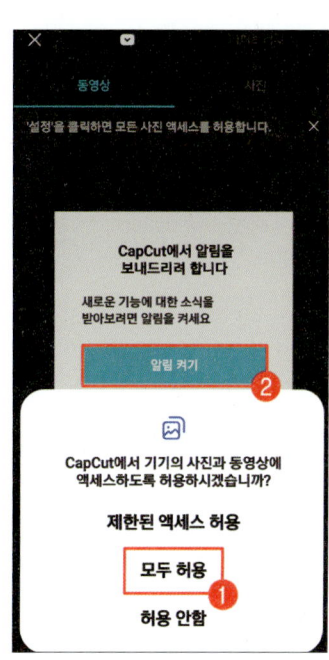

1 ① [템플릿]의 효과를 적용해서 릴스, 숏폼, 틱톡, 네이버 클립 등 짧은 영상을 쉽게 만들 수 있습니다. ② 직접 편집을 하기위해 터치하여 진행합니다. **2** 작업한 프로젝트를 확인 가능하며 새 프로젝트 작업을 위해 [+ 새 프로젝트]를 터치합니다. **3** ① 캡컷에서 기기의 사진과 동영상에 액세스하도록 [모두 허용]을 터치 후 ② 알림 켜기를 터치하고 [허용]을 터치합니다.

  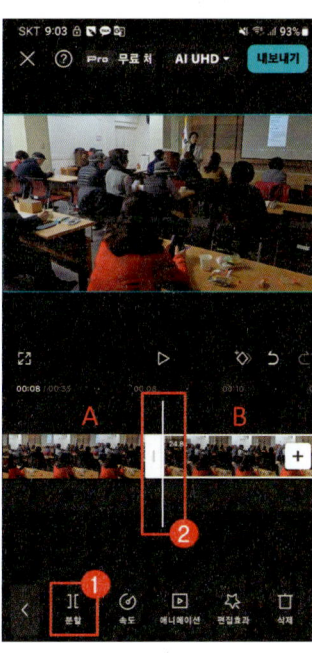

1 사용자 앨범에서 ① 동영상 또는 사진을 선택할 수 있으며 ② 예시로 동영상을 선택했습니다. ③ 하단에 선택한 동영상을 확인 후 ④ [추가]를 터치합니다. **2** ① 영상에서 불필요한 부분을 삭제하기 위해 영상을 좌우로 이동하여 삭제할 위치에 ② [플레이헤드] 기준선을 맞춰줍니다. ③ 하단 메뉴에서 [편집]을 터치합니다. **3** ① 다음 화면 메뉴에서 [분할]을 터치합니다. ② 플레이헤드를 기준으로 A와 B로 영상이 분할된 것을 확인할 수 있습니다.

1 ① 영상의 중간을 삭제할 경우 먼저 자를 영상의 시작 부분과 마지막 부분을 분할 후 삭제할 중간 영상을 선택합니다. ② 하단 메뉴의 [삭제]를 터치하면 영상에서 분할된 영상이 삭제됩니다.
2 이번에는 음악을 삽입해 보겠습니다. 음악을 삽입할 첫 위치에 ① [플레이헤드]를 이동 후 ② 하단 메뉴에서 [오디오]를 터치합니다. **3** 다음 화면 하단 메뉴에서 [사운드]를 터치하여 진행합니다.

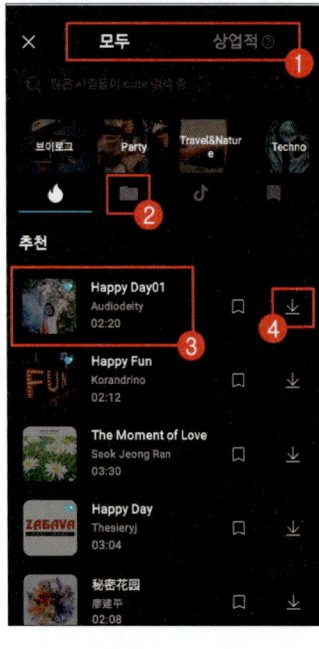 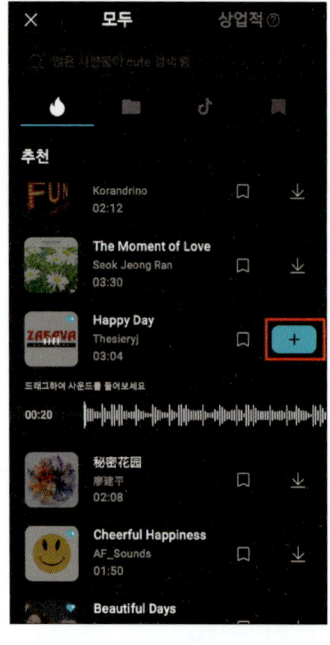 

1 ① 상업적으로 사용 가능한 음악과 전체 사용 가능한 음악을 구분해서 찾을 수 있으며 ② 내 기기에 저장된 음원을 사용할 수 있습니다. ③ 추천 음악을 터치하여 미리듣기 후 ④ [다운로드]할 수 있습니다. **2** [+]를 터치하여 음악을 추가합니다. **3** 영상 하단에 음악이 추가된 것을 확인할 수 있습니다.

1 ① 음악이 영상보다 길다면 해당 음악을 터치 후 ② 하단 메뉴에서 분할 할 수 있으며 추가로 음악의 볼륨조절 및 삭제도 할 수 있습니다. 2 이번에는 영상에 텍스트를 넣어보겠습니다. 영상 편집 첫 화면 하단 메뉴에서 [텍스트]를 터치합니다. 3 [텍스트 추가]를 터치하여 진행합니다.

1 [텍스트 입력]에 문구를 입력합니다. 2 ① 입력한 문구에 글꼴, 스타일, 효과, 애니메이션 등을 적용할 수 있습니다. ② [V]를 터치하여 텍스트 편집을 완료합니다. 3 입력된 텍스트를 ① 삭제 ② 복사 ③ 편집 ④ 크기 및 각도를 조절할 수 있습니다. ⑤,⑥ 타임라인의 [텍스트 레이어] 길이를 조절하고 길게 터치해서 위치를 옮길 수 있습니다.

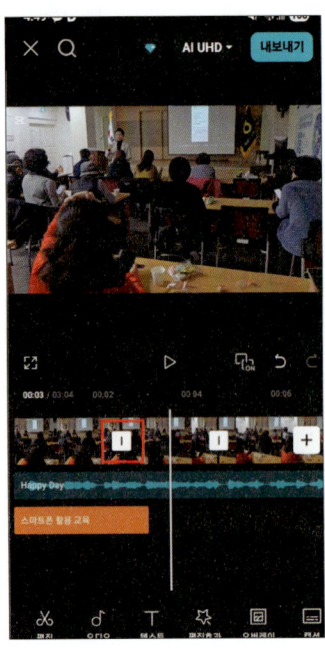  

1 영상 사이 분할된 부분이나 사진 사이에 [장면전환 효과]를 적용할 수 있습니다. 장면전환 효과 아이콘을 터치합니다. **2** ① 장면전환 효과 메뉴에서 ② 원하는 효과를 선택한 후 ③ [전환 효과 시간]을 조절할 수 있으며 ④ [전체 적용] 여부를 정할 수 있습니다. ⑤ [V]를 터치하여 장면전환 효과를 완료합니다. **3** 영상 사이에 [효과가 적용]된 것을 확인할 수 있습니다.

1 사진이나 영상 위에 또 다른 사진이나 영상을 추가할 수 있습니다. 영상을 먼저 선택한 후 하단 메뉴에서 [오버레이]를 터치합니다. **2** [PIP 추가]를 터치합니다. **3** ① 사용자 앨범으로 이동 동영상 선택 시 배경이 단색인 영상을 선택합니다. ② [추가]를 터치합니다.

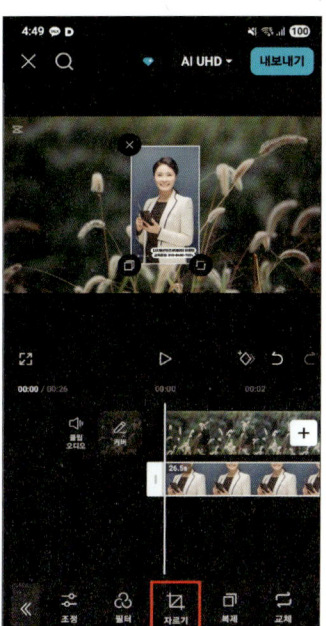  

1 영상 위에 영상이 추가되었습니다. 추가된 영상의 크기 조절을 위해 하단 메뉴에서 [자르기] 를 터치하여 선택합니다. **2** ① 원하는 비율을 터치합니다. ② 손가락을 이용하여 사진 크기를 조절합니다. ③ [V]를 터치하여 진행합니다. **3** 다음 화면 하단 메뉴에서 [배경 제거]를 터치합니다.

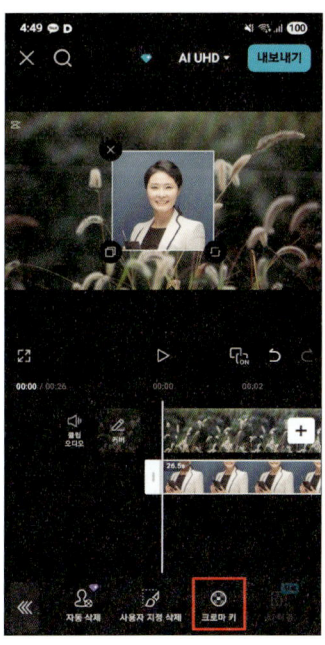  

1 추가된 영상의 배경을 제거하기 위해 하단 메뉴에서 [크로마키]를 터치합니다.
2 모자이크 배경의 원형 컬러 피커 확인 후 **3** ① 손가락으로 컬러 피커를 배경으로 이동합니다. ② 채도로 이동하여 배경의 농도를 조절합니다. ③ [V]를 터치하여 완료합니다.

1 영상이나 사진 위로 올라가는 글자 모션 만들기를 위해 기본 배경으로 사용할 영상을 먼저 불러온 후 하단 메뉴에서 [텍스트]를 터치합니다. **2** [텍스트 추가]를 터치합니다. **3** ① 글을 입력하여 텍스트 스타일을 조정 후 ② [V]를 터치합니다.

1 ① 글이 올라가는 시작점에 플레이헤드를 이동한 후 ② 텍스트 상자를 영상 하단으로 이동합니다. ③ [키 프레임] 버튼을 터치합니다. **2** ① 하단 [텍스트 레이어]를 이동하여 원하는 위치에 플레이헤드를 놓습니다. ② 텍스트 상자를 영상 위쪽으로 이동합니다. ③ 텍스트 레이어 위에 [키 프레임]이 생성되었습니다. **3** 플레이 헤드를 처음으로 이동 후 ① [플레이 버튼]을 터치하면 텍스트가 영상 화면 위로 올라가는 것을 확인할 수 있습니다. 글 올라가는 속도는 텍스트 레이어 간격으로 조절할 수 있습니다. ② [내보내기]를 터치하여 완성된 영상을 저장할 수 있습니다.

12강 성공 비지니스맨들이 꼭 알아야 할 메모 어플 활용하기

1. 구글킵

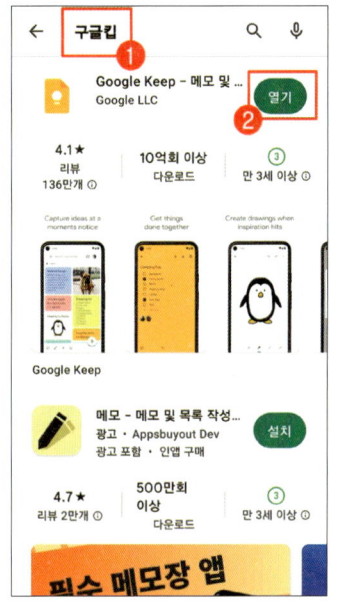  

① [구글 Play스토어]에서 ① [구글킵]을 설치한 후 ② [열기] 버튼을 터치합니다. ② ① 상단의 메뉴는 메모를 고정하거나 ② 알림을 설정하고 ③ 메모를 보관합니다. ④ [제목]을 터치합니다. ③ ① 메모의 제목과 ② 내용을 작성하고 ③ 하단의 [점 세 개]를 터치합니다.

 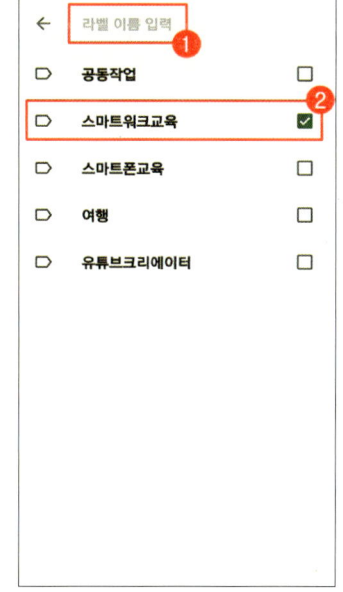 

① 팝업창에서 [라벨] 메뉴를 터치합니다. ② ① 라벨 이름을 입력하거나 이미 있다면 ② 하단의 라벨 중에서 선택합니다. ③ ① 라벨을 선택했다면 ② 하단의 [색 팔레트]를 선택합니다.

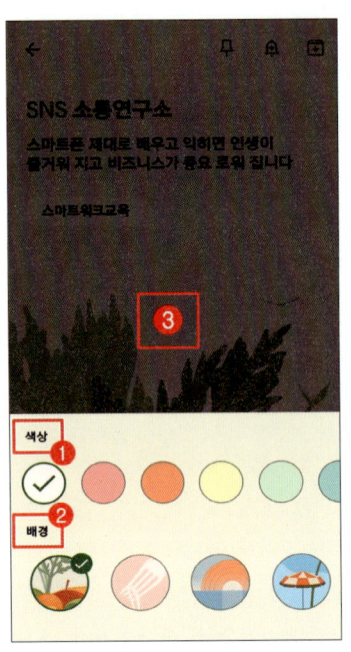 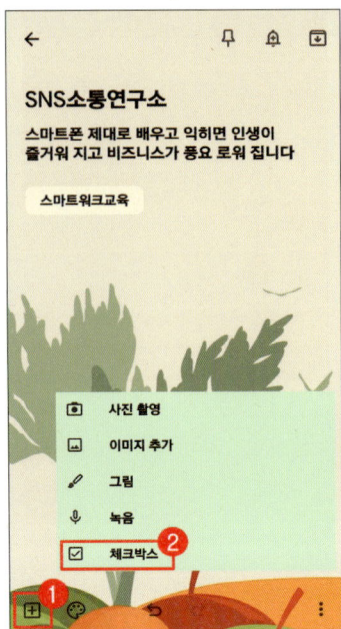 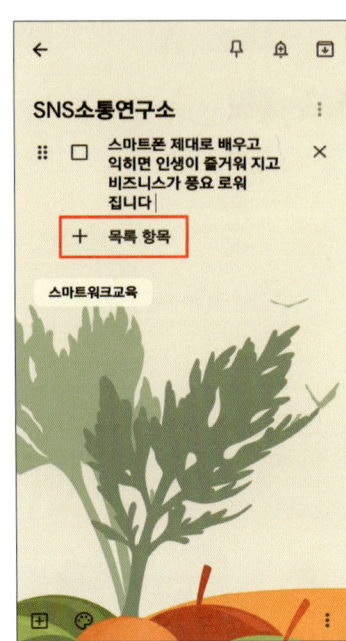

1 ① [색상]이나 ② [배경] 중에서 선택하고 ③ 빈 화면을 터치하면 배경이 바뀐 것을 확인합니다. **2** ① 하단의 [+]을 터치하여 메뉴 탭에서 ② [체크박스]를 터치합니다. **3** 체크할 메모 항목을 추가합니다.

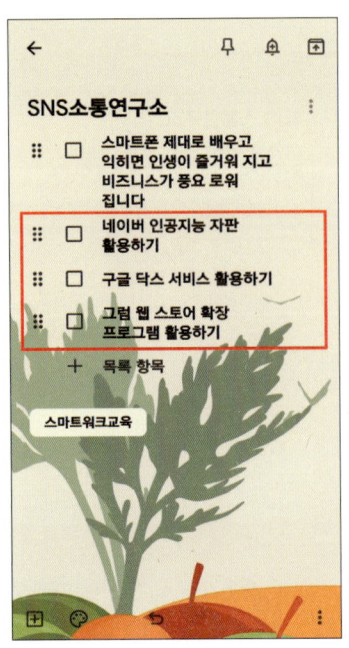 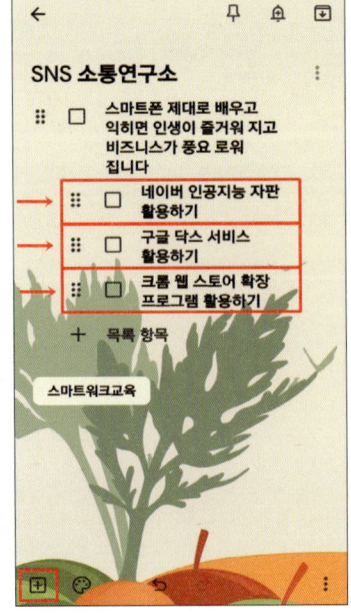 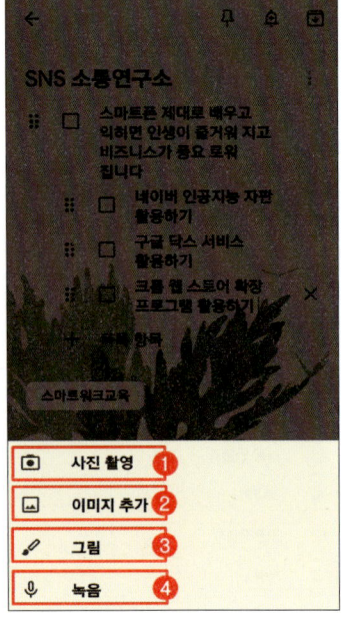

1 [체크 목록]을 작성합니다. **2** 작성한 체크 목록을 하위 메뉴로 설정하기 위해 목록을 우측으로 밀어줍니다. 하단의 [+] 버튼을 터치합니다. **3** ① 사진을 촬영하거나 ② 이미지를 추가합니다. ③ 그림을 그리거나 ④ 녹음할 수 있습니다.

1 ① 사진을 촬영하거나 ② 이미지를 추가하면 메모 상단에 위치합니다. **2** 추가된 이미지를 터치하여 이미지 상단의 [연필] 버튼을 터치합니다. **3** ① 이미지 위에 다양한 펜을 사용하여 그림을 그릴 수 있습니다. ② 상단의 [점 세 개]를 터치합니다.

 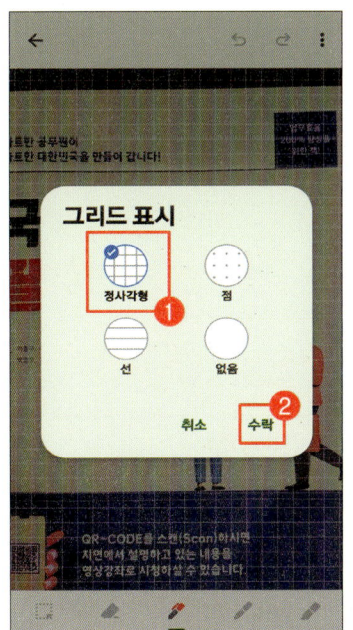 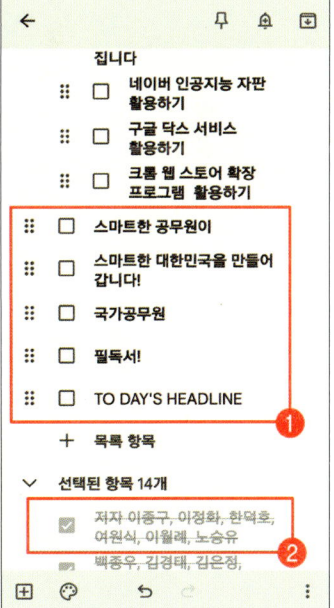

1 이미지 위에 ① [그리드 표시]를 할 수 있고 ② [이미지에서 텍스트 가져오기]를 할 수 있고 ③ [복사] ④ [보내기] ⑤ [삭제]할 수 있습니다. [그리드 표시]를 터치합니다. **2** ① 그리드 종류를 선택하고 ② [수락]을 터치합니다. 앞의 화면의 ② [이미지에서 텍스트 가져오기]를 터치합니다. **3** ① 이미지에서 가져온 텍스트를 체크 박스로 표시하여 체크합니다. ② 체크된 내용은 메모 하단에 보기와 같이 정리됩니다.

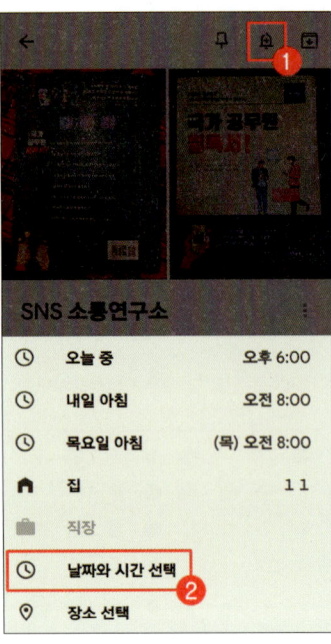 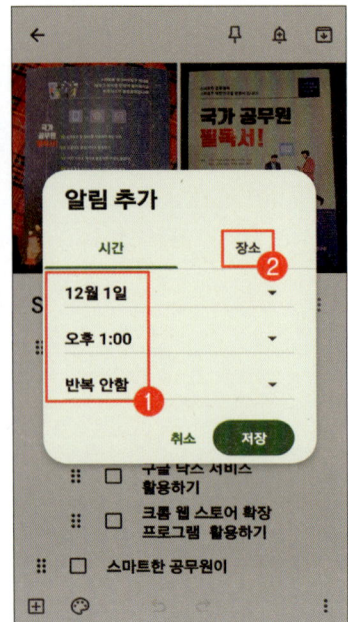 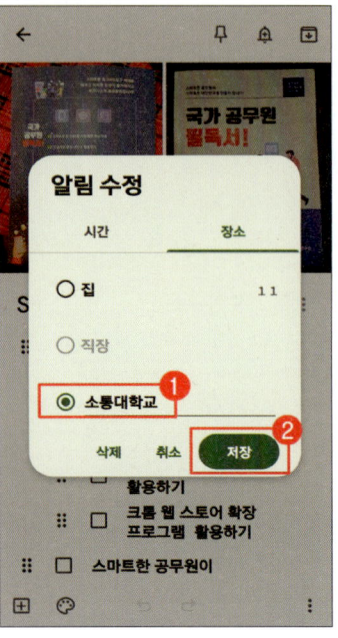

1 ① 상단의 [알림] 버튼을 터치하여 ② [날짜와 시간을 선택]합니다. **2** ① 알림 날짜, 시간, 반복여부를 정할 수 있습니다. ② [장소]를 터치합니다. **3** ① 알림을 받을 장소를 입력하고 ② [저장]을 터치합니다.

 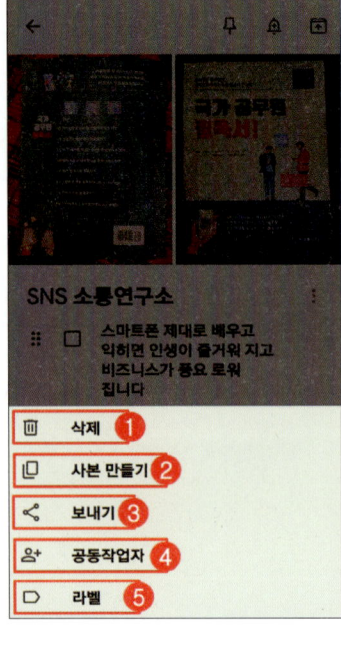 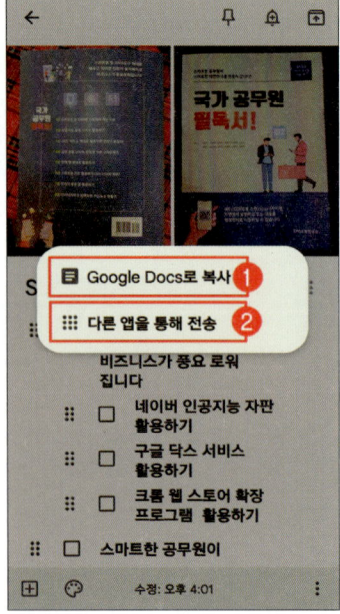

1 하단의 [점 세 개]를 터치합니다.

2 메모를 ① [삭제], ② [사본 만들기], ③ [보내기], ④ [공동작업자], ⑤ [라벨] 메뉴를 사용할 수 있습니다.

3 [보내기]를 터치하여 ① [구글 문서], ② [다른 앱을 통해 전송]할 수 있습니다.

1️⃣ 공유할 [카카오톡]을 선택합니다. 2️⃣ ① 공유할 대상을 선택한 후 ② [확인]을 터치합니다.
3️⃣ 공동작업자를 터치하여 [공유할 사용자 또는 이메일]을 작성합니다.

▶ ① [이메일]을 작성한 후 ② [저장]을 터치합니다.

2. 1초 메모

① [구글 Play스토어]에서 ① [1초메모]를 검색한 후 ② [설치] 버튼을 터치합니다.
② 앱이 설치 되면 [열기] 버튼을 터치합니다. ③ 1초메모 앱을 사용하기 위해 [다른 앱 위에 표시]를 선택합니다. [다른 앱 위에 표시] 화면이 뜨지 않을 경우, 스마트폰의 [설정]의 [애플리케이션]의 상단 점3개 터치해서 [특별한 접근]을 터치하면 됩니다.

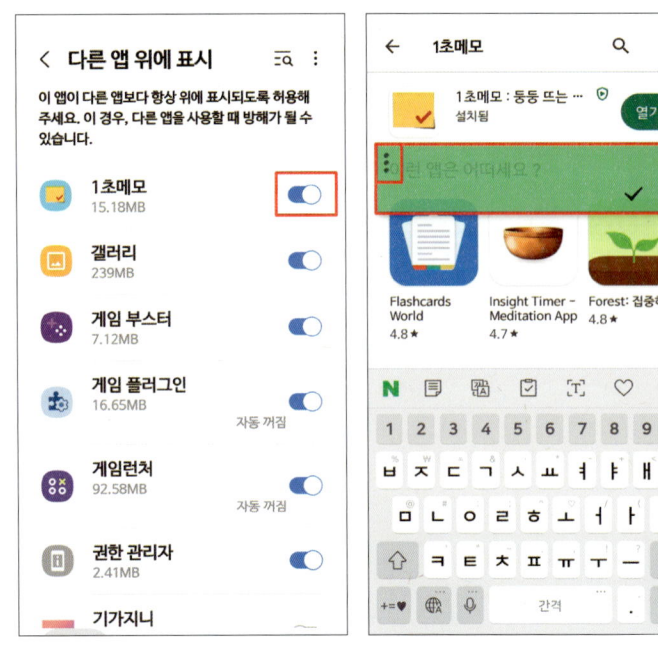

① [다른 앱 위에 표시]에서 [1초메모앱]을 활성화합니다. ② [1초메모]를 열기하여 화면에 생긴 메모창 왼쪽 상단의 [점 세 개]를 터치합니다. 작성한 메모 목록을 확인할 수 있고 메모를 [핀]을 터치하면 목록 상단에 고정할 수 있습니다. ③ [설정]을 터치합니다.

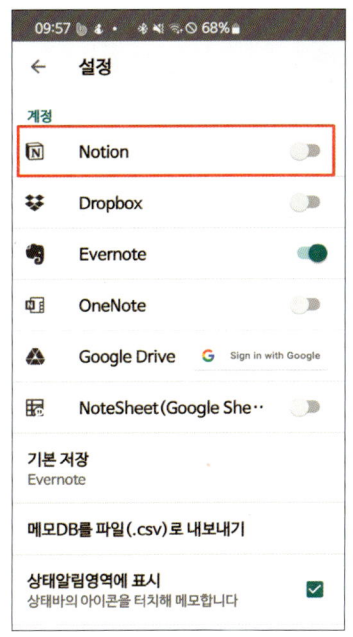  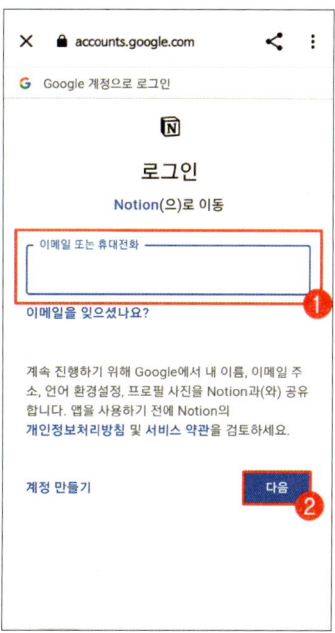

1 [설정]에서 [에버노트] 등 많은 노트 앱을 동기화하여 사용할 수 있습니다. **2** 필요한 노트 앱을 선택한 후 [구글로 계속하기]를 터치합니다. **3** 로그인하기 위해 ① [G-메일 계정]을 입력한 후 ② [다음]을 터치합니다.

 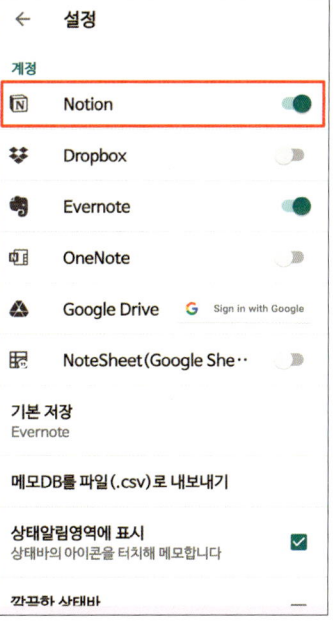 

1 ① [비밀번호]를 입력 후 ② [다음]을 터치합니다. **2** 클라우드 서비스 [Notion]과 계정 연결된 것을 확인합니다. **3** ① [설정]에서 ② 메모지 색상 및 다양한 옵션을 확인하여 설정할 수 있습니다. [메모지 색상]을 터치합니다.

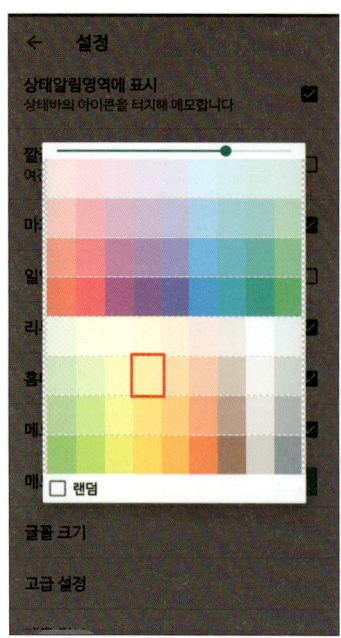 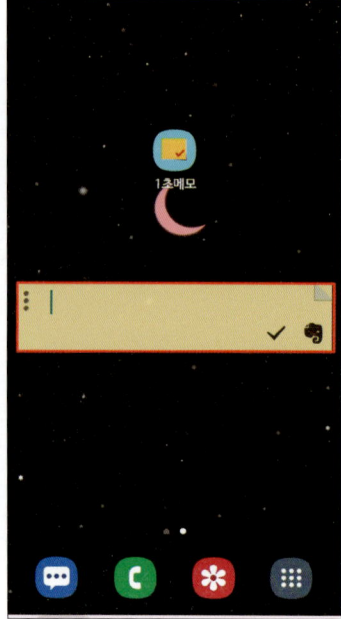 

① 색상을 선택합니다.
② 1초메모 [색상]이 바뀐 것을 확인합니다.
③ ① 메모를 작성한 후 ② [노션]으로 공유합니다.

  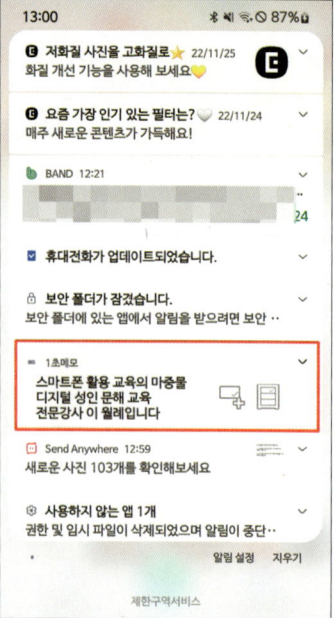

① 노션앱에 업로드된 내용을 확인합니다. ② ① 작성한 메모장의 [∨] 터치하여 저장합니다. 알림창에서도 확인할 수 있습니다. 메모장 왼쪽 상단의 ② [점 세 개]를 터치하여 ③ [공유] 버튼을 터치합니다. ③ 알림창에서도 확인할 수 있습니다.

 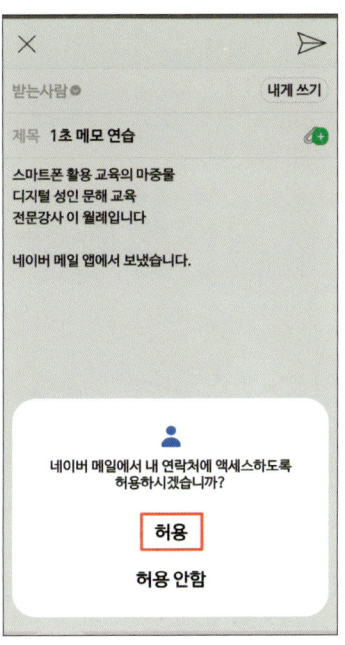 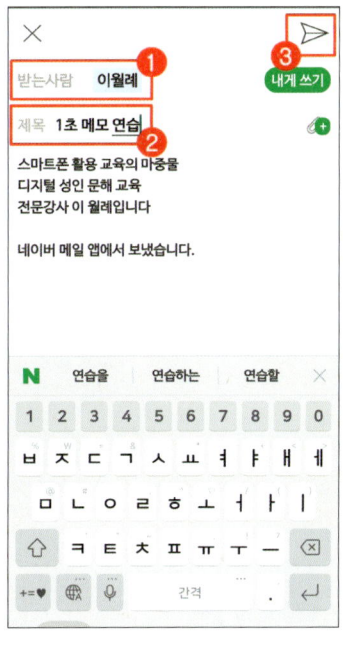

1 작업을 수행할 [네이버 메일]을 터치합니다. 2 네이버 메일에서 연락처를 사용하도록 [허용]을 터치합니다. 3 ① [받는사람]과 ② [제목]을 입력한 후 ③ [전송] 버튼을 터치합니다.

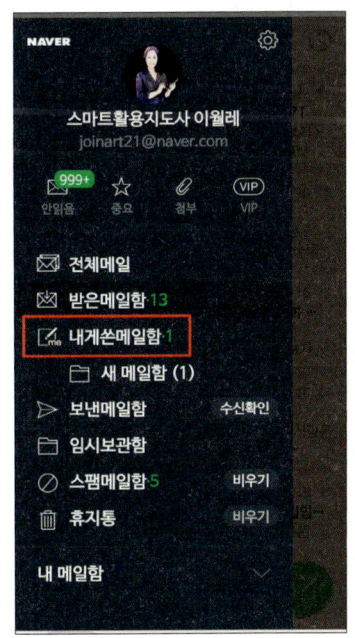  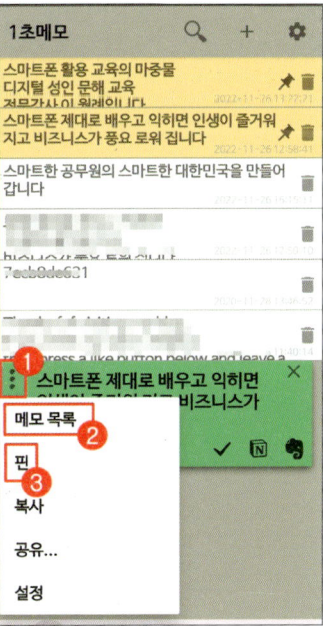

1 네이버 메일에서 [내게쓴메일함]을 확인합니다. 2 [내게쓴메일함]에서 내용을 확인합니다. 3 메모장의 ① [점 세 개]를 터치하여 ② [메모 목록]을 확인하고 ③ 작성한 메모를 지그시 눌러 [핀]을 터치하면 목록 상단에 고정할 수 있습니다.

3. 스피치노트

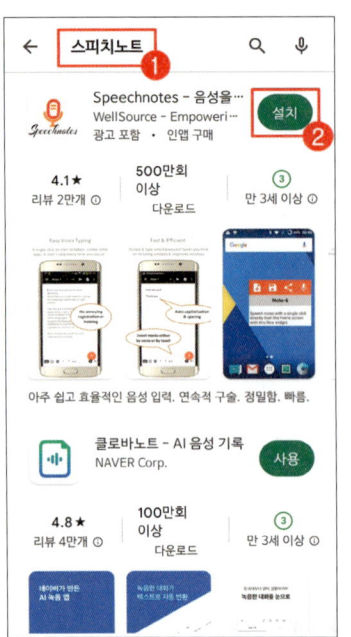  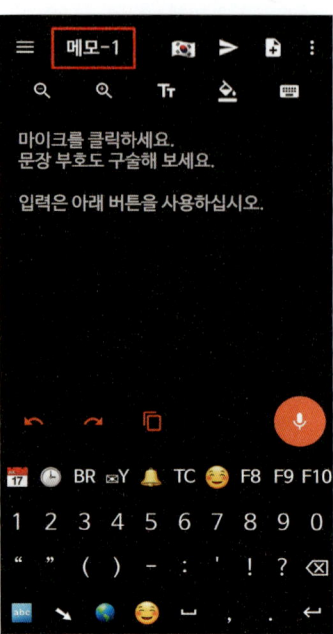

1️⃣ [구글 Play스토어]에서 ① [스피치노트]를 검색한 후 ② [설치] 버튼을 터치합니다.
2️⃣ 앱이 설치가 되면 [열기] 버튼을 터치합니다. 3️⃣ 상단의 [메모-1]을 터치하여 메모 제목을 작성합니다.

 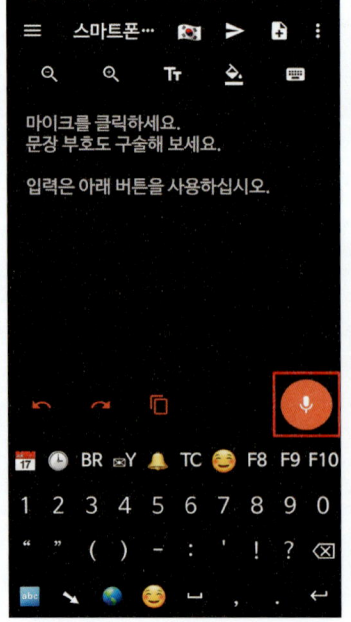 

1️⃣ ① [메모 이름]을 바꾸고 ② [완료]를 터치합니다. 2️⃣ 빨간색의 [음성 입력] 버튼을 터치하여 메모를 작성합니다. 3️⃣ ① 말하는 음성 그대로 문장으로 바뀌어 표시되며 ② [음성 입력] 버튼을 터치하기 전까지 계속 입력 가능합니다.

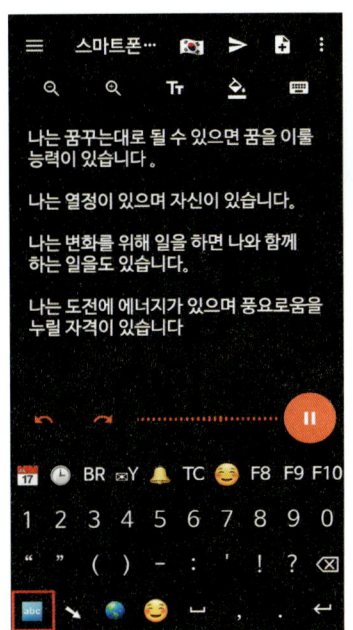 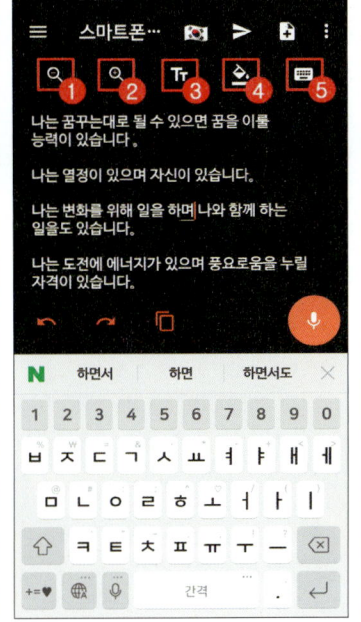 

1 음성 입력으로 메모를 작성한 후 틀린 문구는 하단의 [abc] 버튼을 터치하여 수정합니다.
2 ① 크게 ② 작게하거나, ③ 글씨체를 바꿀 수 있으며, ④ 메모배경을 밝게, 어둡게 할 수 있습니다. ⑤ 터치하면 키보드가 보입니다. **3** ① [삼선]을 터치합니다.

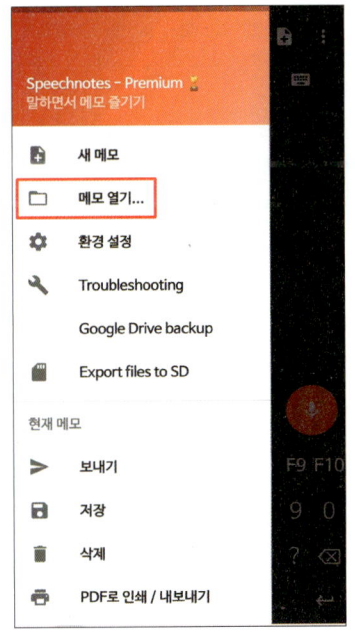  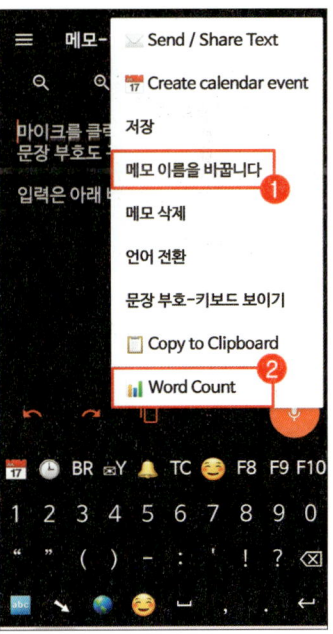

1 [삼선]은 새 메모를 작성하거나 저장된 메모 열기 등을 할 수 있습니다. **2** [태극기]는 언어를 선택할 수 있습니다. [전송] 버튼은 메모를 카카오톡 등으로 공유할 수 있습니다. [플러스] 버튼은 새 메모장을 엽니다. **3** [설정] 버튼은 ① 메모 이름을 바꾸거나 ② 메모의 글자 수를 알 수 있습니다.

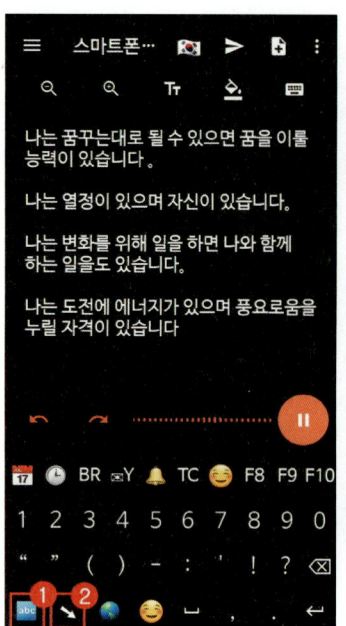 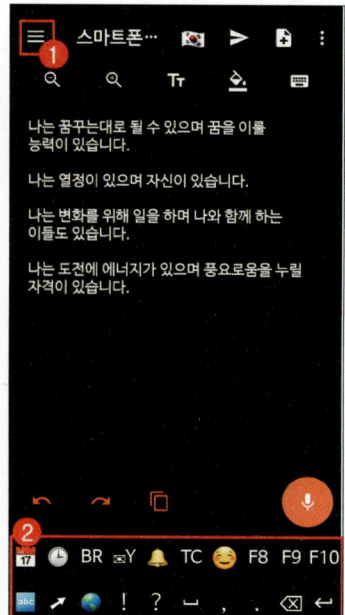 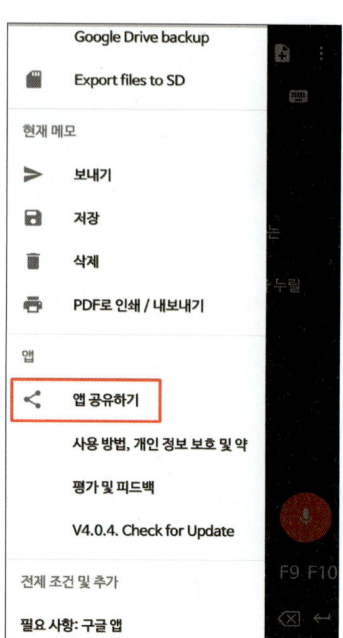

1️⃣ ① [자판]으로 변경하여 글자를 수정하거나 ② [↘] 버튼을 터치하여 메뉴바를 축소 시킵니다. 2️⃣ ① 상단 [삼선]을 터치하여 3️⃣ [앱 공유하기]를 터치합니다.

  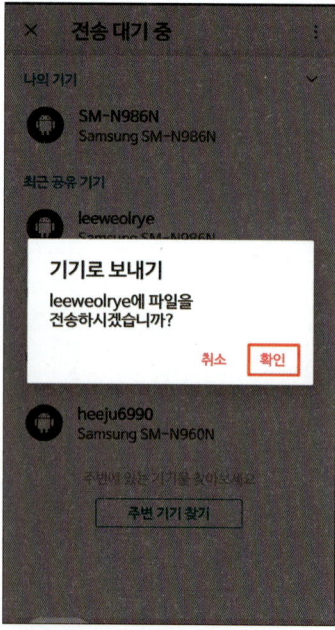

1️⃣ 팝업창에서 공유 가능한 앱을 활용하여 공유합니다. 예를 들어 [Send Anywhere]를 터치합니다. 2️⃣ [공유할 기기]를 선택합니다. 3️⃣ 기기로 보내기에서 [확인]을 터치합니다.

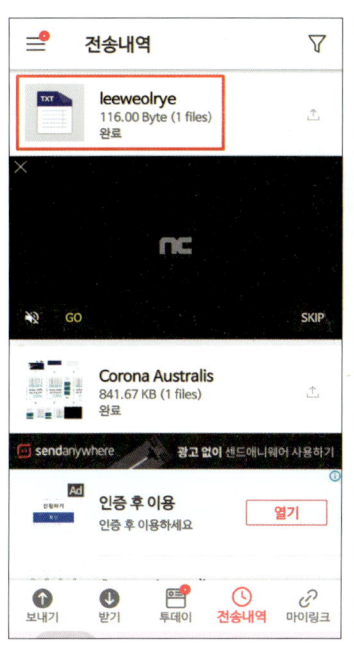 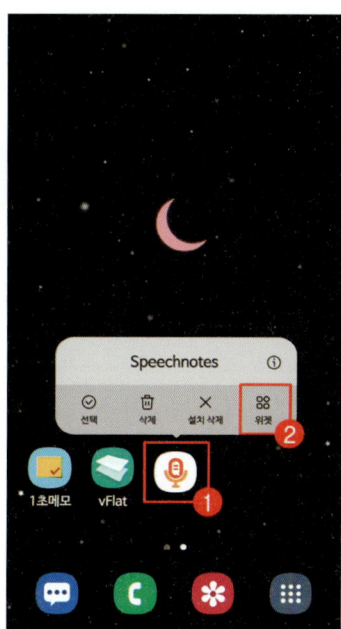 

1 전송 내역을 확인합니다. **2** ① 홈 화면에 설치된 [스피치노트 앱]을 지그시 터치하여 팝업 창에서 ② [위젯]을 터치합니다. **3** 오른쪽의 [2X2] 큰 크기를 선택합니다.

 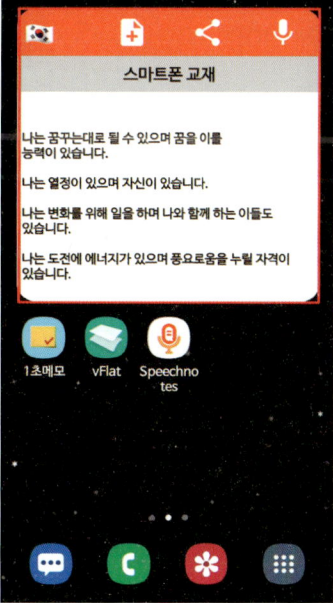

1 스피치 노트 위젯이 보이면 화면을 지그시 터치하여 ① [파란 동그라미]를 드래그하여 크기를 크게 합니다. **2** 홈 화면에서 자유롭게 활용합니다. 마이크 버튼을 터치하면 바로 음성으로 메모를 할 수 있고, 한 번 더 터치하면 중단하고 저장됩니다.

13강 스마트폰 하나면 나도 동시통역사다

1. 구글 번역

[구글 번역] 앱은 100여 개 이상의 언어 번역을 지원합니다.

[구글 번역] 앱의 주요 기능

▶ 텍스트 번역: 입력을 통해 108개 언어 번역

▶ 탭하여 번역: 어떤 앱에서나 텍스트를 복사하고 Google 번역 아이콘을 탭하여 번역(모든 언어)

▶ 오프라인: 인터넷 연결 없이 번역(59개 언어)

▶ 즉석 카메라 번역: 카메라를 대기만 하면 이미지의 텍스트를 즉시 번역(94개 언어)

▶ 사진: 사진을 고품질로 번역(90개 언어)

▶ 대화: 2가지 언어로 된 대화를 실시간으로 번역(70개 언어)

▶ 필기 입력: 입력하는 대신 필기로 텍스트 문자 쓰기(96개 언어)

▶ 표현 노트: 번역된 단어와 구문을 별표 표시하고 저장하여 나중에 참고(모든 언어)

▶ 기기 간 동기화: 로그인하여 앱과 데스크톱 간에 표현 노트 동기화

▶ 텍스트 변환: 다른 언어를 사용하는 사람의 말을 거의 실시간으로 연속 번역(지원되는 언어 8개)

 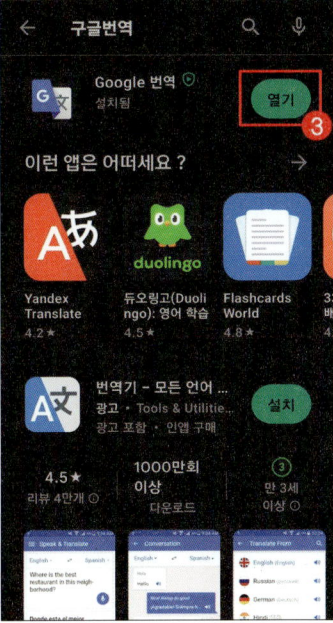 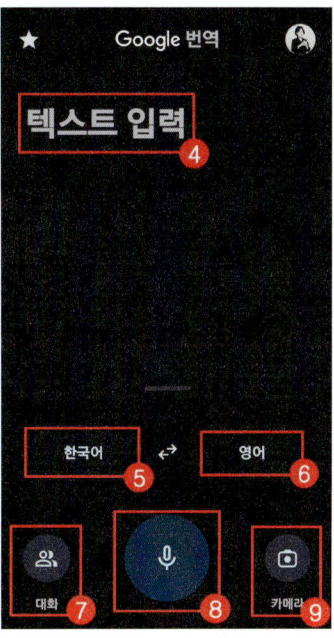

① [구글 Play 스토어]에서 ① [구글번역]을 검색하여 ② [설치]를 터치합니다. ② 설치가 완료되면 ③ [열기]를 터치합니다. ③ ④ [텍스트 입력]을 터치하면 텍스트를 입력 후 번역이 가능합니다. ⑤ [출발 언어]를 선택합니다. ⑥ [도착 언어]를 선택합니다. ⑦ [대화]를 터치하여 말하면 번역을 할 수 있습니다. ⑧ [마이크]를 터치하여 말하면 번역을 할 수 있습니다. ⑨ [카메라]를 터치하면 사진을 촬영하거나 사진을 불러와서 번역할 수 있습니다.

  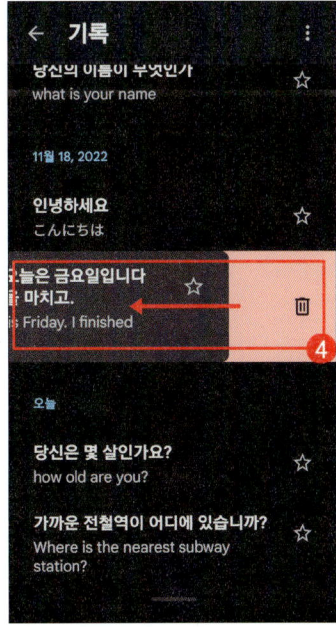

① ① 오른쪽 상단에 [프로필] 아이콘을 터치하면 ② ② [저장된 스크립트]는 번역한 내용 중 별표 표시해 둔 내용을 저장 보관하고 있는 곳으로 내용 확인이 가능합니다. ③ [기록]은 번역한 내용을 기록으로 보관하고 있으며 ③ ④ 삭제를 원하는 경우 해당 영역에서 손가락으로 왼쪽 또는 오른쪽으로 드래그하면 삭제됩니다.

 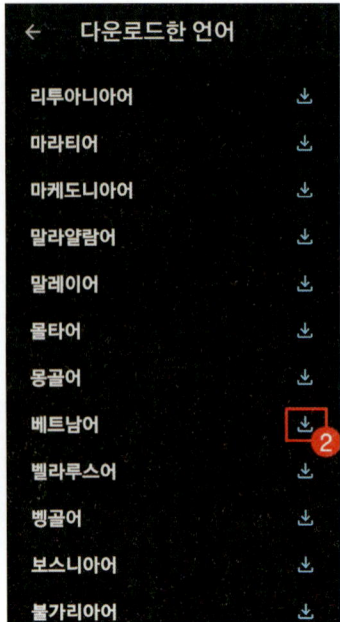 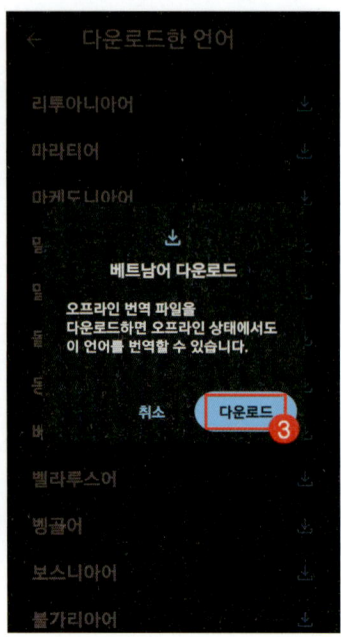

1 [다운로드한 언어]는 여러 개의 언어를 다운로드하면 인터넷에 연결되어 있지 않을 때도 여러 언어 간에 번역을 할 수 있습니다. 네트워크 상태가 원활하지 않은 나라 방문 시 사전에 해당 나라의 언어를 다운로드 해 가면 편리하게 활용할 수 있습니다. ① [다운로드한 언어]를 터치합니다. 2 방문할 나라의 언어를 찾아 ② 영역에 다운로드 [아이콘]을 터치한 후 3 ③ [다운로드]를 터치합니다.

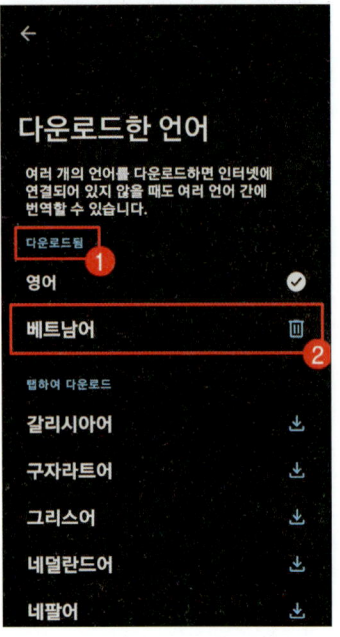

▶ 다운로드가 완료되면 해당 언어는 ① [다운로드됨] 영역에 보여지고 삭제를 원할 경우, 해당 언어 오른쪽에 ② [삭제] 아이콘을 터치하여 삭제합니다.

 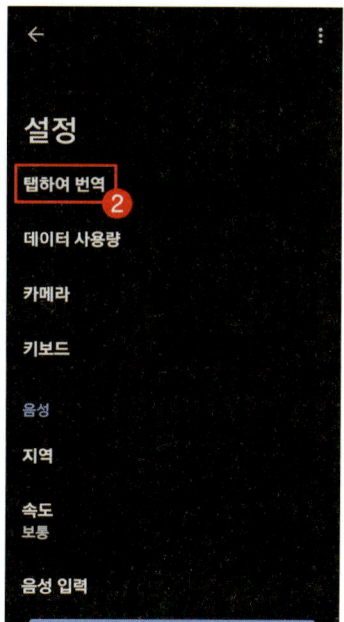 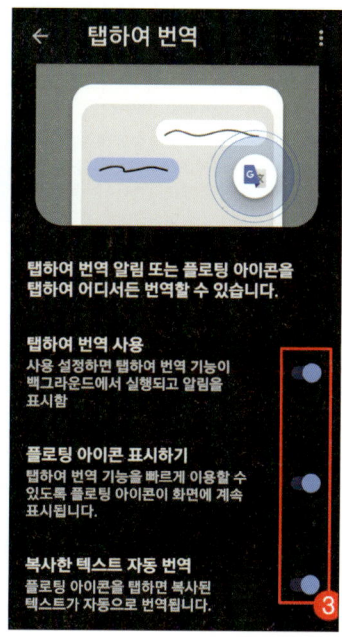

1 ① [설정]을 터치하면 세부적인 설정 변경이 가능한데, 이중 탭하여 번역 기능은 탭하여 번역 알림 또는 플로팅 아이콘을 탭하여 어디서든 번역을 할 수 있습니다. 2 ② [탭하여 번역]을 터치하여 3 ③ 해당 영역의 기능들을 활성화합니다.

1 플로팅 아이콘 표시를 활성화하는 경우 화면의 ① [권한 관리]를 터치하여 2 다음 화면에서 ② 번역 앱을 다른 앱 위에 표시할 수 있도록 [활성화] 후 상단 왼쪽에 ③ [뒤로]를 터치합니다.
3 ④ 홈 화면으로 이동해 보면 구글 번역 플로팅 아이콘이 표시된 것을 볼 수 있습니다.

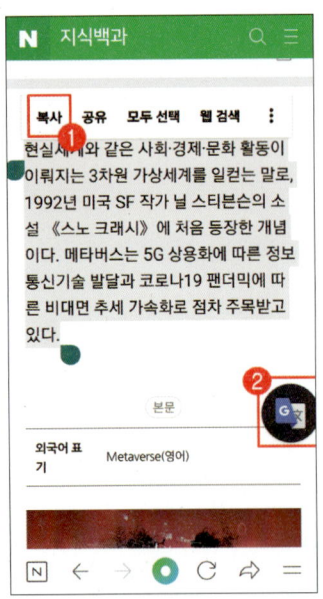 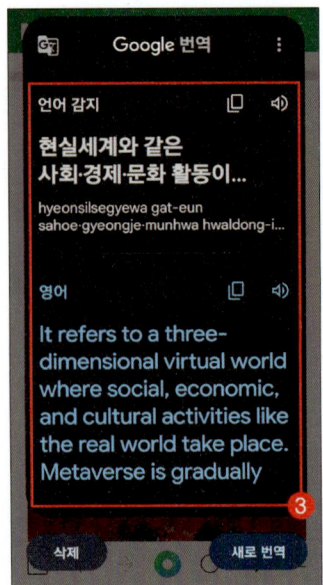 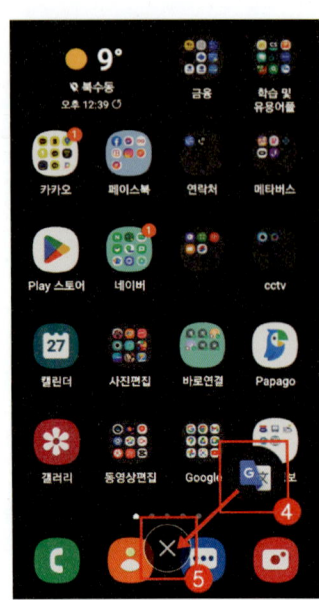

1 플로팅 아이콘은 구글 번역 앱을 별도로 실행하지 않아도 ① 글자를 복사한 후 ② 해당 아이콘을 터치하면 **2** ③ 번역된 것을 확인할 수 있습니다. **3** 홈 화면에서 플로팅 아이콘을 숨기기 하려면 ④ 아이콘을 지그시 누른 후 하단에 ⑤ [X] 아이콘으로 드래그하여 숨기기 합니다.

■ 텍스트 입력 번역 : 입력을 통해 108개 언어 번역

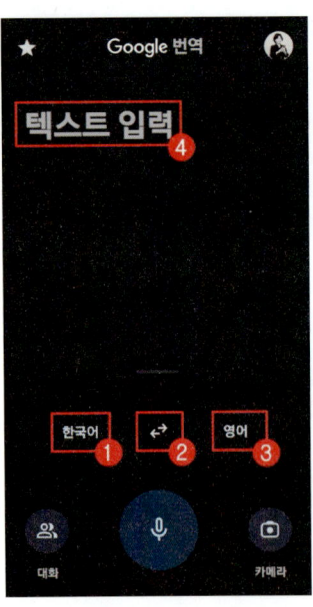 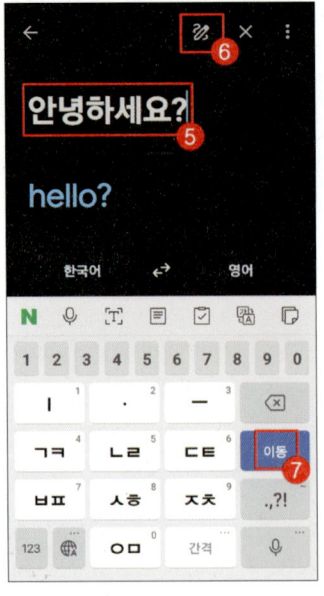 

1 ① [출발 언어]를 터치하여 입력할 언어를 선택합니다. ② 해당 영역을 터치하면 출발 언어와 도착 언어를 맞바꿀 수 있습니다. ③ [도착 언어]를 터치하여 번역될 언어를 선택합니다. ④ [텍스트 입력]을 터치하여 **2** ⑤ 텍스트를 입력합니다. ⑥ 해당 영역을 터치하면 입력하는 대신 필기로 텍스트 문자 쓰기(96개 언어)로 번역할 내용을 손글씨로 입력할 수 있습니다. ⑦ 텍스트 입력 완료 후 [이동]키를 터치하면 번역된 문장을 확인할 수 있습니다. **3** ⑧ 해당 영역을 터치 후 번역된 언어를 복사합니다. ⑨ 스피커 아이콘을 터치하면 번역된 언어를 음성으로 들을 수 있습니다.

■ 대화 번역 : 2가지 언어로 된 대화를 실시간으로 번역(70개 언어)

1 대화할 상대방이 옆에 있는 경우, ① [대화]를 터치하면 2 번역에서 오디오를 처음 한 번만 녹음하도록 허용하기 위해 ② [앱 사용 중에만 허용]을 터치합니다. 3 ③ [손바닥 모양]의 아이콘을 터치합니다.

 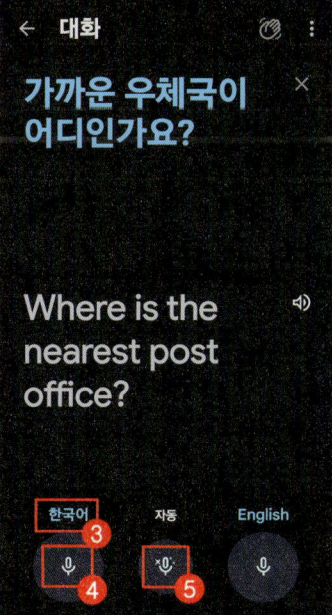

1 ① 영역의 내용처럼 '상대방에게 번역을 통해 대화해요'라는 내용의 화면을 보여준 후 ② [X]를 터치하여 창을 닫습니다. 2 대화 창에서 ③ [한국어]를 터치하면 언어를 변경할 수 있습니다. 대화하기 위해 ④ [마이크]를 터치하여 말을 하면 해당 언어가 화면 하단에 자동 번역되는 것을 볼 수 있습니다. ⑤ 자동 영역의 [마이크]를 터치하면 자동으로 두 언어를 듣고 번갈아 번역을 해줘서 외국인과 대화를 할 수 있습니다.

■ **음성 번역**

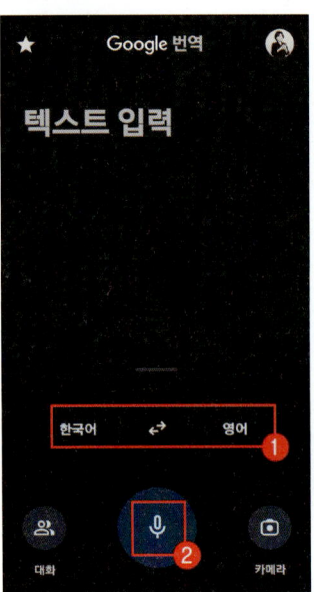 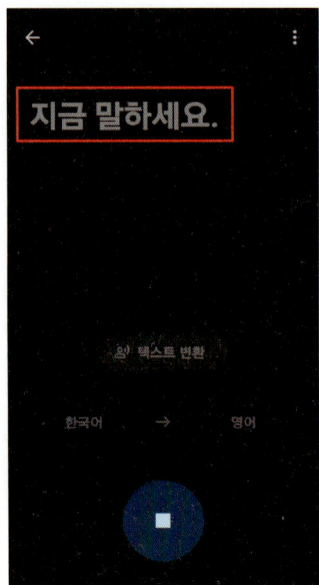 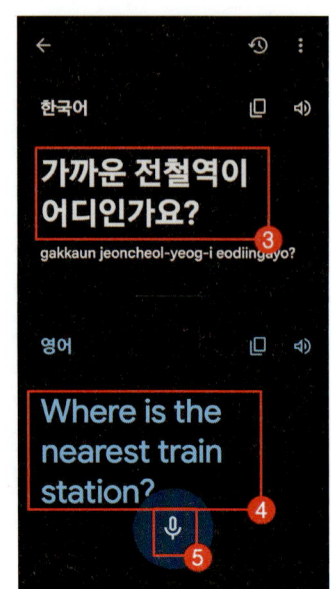

1 음성으로 번역하기 위해 먼저, ① 영역에서 [출발 언어]와 [도착 언어]를 선택합니다. ② [마이크]를 터치한 후 **2** 대화 창이 나타나면 말을 합니다. **3** ③ 영역에 말한 내용이 나타나며, ④ 영역에 번역된 내용을 볼 수 있습니다. 다시 말하고 싶다면 ⑤ [마이크]를 터치하여 말합니다.

■ **즉석카메라 번역** : 이미지, 간판, 책 등 원하는 영역에 카메라를 대기만 하면 즉시 번역 (94개 언어)해 주는 기능

 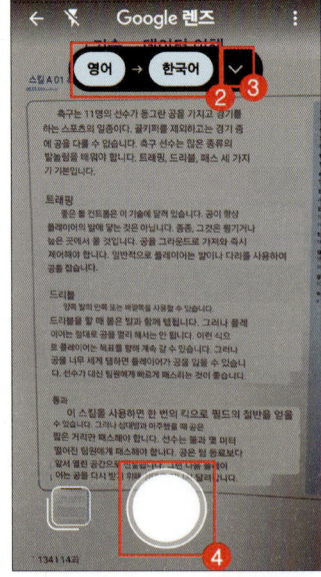 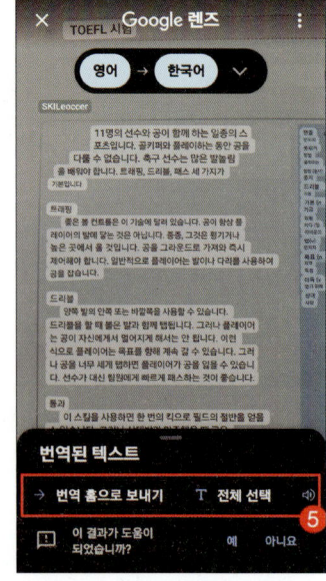

1 책의 내용을 번역하기 위해 먼저, ① 영역에서 [카메라]를 터치합니다. **2** ② [출발 언어]와 [도착 언어]를 선택합니다. 그러면 즉석에서 도착 언어로 번역이 되는 것을 볼 수 있으며, ③ 영역을 터치하면 원문 보기를 할 수 있습니다. ④ 영역에 [셔터]를 터치하면 **3** 번역된 내용을 [번역 홈으로 보내기]하여 원문과 번역문을 볼 수 있으며, 그 이외에도 [전체 선택], [듣기], [공유] 를 할 수 있습니다.

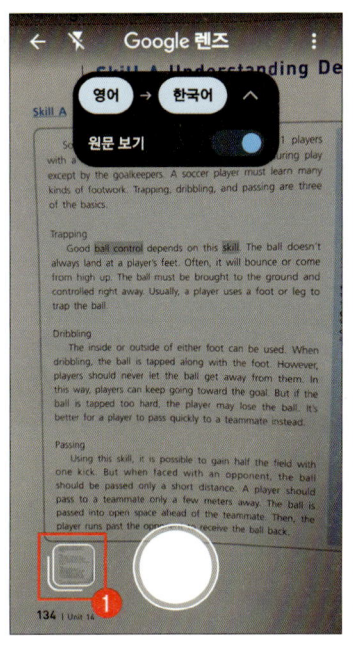  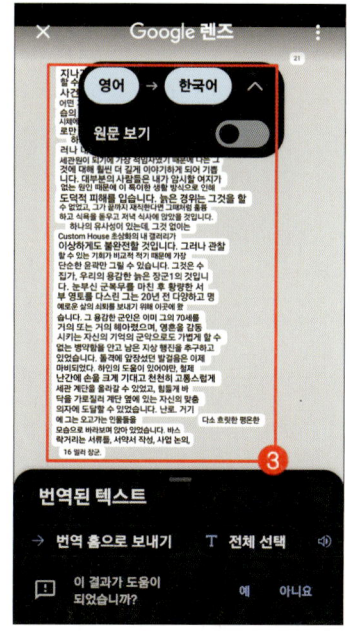

1 갤러리에 저장된 사진을 가져오기 위해 셔터 버튼 왼쪽에 ① 영역을 터치합니다.
2 ② 사진이 저장된 갤러리에서 번역할 이미지를 선택합니다.
3 ③ 선택된 이미지가 즉시 번역된 것을 확인할 수 있습니다.

MEMO

2. 네이버 파파고

[네이버 파파고] 앱은 현재 한국어, 영어, 일본어, 중국어(간체, 번체), 스페인어, 프랑스어, 베트남어, 태국어, 인도네시아어, 러시아어, 독일어, 이탈리아어 등 총 13개 국어 번역을 지원합니다.

[네이버 파파고] 앱의 주요 기능

▶ 텍스트 번역: 번역이 필요한 문구를 텍스트로 입력하면 실시간으로 번역

▶ 이미지 번역: 카메라로 찰칵 찍고 버튼만 누르면, 이미지 속 문자를 자동으로 인식하여 번역

▶ 음성 번역: 번역이 필요한 내용을 음성으로 말하면 실시간으로 번역

▶ 오프라인 번역: 인터넷 연결 없이도 텍스트 번역 사용

▶ 대화 번역: 외국인과 1:1 대화가 필요한 상황에서 서로의 언어로 동시 대화 가능

▶ 필기 번역 : 손가락으로 슥슥 글자를 써주면 무슨 뜻인지 찾아주는 필기 번역

▶ 웹사이트 번역 : 해외 웹사이트 URL만 넣으면 전체 내용을 자동으로 번역

▶ 에듀: 공부할 지문을 촬영하면 나만의 노트가 만들어져 본문, 단어 학습 가능

  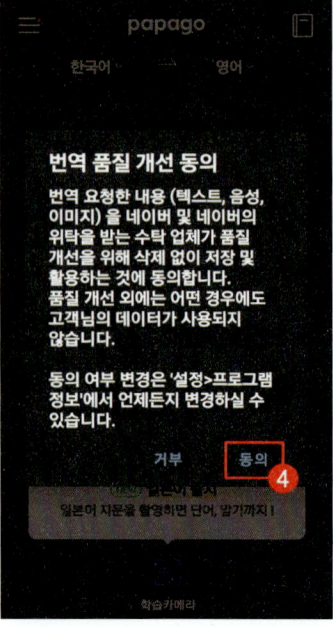

❶ [구글 Play 스토어]에서 ① [네이버 파파고]를 검색하여 ② [설치]를 터치합니다. ❷ 설치가 완료되면 ③ [열기]를 터치합니다. ❸ ④ 번역 품질 개선 동의 화면에서 [동의]를 터치합니다.

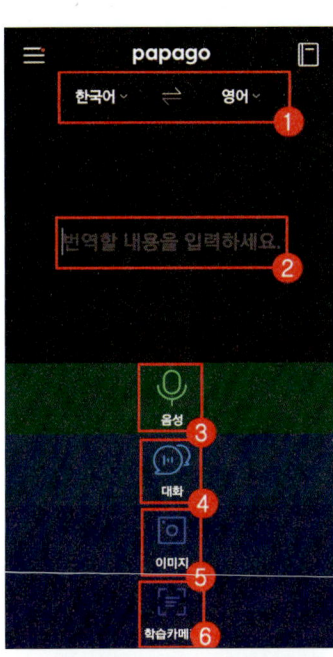

▶ ① [출발 언어]와 [도착 언어]를 변경할 수 있습니다.
② [번역할 내용을 입력하세요]를 터치하여 번역할 내용을 입력하면 도착 언어로 번역됩니다.
③ [음성]을 터치하여 번역이 필요한 내용을 음성으로 말하면 바로 번역됩니다.
④ 외국인과 1:1 대화가 필요한 상황에서 [대화]를 터치하여 서로의 언어로 동시 대화 가능합니다.
⑤ [이미지]를 터치하여 카메라로 찰칵 찍고 버튼만 누르면, 이미지 속 문자를 자동으로 인식하여 번역합니다.
⑥ [학습카메라]는 공부할 지문을 촬영하면 나만의 노트를 만들어 저장하여 본문, 단어를 학습합니다.

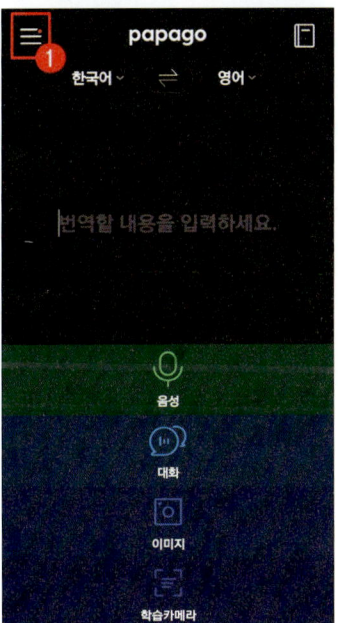 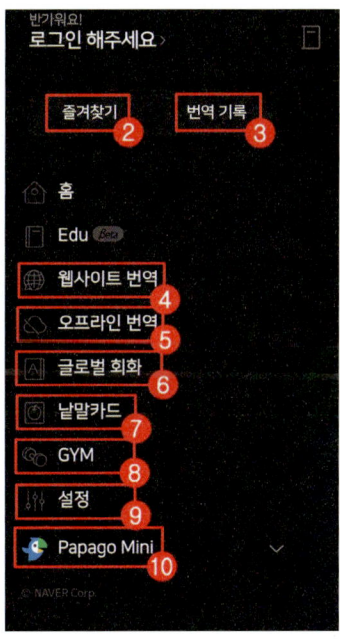

1 ① 왼쪽 상단에 [☰] 메뉴를 터치합니다. **2** ② [즐겨찾기]는 번역한 글에서 즐겨찾기한 내용을 볼 수 있습니다. ③ [번역 기록]은 지금까지 번역한 내용을 볼 수 있으며 [편집]을 터치하여 삭제 가능합니다. ④ [웹 사이트 번역]은 번역을 원하는 웹 사이트 주소를 입력 후 사이트 번역 할 수 있습니다. ⑤ [오프라인 번역]은 원하는 언어팩을 다운로드하여 오프라인 환경에서도 번역할 수 있습니다. ⑥ [글로벌 회화] 상황에 따른 기본 회화를 확인할 수 있습니다. ⑦ [낱말 카드]는 카테고리별 낱말 카드를 이용하여 보고, 듣고, 따라 할 수 있도록 합니다. ⑧ [GYM] 회원 가입 후 사용 가능한 서비스로 파파고에서 제시되는 원문과 번역문을 읽고 번역문이 알맞게 번역되었는지 판단하여 평가해 주는 기능입니다. ⑨ [설정]은 파파고를 사용할 때 필요한 다양한 설정을 할 수 있습니다. ⑩ [Papago Mini]는 텍스트, 음성, 이미지 등 파파고 아이콘을 홈 화면에 띄워서 실시간으로 사용할 수 있도록 합니다.

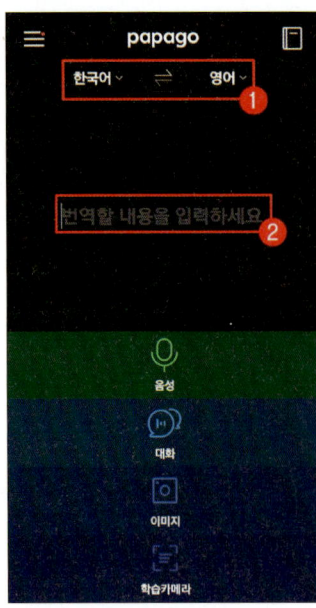 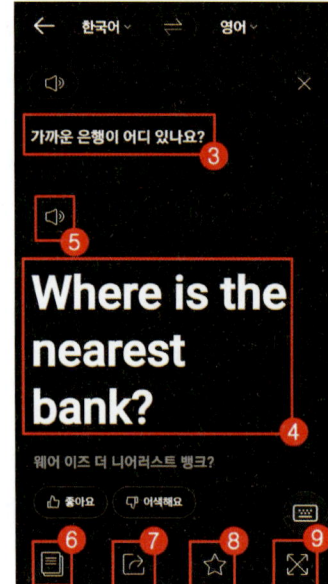 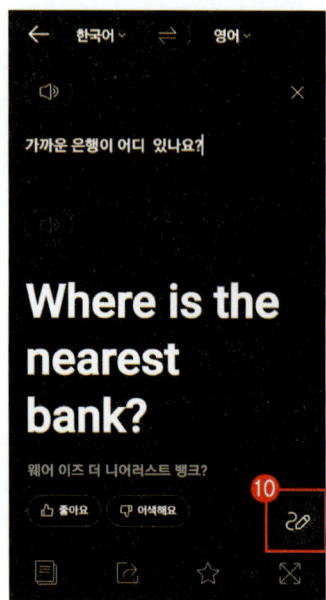

1️⃣ ① [출발 언어], [도착 언어]를 선택한 후 ② [번역할 내용을 입력하세요]를 터치하여
2️⃣ ③ 번역할 내용을 입력합니다. ④ 하단에 선택한 [도착 언어]로 번역됩니다. ⑤ [스피커] 아이콘을 터치하면 음성으로 듣기가 가능합니다. ⑥ 해당 영역을 터치하여 번역 결과를 복사합니다. ⑦ 번역한 내용을 공유합니다. ⑧ 해당 영역을 터치하면 [즐겨찾기]에 보관됩니다. ⑨ 번역된 내용을 전체화면으로 보여줍니다. 3️⃣ ⑩ 해당 아이콘을 터치하면 손가락으로 글자를 쓰면 번역해 주는 필기 번역 아이콘입니다.

■ **음성 번역: 번역이 필요한 내용을 음성으로 말하면 실시간 번역**

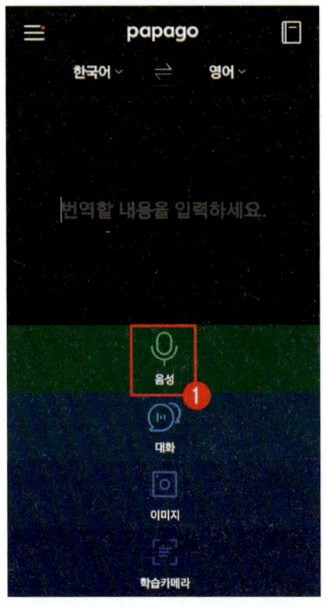  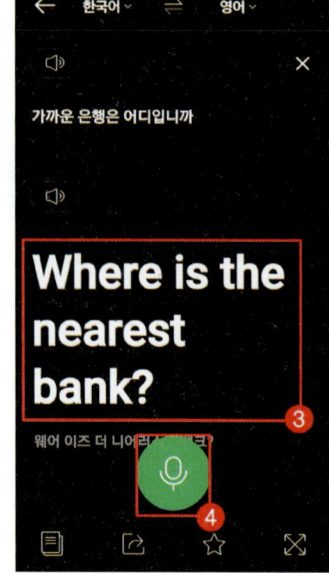

1️⃣ ① [음성]을 터치합니다. 2️⃣ ② [앱 사용 중에만 허용]을 터치하여 3️⃣ ③ 번역할 내용을 말하면 하단에 선택한 [도착 언어]로 번역된 문장을 보여줍니다. ④ 번역을 다시 하려면 하단에 마이크를 터치하여 말하면 새롭게 번역됩니다.

■ 대화 번역

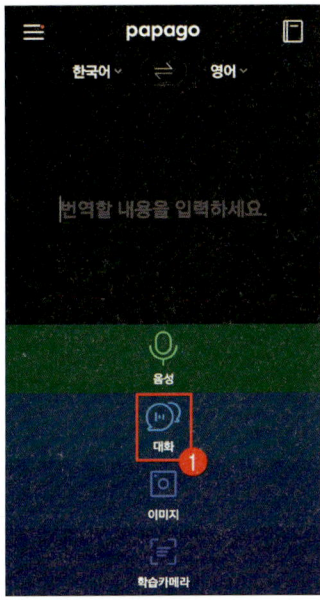 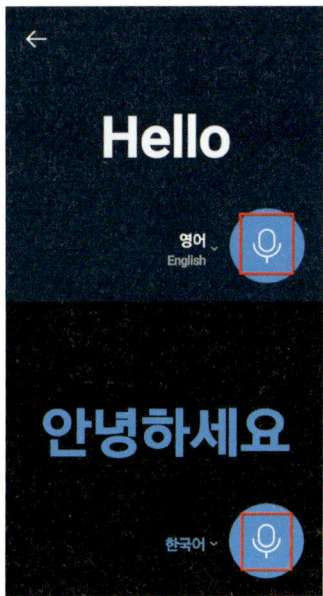

1 ① [대화]를 터치한 후 외국인과 1:1 대화가 필요한 상황에서 2 마이크를 터치하여 서로의 언어로 동시에 대화가 가능합니다.

■ 이미지 번역

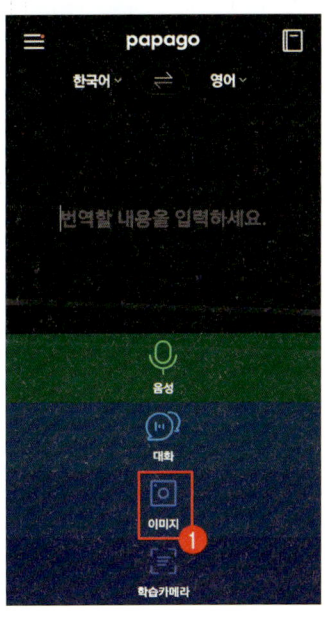  

1 ① [이미지]를 터치합니다. 2 ② 해당 기능을 처음 사용 시 나오는 화면에서 [앱 사용 중에만 허용]을 터치합니다. 3 ③ 해당 영역은 갤러리에서 사진을 불러와 번역할 수 있습니다. ④ 번역할 영역을 [전체번역], [실시간 번역], [부분번역] 중 선택한 후 카메라로 찰칵 찍으면, 이미지 속 문자를 자동으로 인식하여 번역합니다. [부분번역]의 경우 번역을 원하는 부분을 손가락으로 문지르면 번역 가능합니다. ⑤ 플래시를 켜고 끕니다.

14강 나만 모르는 카카오톡 활용 노하우

1. 카카오톡 음성메시지 보내기

1️⃣ 대화창에서 좌측 [+] 표시를 터치합니다. 2️⃣ 여러 가지 아이콘이 나타나는 걸 볼 수 있는데 이 화면에서 [음성메시지]가 보이지 않으면 우측 꺾쇠 표시 [〉]를 터치합니다. 3️⃣ [글꼴]을 바꾸기 위해 터치합니다

1️⃣ [녹음버튼 : 동그라미]을 터치하면 음성메시지 창이 열립니다. ②[간편녹음 버튼 사용]을 터치 후 활성화하면 ③ 채팅창 하단의 + 표시 우측에 간편녹음 버튼 아이콘이 생겨 음성메시지를 간편하게 보낼 수 있습니다. 2️⃣ 음성녹음 후 [녹음종료 : 네모]를 터치 하고 3️⃣ [보내기] 버튼을 터치합니다.

1 [새로고침 : 동그란 화살표] 버튼을 터치하여 새 메시지를 녹음할 수 있습니다.
2 음성메시지가 전송된 것을 확인 할 수 있습니다. 마이크 모양은 [간편녹음]이 활성화 되어 있는 모양입니다.

MEMO

2. 지도 서비스

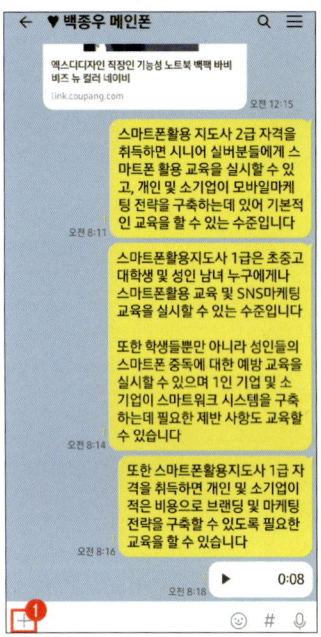  

1 카카오톡 대화방에서 ① 하단의 [+] 버튼을 터치합니다. 2 ① [지도]를 선택합니다.
3 현재 위치 정보를 표시해줍니다. ① [위치정보 보내기]를 선택하면 나의 위치 정보를 상대방에게 전달해 줍니다.

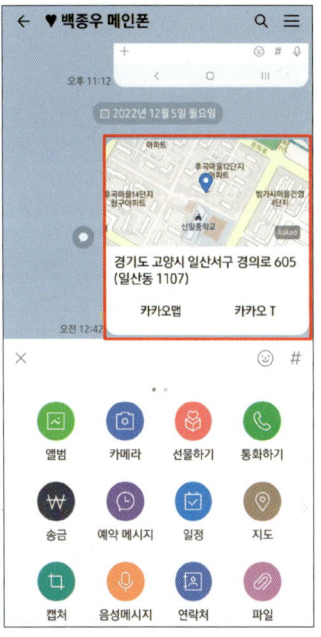 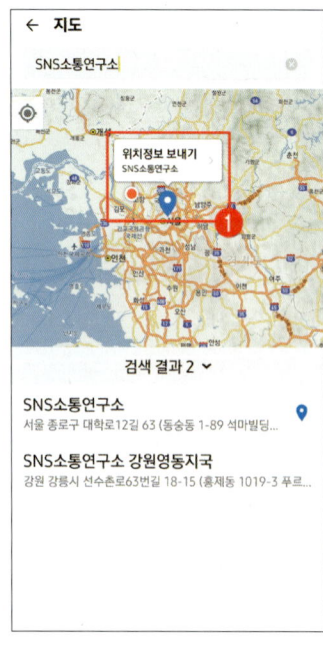 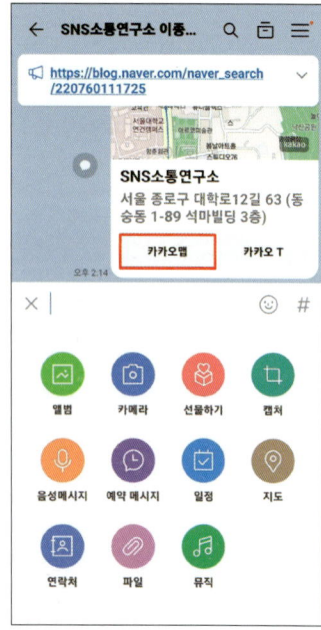

1 나의 위치 정보를 상대방에게 전달된 화면입니다. 2 카카오톡 대화방에 있는 상대방에게 공유하고 싶은 곳을 검색해서 보낼 수도 있습니다. [SNS소통연구소]를 검색해서 ① [위치정보 보내기]를 터치합니다. 3 상대방에게 전달된 위치 정보입니다. [카카오맵]을 터치합니다.

1️⃣ SNS소통연구소의 주소와 위치가 보입니다. ① [길찾기]를 실행합니다. 2️⃣ ① [자동차]를 터치하면 내비게이션 기능이 작동되고 ② [안내시작]을 터치하면 이동하는 경로를 안내해 줍니다. 3️⃣ ① [대중교통]을 선택하고 ② [버스]를 터치하면 버스로만 이동하는 방법과 환승 정보까지 보여줍니다.

1️⃣ ① [대중교통]의 ② [지하철]을 선택하니 지하철 노선과 환승 정보를 안내해 줍니다.
2️⃣ [카카오T] 기능을 실행합니다. 3️⃣ 택시 버스 대리운전 등의 예상 서비스 요금과 방법을 안내해 줍니다.

3. 책갈피

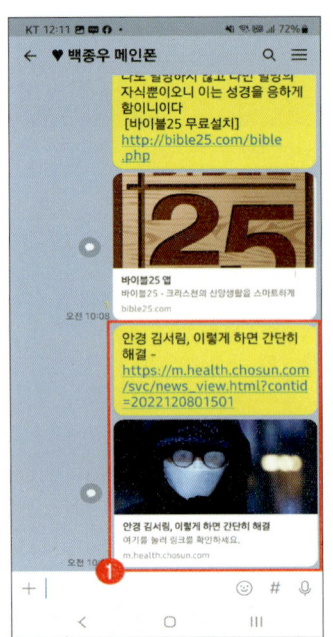 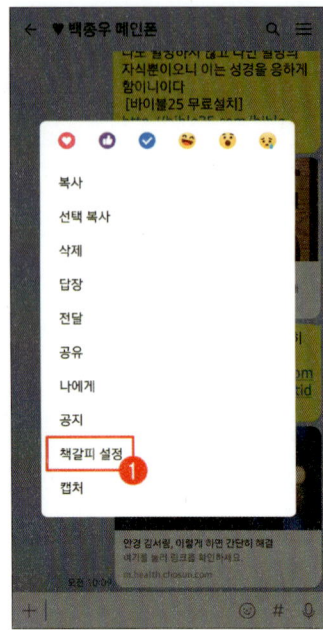 

1 카카오톡 대화방에서 ① [책갈피] 표시를 하고 싶은 글을 길게 누릅니다. 2 보이는 메뉴에서 ① [책갈피 설정]을 선택합니다. 3 우측 하단에 [책갈피]가 설정된 것을 확인할 수 있습니다.

 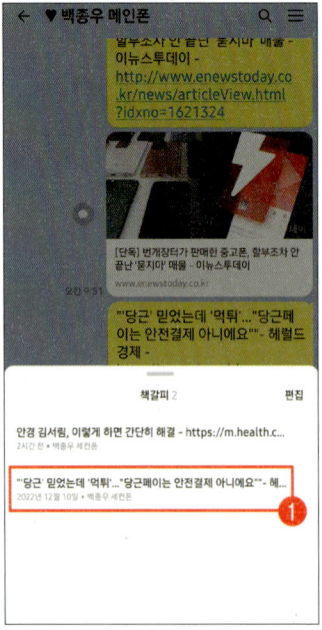 

1 ① 동일한 방법으로 2개 이상의 말풍선에 책갈피를 설정하면 목록이 추가된 모양의 책갈피로 변경됩니다. 2 ① 목록 책갈피를 선택하면 여러 건의 내용을 확인할 수 있습니다. 3 특정 책갈피를 선택하면 해당 말풍선으로 이동합니다.

 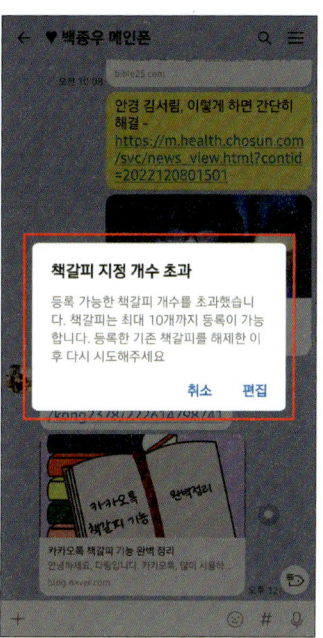 

1️⃣ 책갈피는 10개까지 설정 가능합니다. 2️⃣ 10개를 초과해서 책갈피를 설정하려고 하면 [책갈피 지정 개수 초과]라는 팝업창이 노출됩니다. 3️⃣ ① 이런 경우에는 기존에 책갈피가 설정된 말풍선을 선택해서 길게 누릅니다.

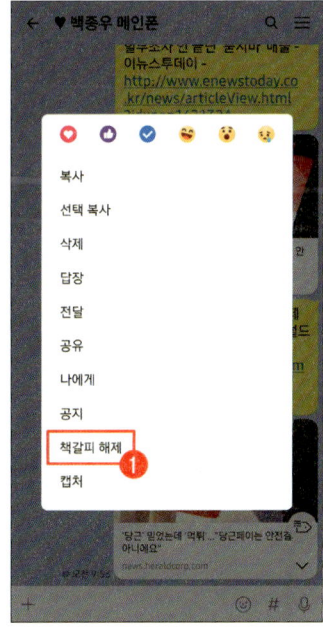

▶ ① [책갈피 해제] 메뉴를 선택해서 해당 말풍선의 책갈피를 해제하면 다른 말풍선에 추가로 [책갈피 설정]이 가능해집니다.

4. 더샵(#)

포털사이트를 통해 검색한 결과를 복사/붙이기를 하지 않고, 카카오톡 대화방 하단 메시지 입력창에 샵(#)을 통해 바로 검색해서 공유할 수 있습니다.

❶ 카카오톡 대화방 메시지 입력창 우측의 ① [샵(#)]을 터치합니다. ❷ 검색창과 함께 추천검색어가 표시됩니다. ① [날씨]를 터치합니다. ❸ ① [날씨]를 선택하면 검색 결과를 보여주고 ② [공유하기]를 누르면 보낼 수 있습니다.

❶ 메시지를 받은 대화상대도 ① [검색 결과 더보기]를 통해 바로 연결 가능합니다.
❷ ① 원하는 검색어를 입력해서 조회 가능하고 ❸ ① 원하는 검색어 입력한 후 ② [공유하기]를 통해 대화상대에게 보낼 수 있습니다.

5. 저장공간 관리 - 카카오톡 미디어 파일 삭제

 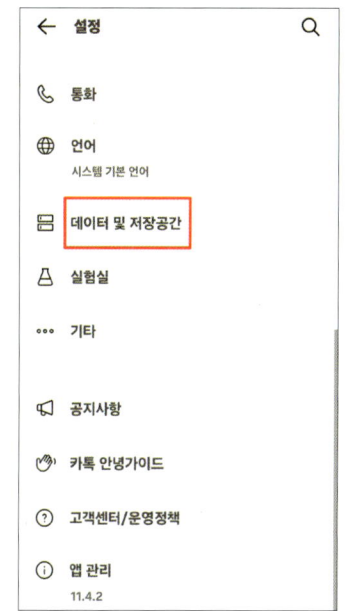 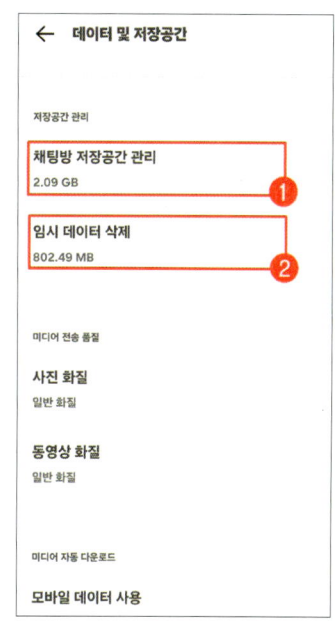

1 ① [설정]을 터치하고 ② [전체설정]을 터치합니다. **2** [데이터 및 저장공간]을 선택합니다.
3 ① [채팅방 저장공간 관리]는 채팅 앱에서 주고받은 사진, 동영상, 파일 등의 데이터가 차지하는 저장공간을 관리할 수 있는 메뉴입니다. ② [임시 데이터 삭제]는 앱에서 생성된 캐시 및 임시 파일을 삭제 하여 저장공간을 확보할 수 있게 합니다. 임시 파일만 삭제되므로 삭제 후에도 중요한 데이터에는 영향을 주지 않습니다.

 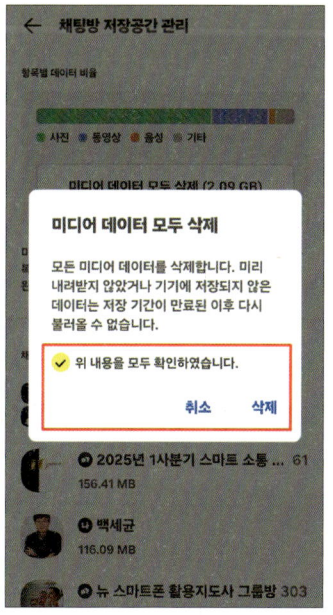 

1 [채팅방 저장공간 관리]에서 영상, 사진 등 미디어 데이터를 모두 삭제 할 수 있습니다. **2** 미디어 데이터를 모두 삭제하기 위해서는 안내문을 확인 후 삭제를 해야 합니다. **3** 각 채팅방 별로도 미디어 데이터 삭제를 진행 할 수 있습니다.

6. 설정

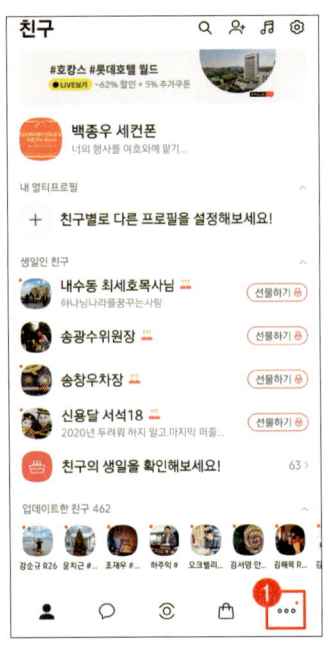

❶ 초기화면에서 ① 우측 하단 [점 3개]를 터치합니다. ❷ [더보기] 우측 상단 ② [설정]을 터치합니다. ❸ [프로필 관리]부터 [공지사항]까지 다양한 메뉴를 확인할 수 있습니다.

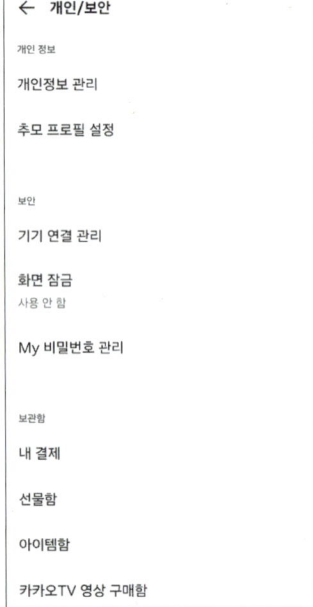

❶ [내 정보 관리]에서 카카오톡 ID를 변경하거나 내프로필 QR코드를 생성할 수 있습니다.
  [내프로필 QR]은 전화번호를 공개하지 않고 카카오톡 친구를 맺을 수 있습니다.
❷ [카카오계정]에서 연락처를 관리하거나 계정 비밀번호를 변경할 수 있습니다.
❸ [개인/보안]에서 카카오톡 화면 잠금을 설정하거나 6자리 비밀번호를 변경할 수 있습니다.

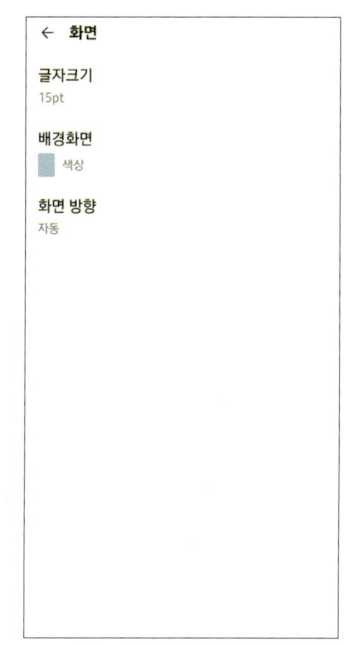

1 [친구]에서 친구목록을 새로고침하거나 숨김친구, 차단친구 등을 관리할 수 있습니다.
2 [화면]에서 글자크기를 조정하거나 배경화면, 화면 방향 설정을 변경할 수 있습니다.
3 [테마]에서 카카오톡 배경화면을 다운로드받아서 변경할 수 있습니다.

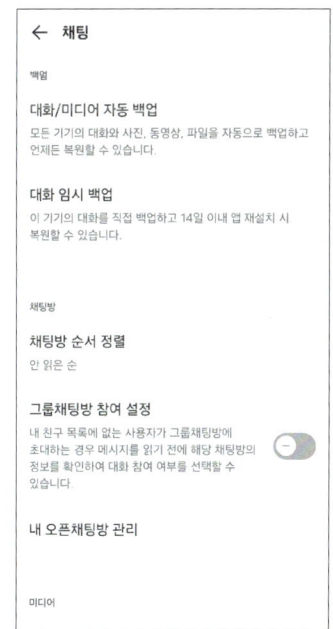

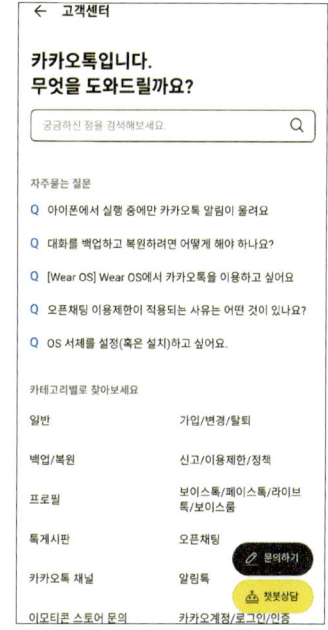

1 [채팅]에서 대화 내용을 백업하거나 사진, 동영상 화질을 변경할 수 있습니다.
2 [실험실]에서 카카오톡의 선택적으로 제공하는 새로운 기능들을 안내해줍니다.
3 [고객센터]에서 카카오톡에 대한 주요 질문과 답변을 제공합니다. 챗봇상담을 통해 문의도 가능합니다.

7. 오픈채팅방

  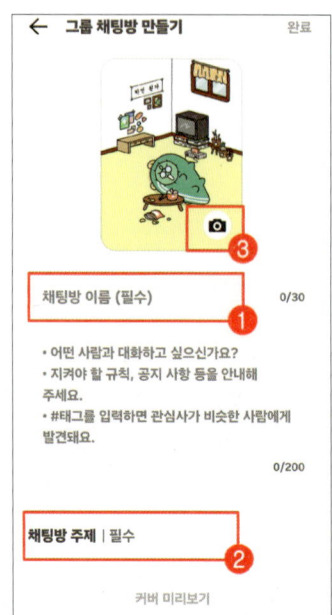

1 ① [오픈채팅]을 터치합니다. ② [말풍선 +]을 터치합니다. **2** ① [1:1 채팅]에서는 한 명과의 오픈채팅방을 만들 수 있습니다. ② [그룹채팅]을 터치하여 채팅방을 만듭니다. ③ [오픈 프로필]을 터치하고, 오픈 프로필을 만들거나 수정할 수 있습니다. **3** 그룹 채팅방을 만들기 위해서는 ① [채팅방 이름]과 ② [채팅방 주제]를 필수로 입력해야 합니다. ③ [커버 이미지 변경]을 터치하여 사진을 변경합니다.

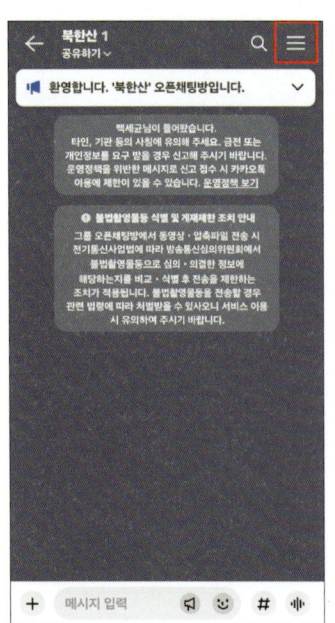 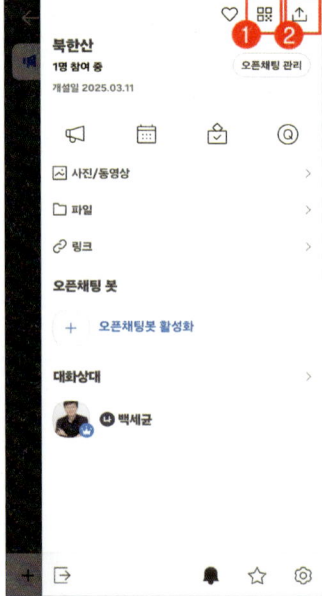 

1 채팅방에 친구를 초대하려면 상단의 [삼선]을 터치합니다. **2** ① [QR 코드] 또는 ② [주소 공유]를 터치합니다. **3** ① [저장하기]에서는 생성된 QR 코드를 앨범에 저장할 수 있고, ② [공유하기]를 터치하면 QR 코드를 친구들에게 보낼수 있습니다.

8. 톡서랍 서비스

1️⃣ 메뉴에서 [더보기]를 터치합니다.
2️⃣ [더보기] 메뉴에서 [톡서랍]을 터치합니다.
3️⃣ 다음은 [톡서랍]의 각 메뉴 항목 설명입니다.

① [톡서랍]은 카카오톡에서 주고받은 사진, 동영상, 파일, 링크등을 저장하고 관리할 수 있는 무료 구독 서비스에서 제공하는 기본 기능이며, 저장 공간이 제한적입니다. 반면, [톡서랍 플러스]는 유료 구독 서비스로, 더 넉넉한 클라우드 저장 공간(100GB 이상)과 팀 데이터 공유, 대화 백업, 고급 정리 및 검색 기능을 추가로 제공합니다.
② 파일 종류 및 개수등 카카오톡에서 공유된 다양한 유형의 데이터가 표시됩니다. 사진, 동영상, 파일, 링크 등의 개수가 표시되어 있습니다.
③ [팀 데이터]는 각 [팀 채팅방]에서 공유된 데이터가 관리되는 공간입니다. 그 방의 모든 데이터를 보관하므로, 업무용이나 협업을 위한 자료 관리에 유용합니다.
④ [드라이브]는 유료 가입자가 사용할 수 있으며, 카카오톡에서 보관 중인 파일을 정리하거나 사진이나 미디어, 대화 백업등을 클라우드에 저장하는 기능을 제공합니다.
⑤ [중요 표시 (북마크 기능)]은 중요한 파일이나 메시지를 빨리 찾을 수 있도록 [중요] 항목이 제공됩니다. 즐겨찾기와 같은 기능입니다.
⑥ [메뉴 버튼 (설정 및 추가 기능)]은 카카오톡 톡서랍의 설정을 변경하거나 추가 기능(예: 용량 확인, 업그레이드 옵션 등)을 활용할 수 있는 메뉴 버튼입니다.

15강 가족 간 지인 간의 원활한 소통을 위한 사진인화 어플 활용하기

1. 사진 인화하기

 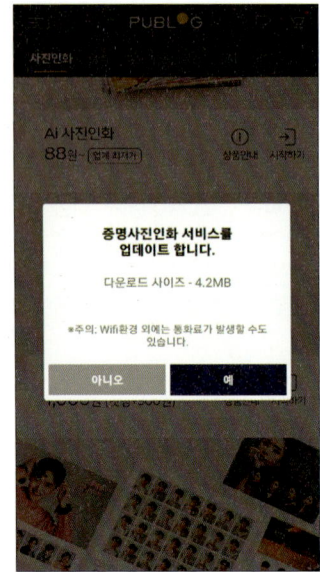 

1 [퍼블로그] 첫 페이지 상단에서 ① [사진 인화]를 터치하고 ② 인화하고 싶은 사진 종류를 선택하여 [시작하기]를 터치합니다. 증명사진을 한번 선택해 보겠습니다. **2** 증명사진 인화 서비스를 업데이트합니다. **3** ① 증명사진 종류를 선택하고 ② 상단의 우측 화살표를 터치하여 다음으로 진행합니다.

1 내 갤러리에서 사진을 선택하여 불러온 후 [저장하기]를 터치합니다. **2** 증명사진에 맞지 않는 배경은 꼭 수정하여 주문해야 합니다. **3** 각 증명사진 규격에 맞춰 촬영된 사진으로 주문해야 합니다.

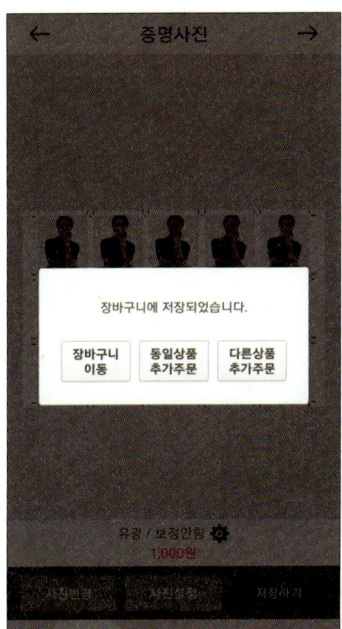  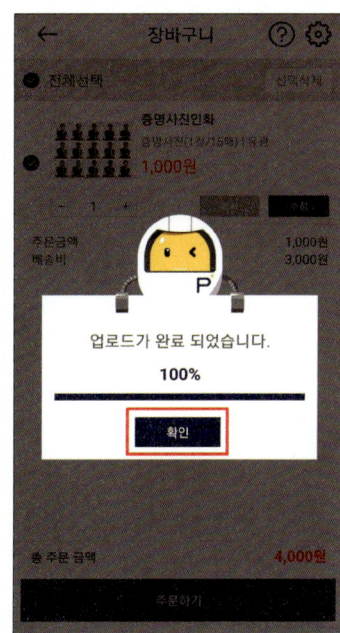

1 추가 주문을 하거나 없다면 장바구니로 이동합니다.
2 주문할 상품을 선택하고 [주문하기]를 터치합니다.
3 업로드가 완료되면 [확인]을 터치합니다.

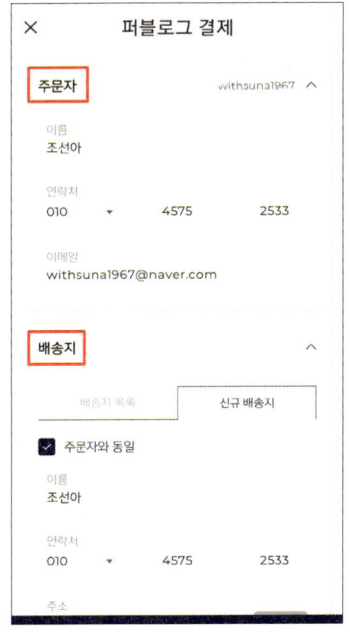  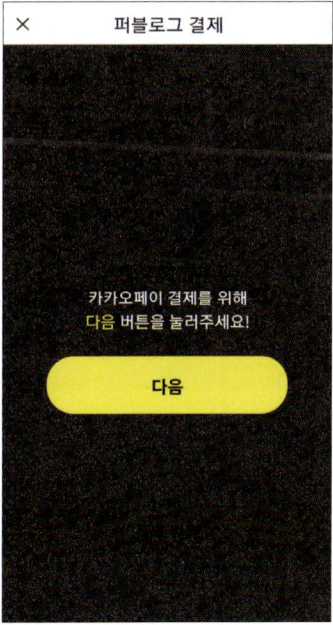

1 결제창에서 [주문자]와 [배송지]를 입력합니다.
2 결제 수단을 선택하고 [결제하기]를 터치합니다.
3 다음을 터치하여 결제를 진행합니다.

2. 포토북 만들기

 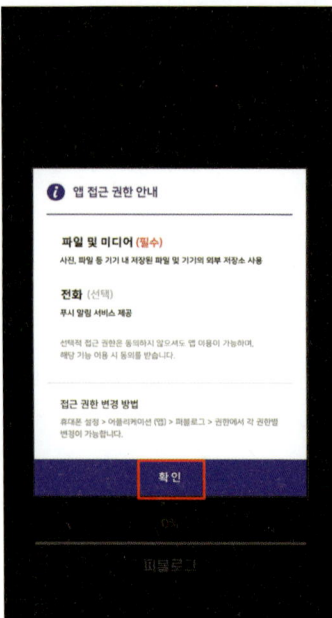 

1 [Play스토어]에서 ① [퍼블로그]를 검색하고 [퍼블로그 사진인화 포토북 달력만들기]를 터치하여 설치 후 ② [열기]를 합니다. 2 [퍼블로그] 실행을 위해 [확인]을 터치하고 3 [허용]을 터치하여 진행합니다.

1 홈화면에서 상단에 있는 [포토북]을 선택합니다. 2 아래에서 위로 스크롤하여 다양한 디자인을 검색하여 [포토북 시작하기]를 터치합니다. 3 포토북의 ① [사이즈]를 선택합니다. ② [커버] 종류를 선택합니다. ③ [내지]를 선택합니다.

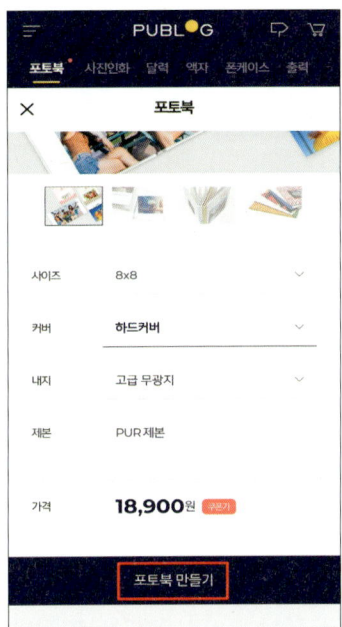 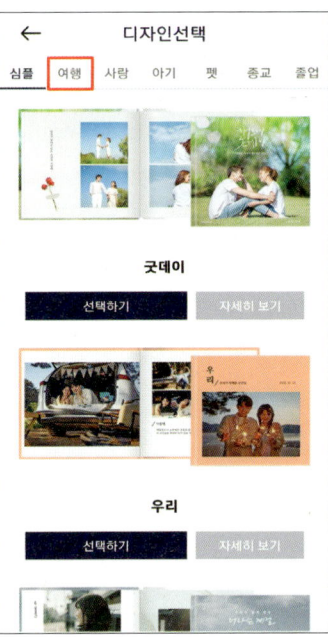 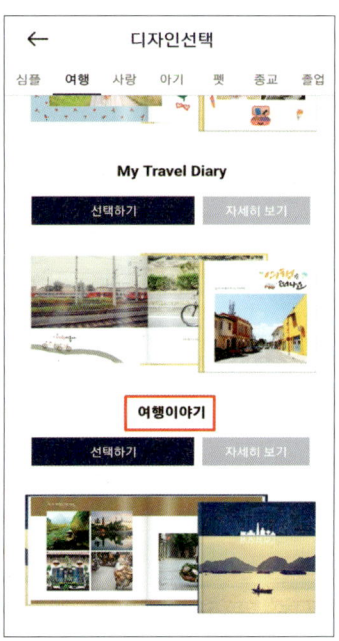

① 포토북 기본선택이 끝난 후 [포토북 만들기]를 터치합니다.
② 여러 디자인 카테고리 중 [여행]을 터치합니다.
③ 아래에서 위로 스크롤 하여 디자인을 검색한 후 [여행이야기]를 선택합니다.

 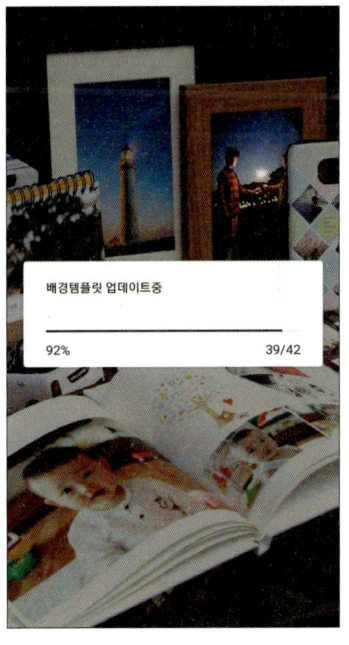 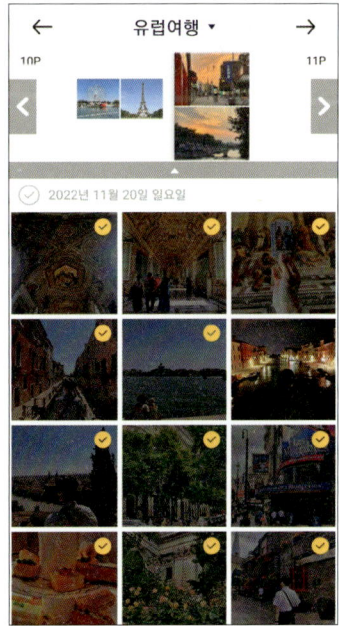

① [만들기]를 시작합니다.
② 배경 템플릿이 업데이트되고 있습니다.
③ 사진 파일이 열리면 원하는 사진을 선택합니다.

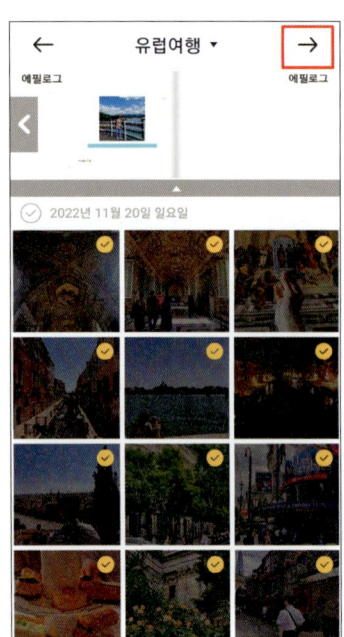 

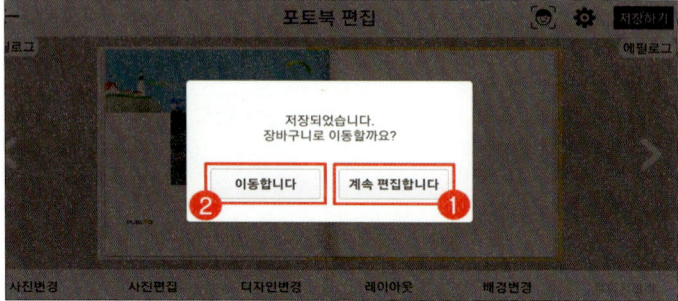

1 사진 선택이 끝나면 상단 우측 화살표를 터치하여 다음 단계로 진행합니다. 2 자동편집을 진행합니다. 3 편집내용이 저장된 후 ① [계속 편집]을 선택하거나 ② [장바구니]로 이동합니다.

 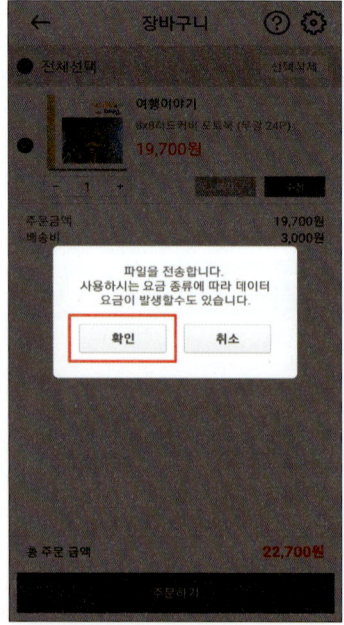 

1 주문상품을 선택한 후 [주문하기]를 터치합니다.
2 [확인]을 눌러 파일을 전송합니다.
3 사진 업로드가 완료되면 [확인]을 눌러 결제창으로 넘어갑니다.

 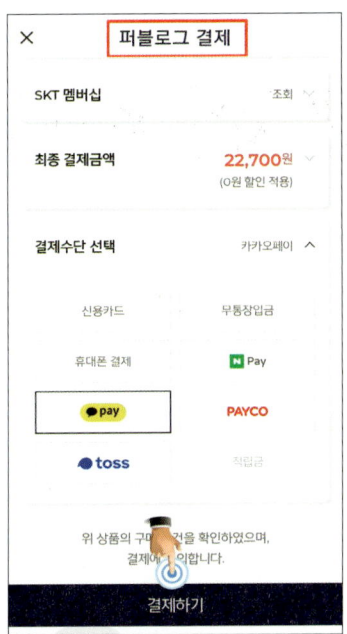 

1. [주문자]를 입력하고 [배송지]도 입력합니다.
2. 결제수단을 선택하고 [결제하기]를 터치합니다.
3. 금액을 확인하고 [결제하기]를 터치합니다.

3. 달력 만들기

1️⃣ 퍼블로그 홈 화면에서 ① 상단의 [달력]을 선택하고 아래에서 위로 스크롤 하여 ② 달력의 종류를 선택하고 [시작하기]를 터치합니다. 2️⃣ 달력의 크기를 선택하고 [만들기]를 터치합니다.
3️⃣ 디자인은 두 가지가 있으며 내가 직접 디자인하는 것과 만들어진 디자인 중 하나를 선택합니다.

 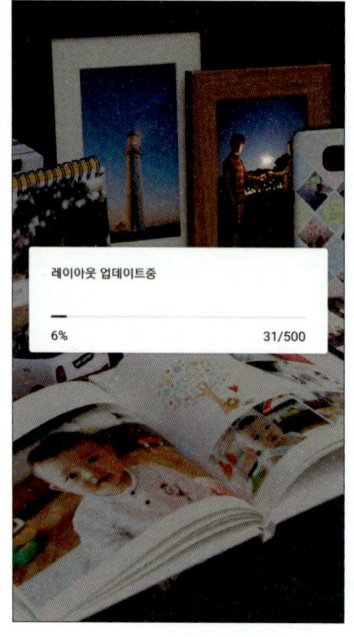 

1️⃣ 시작 월, 용지 종류, 사이즈, 페이지 수 등을 선택합니다.
2️⃣ 레이아웃이 업데이트 되고 있습니다.
3️⃣ 갤러리에서 사진을 선택합니다.

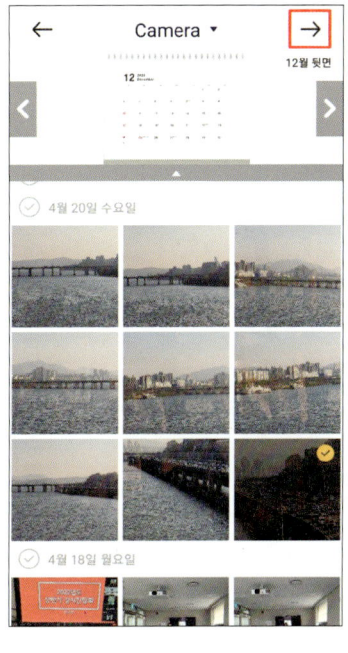

❶ 1월부터 12월까지 각 달에 어울리는 사진을 선택한 후 우측 상단의 화살표를 터치하여 다음으로 진행합니다. ❷ 템플릿이 업데이트되고 있습니다. ❸ 사진 자동편집 기능을 현재 페이지 또는 전체 페이지에 적용합니다.

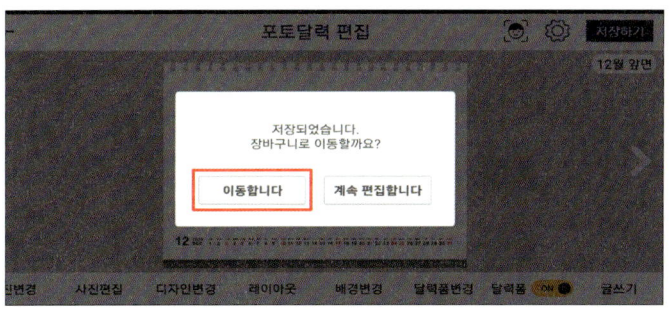

❶ [저장하기]를 터치합니다.
❷ 저장된 파일을 장바구니로 이동합니다.
❸ 장바구니에서 상품을 선택한 후 [주문하기]를 터치합니다.

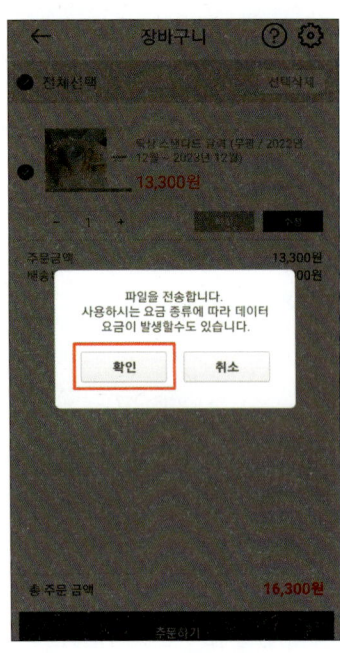  

1️⃣ 파일을 전송하기 위해 [확인]을 터치합니다.
2️⃣ 결제창에서 [주문자]와 [배송지]를 입력합니다.
3️⃣ 결제 방법을 선택하고 [결제하기]를 터치합니다.

16강 스마트폰 하나면 나도 스마트한 비즈니스맨

1. 샌드애니웨어 (1:1로 용량에 상관없이 상대방에게 자료 전송하고 싶은 경우)

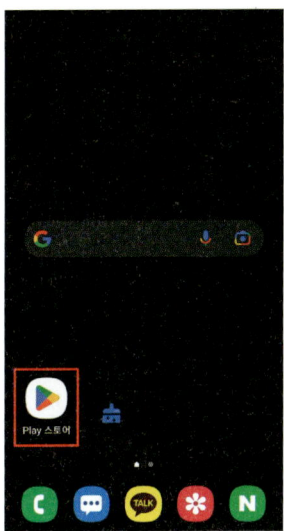  

1 [Play 스토어]를 터치합니다. **2** ① 검색창에 [샌드애니웨어]를 입력합니다. ② [샌드애니웨어]를 터치하여 설치합니다. **3** [샌드애니웨어]를 실행하기 위해 [열기]를 터치합니다.

1 ① [이용 약관]에 동의합니다. ② [확인]을 터치합니다. **2** [샌드애니웨어]는 파일을 전송하고 저장하기 위해 권한 허용을 요청합니다. [다음]을 터치합니다. **3** [샌드애니웨어]에서 기기의 사진 및 미디어에 액세스하도록 [허용]을 터치합니다.

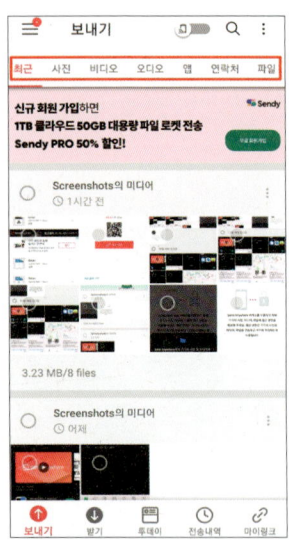  

1 [샌드애니웨어] 다양한 파일 형식을 선택하여 전송할 수 있습니다.
2 ① 예로 [사진]을 선택합니다. ② 전송할 사진을 선택한 후 ③ [보내기]를 터치합니다.
3 ① 보내는 기기에서 [숫자 6자리]가 생성되며 받는 기기에서 [받기]를 터치하고 입력창에 [숫자 6자리]를 입력하면 사진이 전송 됩니다. ② [QR코드]를 스캔하여 다수의 인원이 파일을 동시에 전송받을 수 있습니다. ③ [링크 공유]는 파일 주소를 받은 사람들이 파일을 다운받을 수 있습니다.

 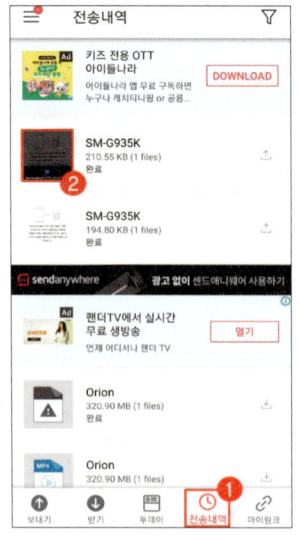 

1 보낼 파일을 전송하기 위해 [확인]을 터치합니다.
2 ① [전송내역] 탭에서 ② 파일 전송 결과를 확인할 수 있습니다.
3 링크 공유를 통한 파일전송은 로그인이 필요합니다. [확인]을 터치합니다.

 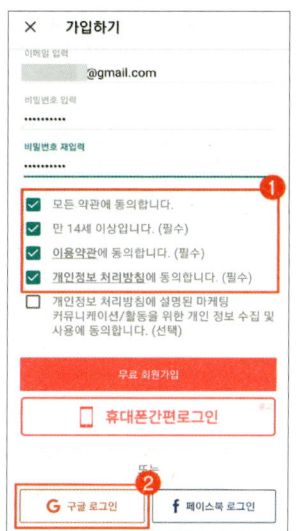 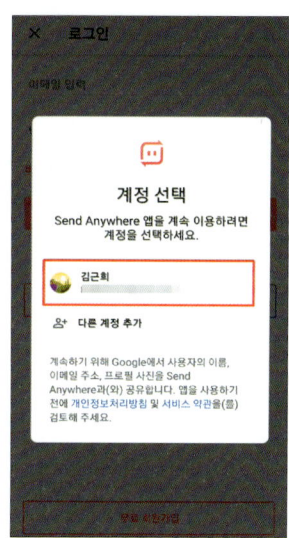

1️⃣ ① [샌드애니웨어]는 [구글 로그인]과 [페이스북 로그인]을 지원하므로 선택하여 사용할 수 있으며, ② 구글 아이디나 페이스북 아이디가 없어도 [무료 회원가입]이 가능합니다.
2️⃣ ① 로그인하기 위해서 [약관]에 동의한 후 ② [구글 로그인]을 터치합니다.
3️⃣ 나타난 계정을 터치합니다.

1️⃣ 링크 주소 생성을 위해 터치를 합니다. 2️⃣ ① 링크 주소가 생성되었습니다. 주소를 길게 터치해서 복사를 합니다. ② 클립보드에 링크 주소가 복사되었다는 메시지가 보이며, 바로 메신저 채팅방 등에 주소를 [붙여넣기]하여 전송할 수 있으며, 주소를 받은 사람은 주소를 터치하여 전송을 받을 수 있습니다.

2. 모바일팩스

▶ 스마트폰에서 팩스문서를 간편하게 송수신하는 팩스 어플입니다.
▶ 팩스 보내려고 관공서, 관리소, 부동산을 찾으시나요?
▶ 스마트폰으로 모바일팩스를 쉽고 빠르게 보낼 수 있습니다.

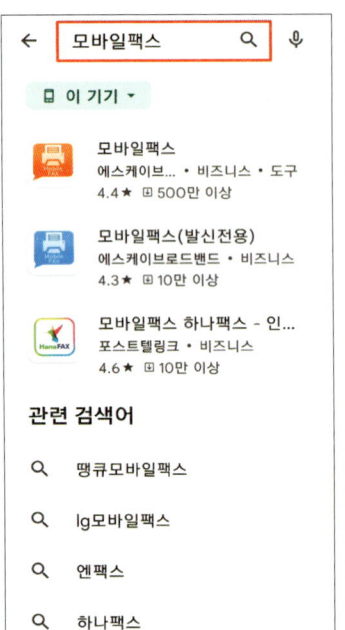 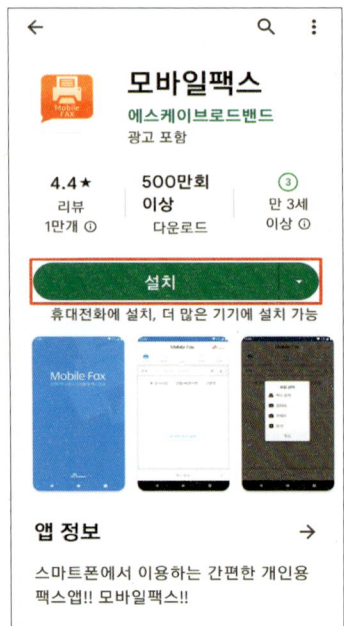 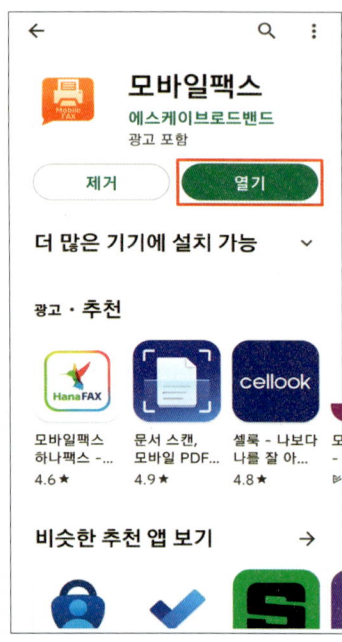

❶ [Play스토어]에서 [모바일팩스]를 검색합니다. ❷ [설치]를 터치합니다. ❸ [열기]를 터치합니다.

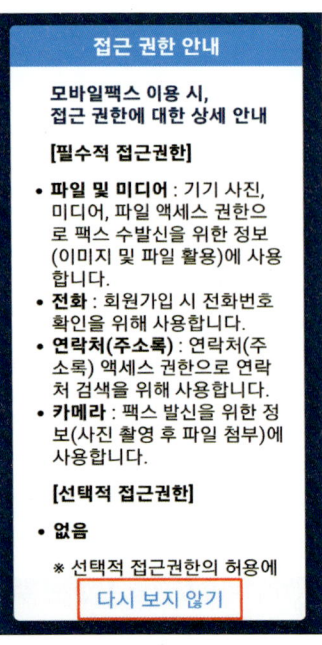  

❶ [모바일팩스] 이용 시 접근 권한에 대한 상세 안내입니다. [다시 보지 않기]를 터치합니다.
❷ [앱 사용 중에만 허용]을 눌러줍니다. ❸ [허용]을 3번 터치합니다.

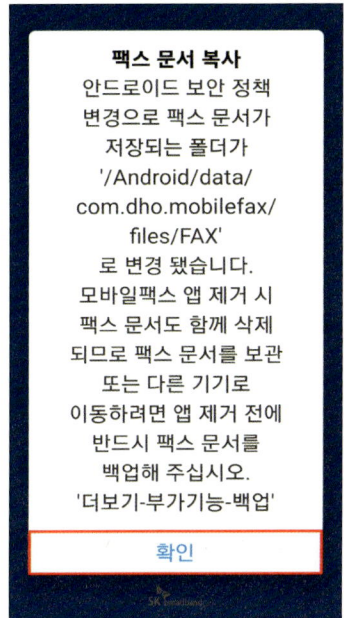 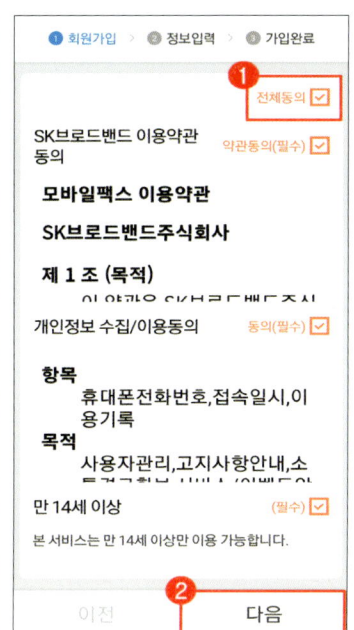 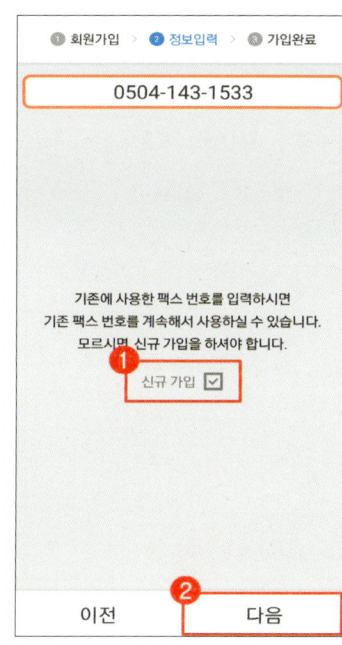

1️⃣ [모바일팩스] 앱 제거 시 팩스 문서도 삭제되므로 제거 전 백업하라는 메시지입니다. [확인]을 터치합니다. 2️⃣ ① [전체동의]를 선택하고 ② [다음]을 터치합니다. 3️⃣ ① [신규가입]을 선택하고 ② [다음]을 터치합니다.

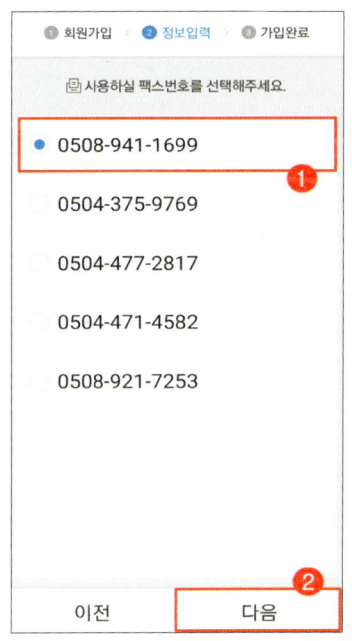 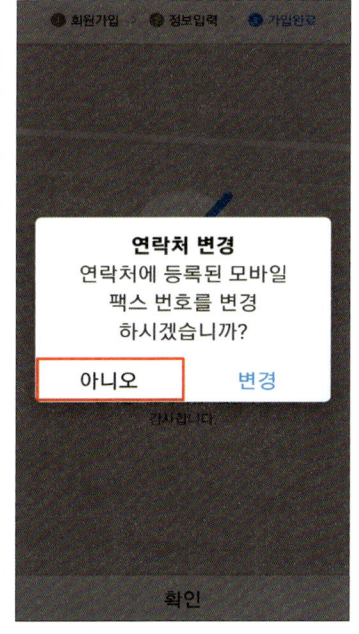 

1️⃣ ① 사용할 [팩스번호]를 선택하고 ② [다음]을 터치합니다. 2️⃣ 연락처 변경 [아니오] 또는 변경을 터치 변경합니다. 3️⃣ 사용할 팩스번호가 나옵니다. [확인]을 터치합니다.

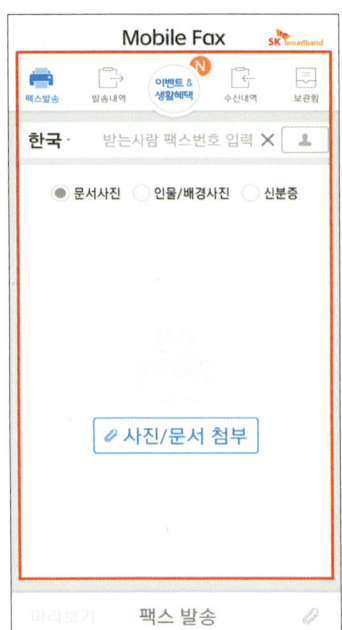 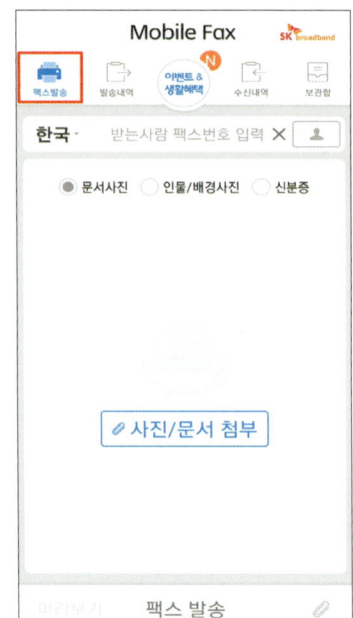 

1 [모바일팩스] 작업 창이 나옵니다. 2 [모바일팩스] 화면구성입니다. [팩스발송]은 팩스 보낼 때 사용합니다. 3 [발송내역]은 팩스가 보내지고 있는 과정을 볼 수 있습니다.

1 ① [더보기(SK brodband)]를 터치하면 하단에 ② [내 모바일 팩스번호]가 나옵니다.
2 [수신내역]은 모바일팩스가 오면 숫자로 나타납니다. 3 [보관함]은 수신된 팩스를 보관합니다. 안드로이드 보안정책 변경으로 지금은 보관이 안 되고 있습니다.

 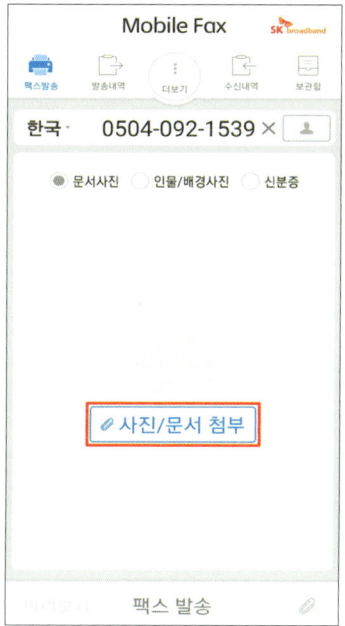 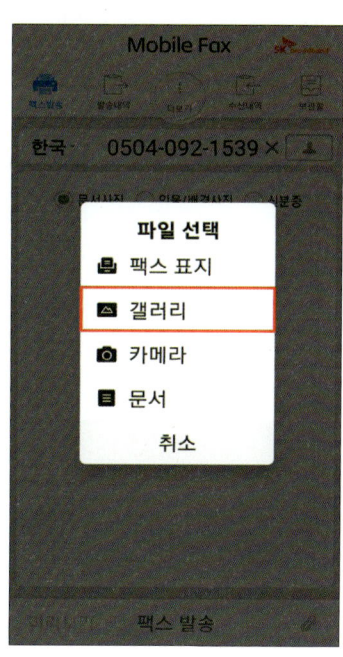

1 [모바일팩스] 발송을 해 보겠습니다. ① [팩스발송]을 터치하고 ② [팩스번호]를 입력합니다. ③ [완료]를 터치합니다. **2** [사진/문서 첨부]를 터치합니다. **3** 파일 선택 목록에서 [갤러리]를 터치합니다.

 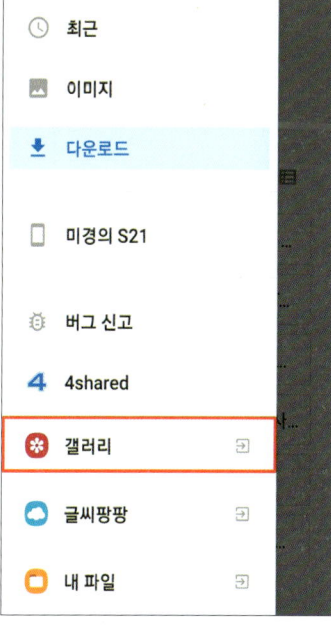 

1 [메뉴]를 터치합니다. **2** 목록에서 [갤러리]를 터치합니다. **3** ① 스캔한 [사진 또는 문서] 이미지를 선택하고 ② [완료]를 터치합니다.

  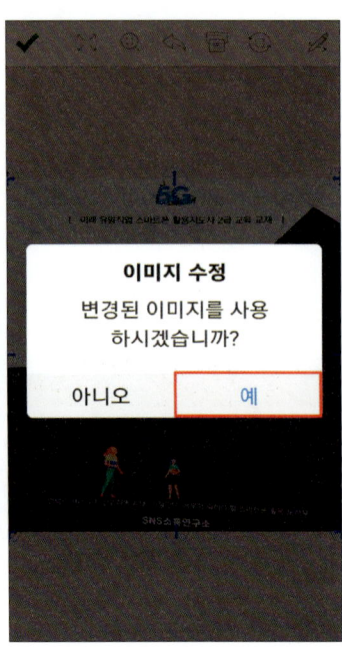

1️⃣ [선택된 영역] 경계선 상/하/우측/모서리를 원하는 만큼 늘립니다. 2️⃣ [확인]을 터치합니다. 3️⃣ 이미지 수정 [예]를 터치합니다.

 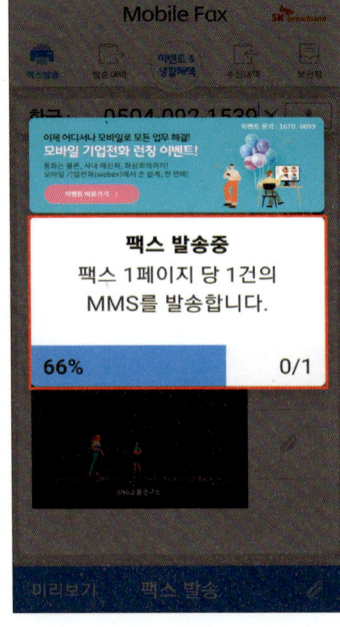 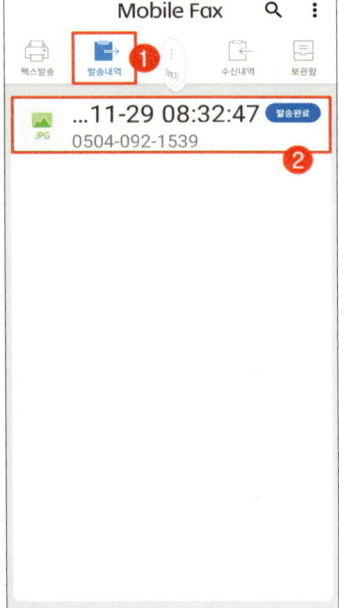

1️⃣ 클립을 터치해서 팩스를 더 추가할 수 있습니다. [팩스 발송]을 터치합니다.
2️⃣ 팩스가 [발송 중]입니다.
3️⃣ 잠시 후에 ① [발송내역]을 터치합니다. 모바일팩스가 ② [발송완료] 되었다고 나옵니다.

 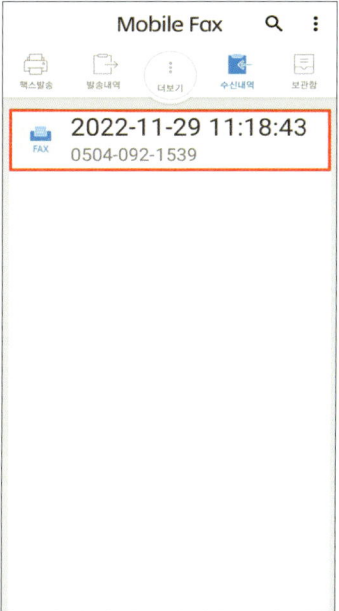 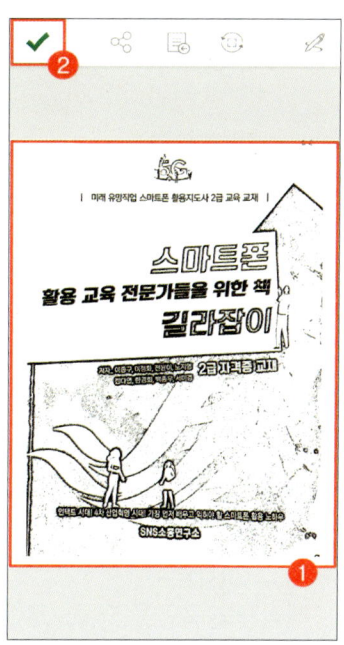

① [모바일팩스]를 받아 보도록 하겠습니다. 수신내역에 숫자가 있습니다. [수신내역]을 터치합니다. ② [년/월/일/시]를 터치합니다. ③ ① [팩스]가 도착했습니다. ② [확인]을 터치합니다.

 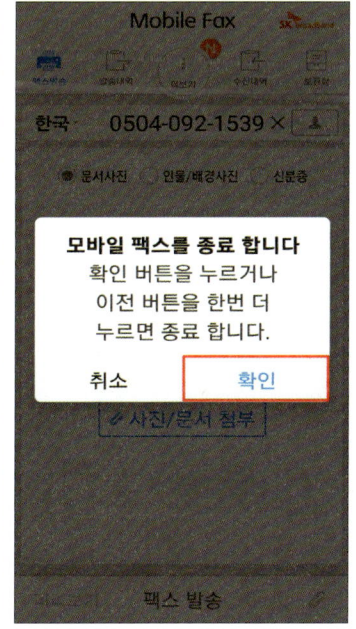 

① [뒤로]를 터치합니다. ② 모바일 팩스를 종료합니다. [확인]을 터치합니다. ③ 스마트폰 홈 화면입니다.

3. vFlat

▶ 책, 문서, 메모 등 스마트폰으로 촬영한 이미지를 고화질 PDF 또는 JPG 이미지로 만들어주는 인공지능 스캐닝 어플입니다.

▶ 스캔 영역 자동 인식 기능
스캔할 문서나 책 페이지의 테두리를 자동으로 인식하고 자르고 보정합니다.

▶ 문자 인식 기능 (OCR)
문자 인식 기능으로 스캔한 이미지를 텍스트로 변환할 수 있고 그 텍스트를 복사해서 친구나 동료에게 간편하게 공유할 수 있습니다.

▶ PDF 파일로 내보내기 기능
스캔한 이미지를 PDF파일로 변환하고 보관할 수 있습니다.

▶ 책 스캔 기능
페이지의 곡면을 자동으로 보정하고 손가락을 지워줍니다.
두 페이지 촬영 모드에서 좌우 페이지를 한 번에 촬영하고 분할하여 저장할 수 있습니다.

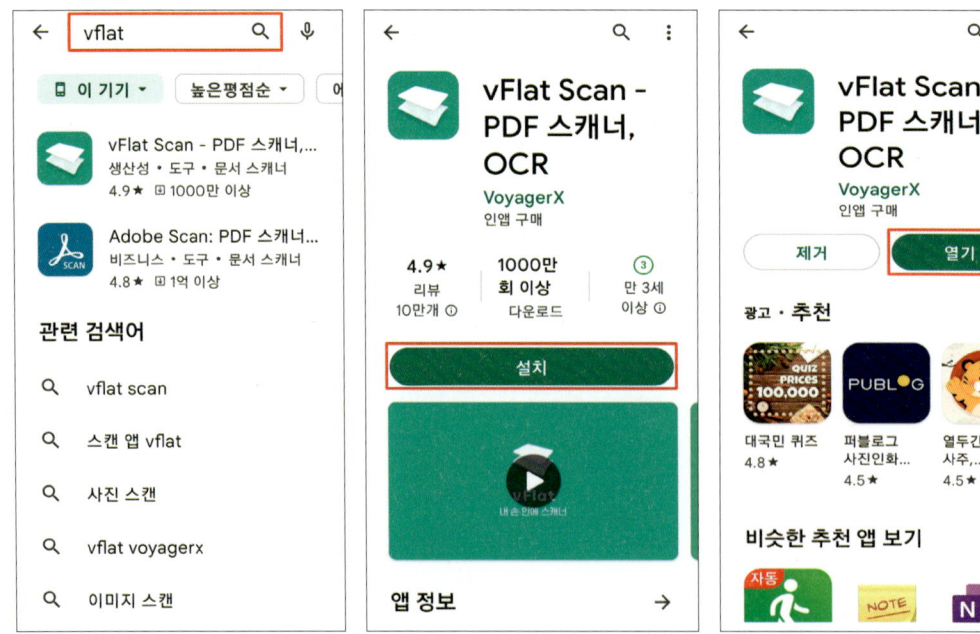

❶ [Play스토어]에서 [vflat]을 검색합니다. ❷ [설치]를 터치하고 ❸ [열기]를 터치합니다.

  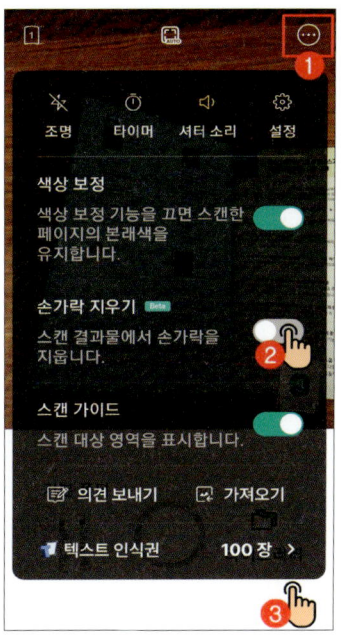

1 [vflat] 스캐너 화면구성입니다. [페이지 아이콘]은 1, 2페이지, 자동 스캔을 할 수 있습니다.
2 [자동 스캔]은 자동으로 스캔해주는 기능입니다. **3** ① [더보기]는 더 많은 기능들이 있습니다.
여기서 ② [손가락 지우기] 버튼을 켜주고 ③ [배경]을 터치합니다. 손가락 지우기는 스캔 시 손가락이 보일 때 손가락을 자동으로 삭제해 줍니다.

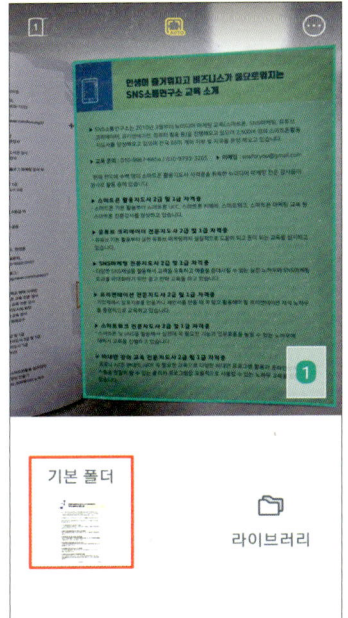 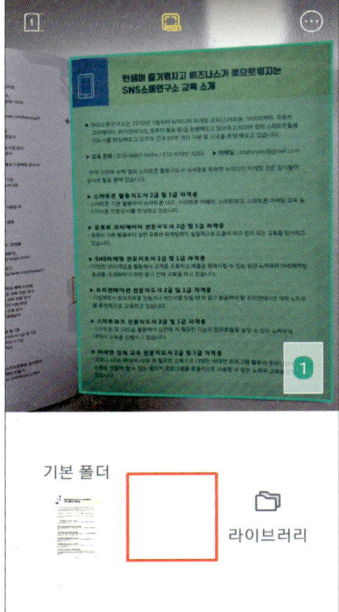 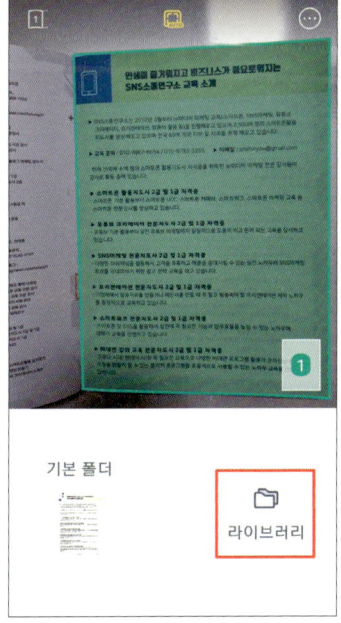

1 스캔하면 [기본 폴더]에 자동으로 보관됩니다. **2** [스캔 카메라]는 스캔할 때 사용합니다.
3 [라이브러리]는 스캔한 자료들을 보관합니다.

1️⃣ 스캔을 해보도록 하겠습니다. [책 또는 문서]를 비춥니다. 2️⃣ 인공지능이 굴곡진 부분도 인식합니다. [스캐너] 카메라를 터치합니다. 3️⃣ 기본 폴더 아래 [미리보기 이미지]를 터치합니다.

 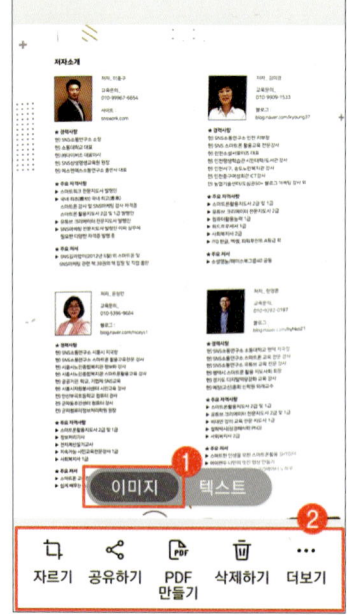

1️⃣ 기본 폴더로 저장이 되었습니다. [텍스트 인식하기]를 터치합니다. 2️⃣ ① [이미지]는 사진으로 인식됩니다. ② 자르기, 공유하기, PDF 만들기, 삭제하기, 더보기 기능을 활용할 수 있습니다.

 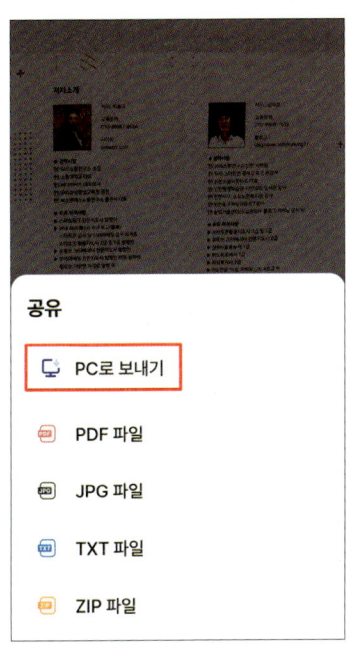 

① 스캔된 이미지를 PC로 공유해 보도록 합니다. [공유하기]를 터치합니다.
② [PC로 보내기]를 터치합니다.
③ PC 브라우저에서 [https://send.vflat.com/pc]로 접속합니다.

▶ ① PC 브라우저 주소표시줄에 [send.vflat.com/pc]를 입력하고 키보드 엔터 칩니다.
② [큐알코드]가 생성됩니다.

1️⃣ 스마트폰 vflat으로 PC 브라우저 큐알코드에 비추면 [연결 중입니다…] 나오고
2️⃣ [연결되었습니다]라는 메시지가 나옵니다.

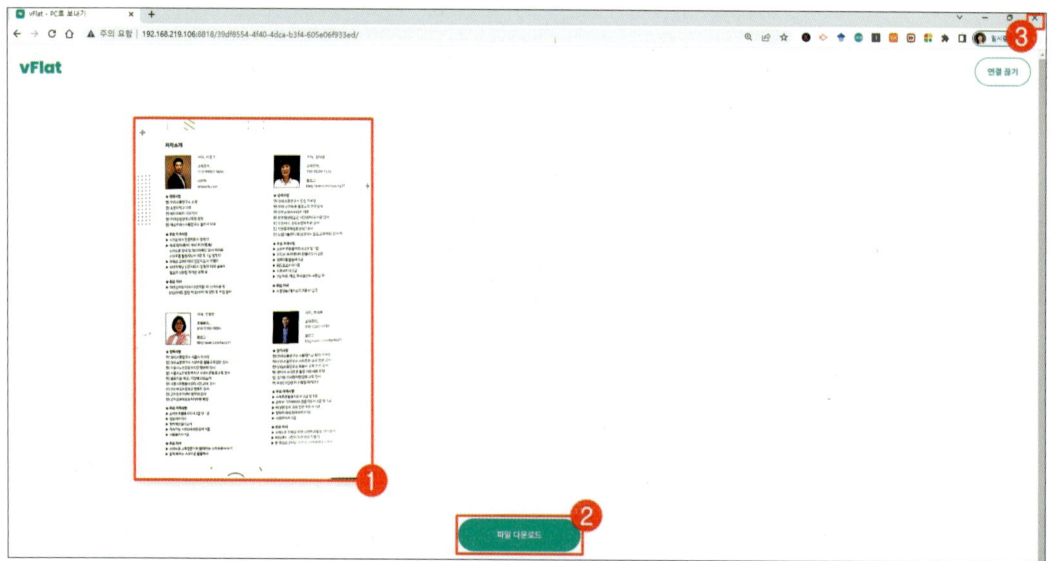

▶ ① PC 브라우저에 스캔된 [이미지]가 나옵니다.
　② [파일 다운로드]하고 ③ [닫기] 클릭합니다.

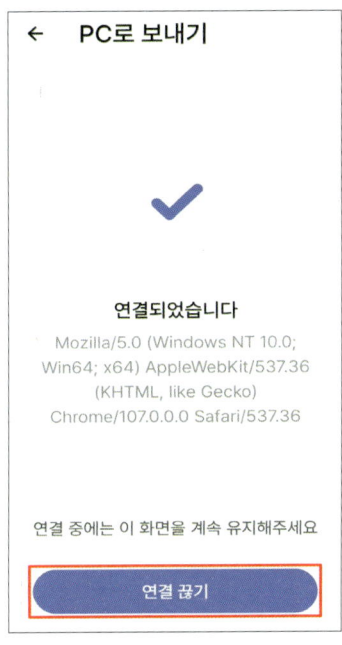

❶ 스마트폰 vflat [연결 끊기]를 터치합니다. ❷ [뒤로] 5번 정도 터치합니다.

❶ 스캔된 텍스트를 복사해서 카카오톡에 전송해 보겠습니다. 기본 폴더 아래 [미리보기 이미지]를 터치합니다. ❷ ① [텍스트]를 선택하고 ② [모두 복사]를 터치하고 ③ [홈버튼]을 터치합니다. ❸ [카카오톡]을 터치합니다.

  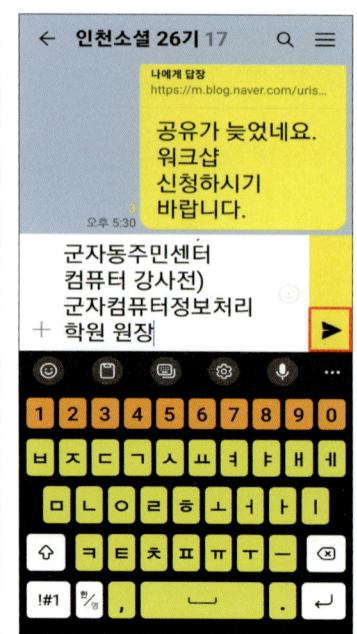

1 기본 폴더 아래 ① [채팅]을 터치하고 ② [단체방]을 터치합니다.

2 ① [텍스트 창]을 꼭 눌렀다가 떼고 ② [붙여넣기]를 터치합니다.

3 [전송하기] 를 터치합니다.

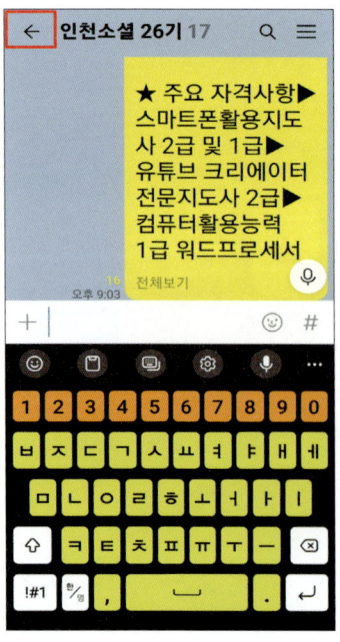 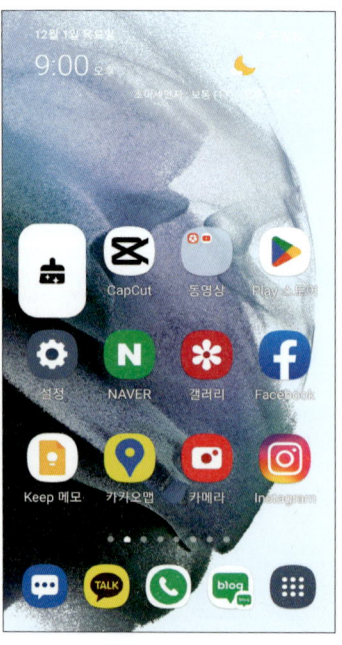

1 [뒤로]를 2번 정도 터치합니다. 2 [스마트폰 홈화면]이 나옵니다.

1️⃣ 스캔된 이미지로 PDF 만들기를 해보겠습니다. 스마트폰 화면에서 [vFlat]을 터치합니다.
2️⃣ 작업 창 하단에 [라이브러리]를 터치합니다.
3️⃣ ① [PDF 만들기]를 터치하고 스캔된 이미지가 들어 있는 폴더를 선택합니다. 여기에서는 ② [기본 폴더]를 터치합니다.

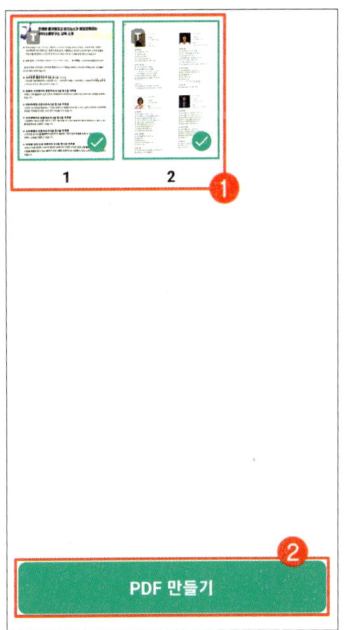 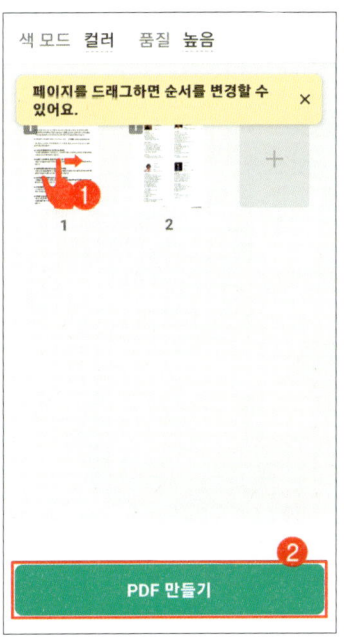

1️⃣ ① 기본 폴더안에 있는 스캔된 이미지중에 PDF파일로 변환하고자 하는 파일을 선택합니다. ② [PDF 만들기]를 터치합니다. 2️⃣ 새로운 폴더가 생성되고 ① 파일 순서를 바꾸고 싶다면 손가락으로 드래그해서 변경이 가능합니다. ② [PDF 만들기] 버튼을 터치합니다.

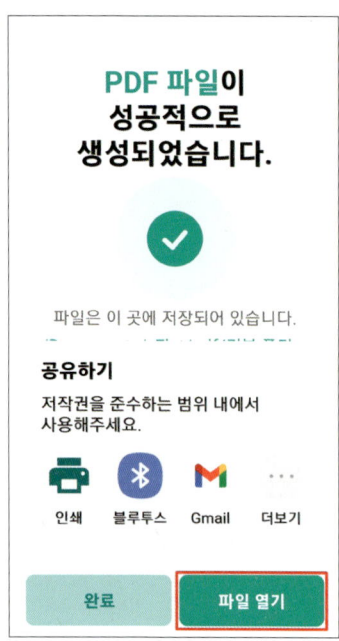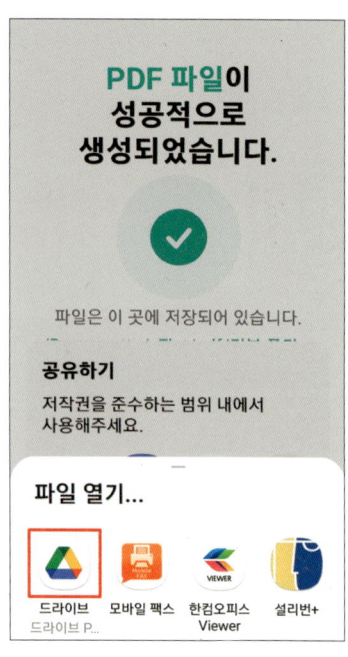

1 [파일 열기]를 터치합니다.

2 [드라이브]를 터치합니다.

3 ① [PDF 문서]가 열립니다. 다시 스캔하고자 한다면 ② [뒤로 가기 버튼] 을 3번 터치합니다.

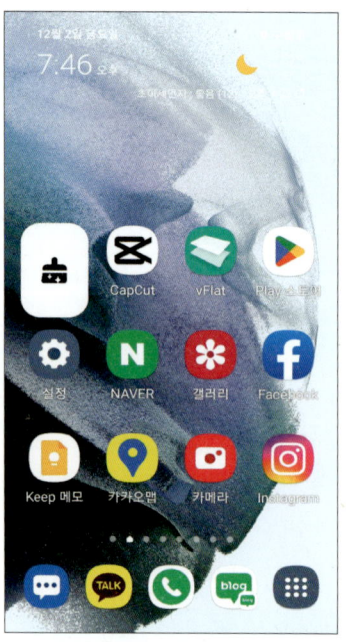

Vflat을 그만두고 다른 앱으로 이동하고자 한다면 1 [홈버튼]을 터치합니다. 2 [스마트폰 화면]이 나옵니다.